城市轨道交通行车组织

（第3版）

李俊辉　黎新华　主　编
卞　科　郑　锂　副主编
宋利明　主　审

人民交通出版社股份有限公司
北　京

内　容　提　要

本教材是"十四五"职业教育国家规划教材。本教材主要面向城市轨道交通运营企业车站站务员、行车值班员、行车调度员、列车司机、车辆段信号楼值班员等行车相关岗位，在融入岗位职业能力、岗位工作标准和职业技能考核标准的基础上，设计了帮助学生系统掌握城市轨道交通行车组织工作知识和技能的教学内容。全书共分9个项目，主要内容包括：行车组织基础、行车信号系统、行车调度工作、车站行车作业组织、车辆基地作业组织、设备故障时的行车组织、非正常情况下的行车组织、施工及工程列车运行组织、行车事故处理及预防。

本教材可供职业院校城市轨道交通运营管理专业、城市轨道交通专业群相关专业教学使用，也可作为相关行业岗位培训用书，同时可供城市轨道交通从业人员学习参考。

本教材配套丰富的助教助学资源，其中课件、教案、课程标准、案例分析、实训工单、习题及答案仅向任课教师提供。请有需求的任课教师通过加入职教轨道教学研讨群（QQ群129327355）获取。

图书在版编目(CIP)数据

城市轨道交通行车组织/李俊辉,黎新华主编.—3版.—北京:人民交通出版社股份有限公司, 2021.8(2025.6重印)

职业教育·城市轨道交通类专业教材

ISBN 978-7-114-17367-7

Ⅰ.①城…　Ⅱ.①李…②黎…　Ⅲ.①城市铁路—行车组织—职业教育—教材　Ⅳ.①U239.5

中国版本图书馆CIP数据核字(2021)第107293号

职业教育·城市轨道交通类专业教材
Chengshi Guidao Jiaotong Xingche Zuzhi

书　　名：城市轨道交通行车组织（第3版）
著 作 者：李俊辉　黎新华
责任编辑：钱　堃
责任校对：孙国靖　龙　雪
责任印制：张　凯
出版发行：人民交通出版社股份有限公司
地　　址：(100011) 北京市朝阳区安定门外外馆斜街3号
网　　址：http://www.ccpcl.com.cn
销售电话：(010) 85285911
总 经 销：人民交通出版社股份有限公司发行部
经　　销：各地新华书店
印　　刷：北京印匠彩色印刷有限公司
开　　本：787×1092　1/16
印　　张：19.25
字　　数：433千
版　　次：2015年7月　第1版
2020年9月　第2版
2021年8月　第3版
印　　次：2025年6月　第3版　第10次印刷
书　　号：ISBN 978-7-114-17367-7
定　　价：49.00元

前言

在交通强国战略的引领下，近年来我国城市轨道交通取得了快速发展。为满足行业对高素质技术技能人才的需求，国内职业院校开设了城市轨道交通运营管理、城市轨道车辆应用技术、城市轨道交通通信信号技术等专业，而城市轨道交通行车组织则是城市轨道交通专业群中各专业普遍开设的一门核心课程，主要培养城市轨道交通站务员、行车值班员、行车调度员、列车司机、车辆段信号楼值班员等岗位的行车业务素质和技能。

本教材的内容选择和教学设计是通过校企双元合作，在大量企业调研工作、校企深度合作项目的基础上完成的。本教材是教育部课程思政示范课程、教育部“城市轨道交通国家级专业教学资源库”建设项目、教育部行业职业教育教学指导委员会“城市轨道交通类专业顶岗实习标准研究”项目、广东省教育厅“轨道交通运营管理专业教学标准研制”项目的核心成果之一，是在长期与广州地铁集团有限公司、深圳市地铁集团有限公司、佛山市轨道交通发展有限公司等企业联合开展订单培养、现代学徒制的基础上，经过多年教学实践凝练而成。

本教材编写过程中深入贯彻《国家职业教育改革实施方案》（“职教20条”）、《高等学校课程思政建设指导纲要》（教高〔2020〕3号）、《职业院校教材管理办法》（教材〔2019〕3号）等文件精神，融入最新教育、教学和教材开发理念，一方面将“岗课赛证”融通和课程思政理念有机融入到教材对应学习项目和工作任务中，另一方面为实现“教材”“学材”的融合和提升，本教材在排版上进行了创新，为方便活页式装订，已印刷活页孔位置，方便用书教师和学习者根据实际情况进行个性化调整。

本书主要有以下特点：

一、教材坚持正确价值导向，渗透课程思政元素，注重开阔学生专业视野

本书将城市轨道交通领域创新成果和中华民族吃苦耐劳传统美德融入教材，结合项目任务式教学特点，灵活设置了“专业历史”“人物故事”“技术前沿”“典型案例”“政策法规”等小栏目，为教师开展课程思政教学提供了良好的素材，将安全意识、法治意识、弘扬精益求精的专业精神、职业精神、工匠精神、劳模精神的培养融入了这些栏目中，可拓展学生对课程的认识深度和广度。

二、教材教学设计体现项目式、任务式和模块化学习理念

教材遵循技术技能人才成长规律和学生认知特点，在对行车相关岗位进行职业能力分析的基础上，对接企业岗位工作标准和技能鉴定标准，以真实生产项目、典型工作任务、案例等为载体组织教学单元。全书设计了行车组织基础、行车信号系统等共9个项目，根据每个项目的职业能力要求，设计了26个典型工作任务，每个任务设计了实训工单，方便开展教学实施和评价。

三、教材内容实现“岗课赛证”融通，融入了新知识、新工艺、新规范

教材将城市轨道交通列车司机及服务员等相关国家职业技能标准中行车相关知识和技能要求、行车组织课程改革成果、行业技能大赛赛项要求、“1+X”城市轨道交通站务及乘务职业技能等级证书中行车模块的理论及实操考点融入教材内容，实现“岗课证赛”融通；将《城市轨道交通行车组织管理办法》（交运规〔2019〕14号）等新规范、城市轨道交通智能调度等新知识、新工艺的要求融入教学内容。

四、教材可进行活页式装订，已印刷活页孔位置，与丰富的数字化资源深度融合

教材已印刷活页孔位置，方便“教材”的内容组合和动态更新，方便“学材”的整理和使用；教材配套建设了以课程动画、微课视频和虚拟仿真为主，课程标准、教案、案例分析、习题、实训工单等为辅的多样化教学资源，并制作了在线开放课程，支持移动学习，为学习者提供丰富的素材和多样的学习模式，方便教师开展“线上+线下”混合式教学。

在线开放课程

本书编写分工为广东交通职业技术学院李俊辉编写项目1至项目3、黎新华编写项目5与项目6，贵州交通职业技术学院郑锂编写项目8与项目9，广州地铁集团有限公司卞科编写项目4，佛山市轨道交通发展有限公司肖薇编写项目7。全书由李俊辉、黎新华任主编，卞科、郑锂任副主编，由广州地铁集团有限公司运营事业总部副总经理宋利明任主审。

本书在编写过程中参考、引用了许多专家、学者关于城市轨道交通行车组织的文献，吸收了广州地铁、深圳地铁、佛山地铁等城市轨道交通线网的运营资料，在此表示衷心的感谢。

由于编者水平有限，不足之处，敬请读者批评指正。

编　者
2021年2月

目录

Contents

二维码数字资源

“课程思政”在教材中的融入								
序号	名称	二维码	序号	名称	二维码	序号	名称	二维码
1	零的突破——北京地铁 1 号线		3	国内首条自主研发全自动运行线——燕房线		5	首条拥有完全自主知识产权的磁浮线路——长沙磁浮快线	
2	国内首条无人驾驶列车运行线——上海轨道交通 10 号线		4	全自动运行的市域快轨线——北京大兴国际机场线		6	国内首条跨市域轨道交通线路——广佛线	
虚拟仿真实训教学在教材中的融入								
序号	名称	二维码	序号	名称	二维码	序号	名称	二维码
1	自动售票机认知与维护		2	直梯井道认知与维护		3	虚拟仿真实训教学软件说明	
重难点视频动画资源在教材中的融入								
序号	名称	页码	序号	名称	页码	序号	名称	页码
1	行车组织概念及特性认知	3	2	网络化运营	6	3	行车组织机构认知	9
4	行车指挥体系	10	5	OCC 简介	10	6	OCC 的主要功能	11

续上表

重难点视频动画资源在教材中的融入								
序号	名称	页码	序号	名称	页码	序号	名称	页码
7	车站控制室、车场信号控制室简介	11	8	车控室及车场信号控制室工作场景	11	9	行车调度员岗位职责	12
10	行车调度员工作场景	12	11	车场调度员岗位职责	12	12	车场调度员工作情景	12
13	车场值班员岗位职责介绍	12	14	车场值班员工作场景	12	15	行车值班员岗位职责	13
16	行车调度员与关联岗位的关系	16	17	行车调度相关设备介绍	16	18	行车闭塞法基本原理	21
19	闭塞区间的概念	22	20	三显示自动闭塞和四显示自动闭塞的工作原理	23	21	固定闭塞	25
22	准移动闭塞	25	23	移动闭塞	26	24	全日行车计划编制实例	32
25	列车编组方案的比选	36	26	列车车辆配置	36	27	列车交路	38
28	车辆配备计划	43	29	车辆运用计划	44	30	列车运行图车站中心线确定的步骤	46
31	列车运行图的基本认知	47	32	按时间刻度划分的运行图	48	33	运行图中的相关符号	51
34	运行图编制步骤	52	35	列车运行图铺画	56	36	不同类型的行车信号	71
37	信号标志牌	74	38	行车手信号示范	76	39	手信号的显示	76
40	联锁的原理	83	41	联锁设备	83	42	继电集中联锁系统	85
43	计算机联锁系统	86	44	调度命令格式	110	45	调度命令的类型	110
46	调度命令发布要求	111	47	道岔的类型和结构	125	48	道岔的号数和工作原理	125
49	手摇道岔标准程序示范	127	50	行车凭证及报表	132	51	电话闭塞法	136
52	电话闭塞法接发列车	137	53	不同类型的车辆段	149	54	维修中心	151

续上表

重难点视频动画资源在教材中的融入								
序号	名称	页码	序号	名称	页码	序号	名称	页码
55	综合维修中心车间组成	151	56	检修车间	151	57	培训中心	152
58	车辆段线路与道岔	152	59	车场线	153	60	洗车线	154
61	正线作业-高架站作业	158	62	正线作业-折返作业	158	63	正线作业-交接班	158
64	车辆段接车作业	161	65	车辆段发车作业	165	66	调车作业计划	170
67	调车标准流程	170	68	ATP 故障的司机组织方法	184	69	ATO 故障的行车组织方法	185
70	轨道电路故障的行车组织	187	71	开行救援列车的行车组织	199	72	恶劣天气时的行车组织	210
73	应急扣车的行车组织	217	74	反方向运行的行车组织	218	75	列车退行时的行车组织	219
76	施工计划类型	230	77	常用施工报表	232	78	常见工程车类型	236
79	轨道交通工程列车	236	80	轨道交通工程列车开行程序	238			

“岗课赛证”融通

“岗”——国家职业技能标准相关工种/岗位技能要求在教材中的融入														
国家职业技能标准相关工种/岗位技能要求		城市轨道交通服务员						轨道交通列车司机（城市轨道交通列车司机）						
		站务员			行车值班员									
		五级/初级工	四级/中级工	三级/高级工	五级/初级工	四级/中级工	三级/高级工	五级/初级工		四级/中级工		三级/高级工		二级/技师
		行车组织与施工组织	行车组织与施工组织	行车组织与施工组织	行车组织与施工组织	行车组织与施工组织	行车组织与施工组织	列车操纵	非正常行车及突发事件应急处置	列车操纵	非正常行车及突发事件应急处置	列车操纵	非正常行车及突发事件应急处置	技术管理与培训
项目1	任务1-2				√	√	√							
	任务1-3								√					
	任务1-4							√	√					
	任务1-5								√					√
项目2	任务2-1		√	√										
	任务2-2			√	√	√	√							
	任务2-3							√						
项目3	任务3-3				√	√	√	√						
项目4	任务4-1		√	√	√	√	√							
	任务4-2	√	√	√	√	√	√							

续上表

“岗”——国家职业技能标准相关工种/岗位技能要求在教材中的融入														
国家职业技能标准相关工种/岗位技能要求		城市轨道交通服务员						轨道交通列车司机(城市轨道交通列车司机)						
		站务员			行车值班员									
		五级/初级工	四级/中级工	三级/高级工	五级/初级工	四级/中级工	三级/高级工	五级/初级工		四级/中级工		三级/高级工		二级/技师
		行车组织与施工组织	行车组织与施工组织	行车组织与施工组织	行车组织与施工组织	行车组织与施工组织	行车组织与施工组织	列车操纵	非正常行车及突发事件应急处置	列车操纵	非正常行车及突发事件应急处置	列车操纵	非正常行车及突发事件应急处置	技术管理与培训
项目5	任务 5-1							√						
	任务 5-2					√	√	√						
	任务 5-3					√	√			√		√		
项目7	任务 7-1										√		√	
	任务 7-2								√		√		√	
	任务 7-3								√		√		√	
	任务 7-4								√		√		√	
项目8	任务 8-1			√	√	√	√							

“课”——教学改革在教材中的融入

(1)基于职业能力分级培养的课程标准,在内容上层层递进

遵循职业生涯发展路径规律,在行业企业人才需求调研、工作过程、工作任务和职业能力分析的基础上,教材与课程标准的培养目标、课程内容体系和职业标准对接。

(2)基于学生认知规律,以学生为主,采用“任务导向”编排模式

本教材吸收课程教学改革成果,为更好实施线上线下混合式教学设计,编排采用以学生为主体的任务驱动式设计,通过任务导入、知识探究、拓展案例和实训工单的设计,方便教与学的交互。

(3)基于专业群不同专业的课程教学需求差异,设计独立的学习项目

面向城市轨道交通行业的新业态、新需求,以学生“预期学习成果”为核心,考虑城市轨道交通专业群不同专业对课程的差异化需求,分模块进行设计,便于在教学中实现同一课程的差异化呈现。

(4)基于课程思政改革理念,设计若干拓展类栏目

为便于教师运用教材开展课程思政教学改革,通过人物故事、案例分析、前沿技术、法规解读等栏目,将思政元素与技能、专业知识合理渗透,便于教师开展启发式、讨论式教学。

续上表

“赛”——职业技能大赛赛项要求在教材中的融入																																							
职业技能大赛赛项要求		城市轨道交通行车值班员职业技能大赛																								城市轨道交通行车值班员（信号）职业技能大赛				城市轨道交通列车司机职业技能大赛									
		理论知识										技能考核														理论知识				理论知识			标准化作业						
		基本要求									相关知识	行车作业办理		应急处置				手摇道岔处置																					
		职业道德	基础知识									行车作业办理		信号故障处置				手摇道岔处置																					
		职业守则	行车安全等	行车组织规则等	列车运行控制基础知识	列车运行图等	通信等系统基础知识	设备设施故障等应急处置	突发事件应急处置等	施工作业等	相关法律法规知识	行车作业办理	车站施工组织	上岗确认ATS系统工作站状态	完成接收控制权操作	组织图定列车按计划运行	列车计划性出段	紧急停车按钮点亮的处置	办理区故解作业	信号重开操作	道岔单独操作	道岔单锁操作	道岔单解操作	计轴故障下的应急处置操作	手摇定位处置	手摇反位处置	城市轨道交通行车组织专业知识	城市轨道交通乘务管理知识	城市轨道交通通信、信号知识	安全规章制度	行车知识	乘务管理知识	通信、信号知识	出乘前检查	出入库	区间运行	上下客监护	不同模式驾驶	折返及交接班作业
项目1	任务1-1		√	√																						√				√									
项目1	任务1-2	√		√																						√				√									
项目1	任务1-3			√																						√				√									
项目1	任务1-4					√																				√				√									
项目1	任务1-5					√																				√				√									
项目2	任务2-1						√																			√		√		√		√							
项目2	任务2-2				√													√	√	√	√	√	√	√		√		√		√		√							
项目2	任务2-3				√									√	√											√		√		√		√							

续上表

<table>
<tr><th colspan="40">“赛”——职业技能大赛赛项要求在教材中的融入</th></tr>
<tr><th colspan="2" rowspan="5">职业技能大赛赛项要求</th><th colspan="25">城市轨道交通行车值班员职业技能大赛</th><th colspan="4">城市轨道交通行车值班员（信号）职业技能大赛</th><th colspan="9">城市轨道交通列车司机职业技能大赛</th></tr>
<tr><th colspan="10">理论知识</th><th colspan="15">技能考核</th><th colspan="4" rowspan="3">理论知识</th><th colspan="3" rowspan="3">理论知识</th><th colspan="6" rowspan="3">标准化作业</th></tr>
<tr><th colspan="9">基本要求</th><th>相关知识</th><th colspan="2" rowspan="2">行车作业办理</th><th colspan="4">应急处置</th><th colspan="9" rowspan="2">手摇道岔处置</th></tr>
<tr><th>职业道德</th><th colspan="9">基础知识</th><th colspan="4">信号故障处置</th></tr>
<tr><th>职业守则</th><th>行车安全等</th><th>行车组织规则等</th><th>列车运行控制基础知识</th><th>列车运行图等</th><th>通信等系统基础知识</th><th>设备设施故障等应急处置</th><th>突发事件应急处置等</th><th>施工作业等</th><th>相关法律法规知识</th><th>行车作业办理</th><th>车站施工组织</th><th>上岗确认ATS系统工作站状态</th><th>完成接收控制权操作</th><th>组织图定列车按计划运行</th><th>列车计划性出段</th><th>紧急停车按钮点亮的处置</th><th>办理区故障作业</th><th>信号重开操作</th><th>道岔单独操作</th><th>道岔单锁操作</th><th>道岔单解操作</th><th>计轴故障下的应急处置操作</th><th>手摇定位处置</th><th>手摇反位处置</th><th>城市轨道交通行车组织专业知识</th><th>城市轨道交通乘务管理知识</th><th>城市轨道交通通信、信号知识</th><th>安全规章制度</th><th>行车知识</th><th>乘务管理知识</th><th>通信、信号知识</th><th>出乘前检查</th><th>出入库</th><th>区间运行</th><th>上下客监护</th><th>不同模式驾驶</th><th>折返及交接班作业</th></tr>
<tr><td rowspan="3">项目3</td><td>任务3-1</td><td></td><td></td><td></td><td></td><td></td><td></td><td></td><td></td><td></td><td>√</td><td></td><td></td><td></td><td></td><td></td><td></td><td></td><td></td><td></td><td></td><td></td><td></td><td></td><td></td><td></td><td>√</td><td></td><td></td><td>√</td><td>√</td><td></td><td></td><td></td><td></td><td></td><td></td><td></td><td></td></tr>
<tr><td>任务3-2</td><td></td><td></td><td></td><td></td><td></td><td></td><td></td><td></td><td></td><td></td><td></td><td></td><td></td><td></td><td></td><td></td><td></td><td></td><td></td><td></td><td></td><td></td><td></td><td></td><td></td><td>√</td><td></td><td></td><td></td><td>√</td><td></td><td></td><td></td><td></td><td></td><td></td><td></td><td></td></tr>
<tr><td>任务3-3</td><td></td><td></td><td></td><td></td><td></td><td></td><td></td><td></td><td></td><td></td><td>√</td><td></td><td></td><td></td><td></td><td></td><td></td><td></td><td></td><td></td><td></td><td></td><td></td><td></td><td></td><td>√</td><td></td><td></td><td></td><td>√</td><td></td><td></td><td></td><td></td><td></td><td></td><td></td><td></td></tr>
<tr><td rowspan="2">项目4</td><td>任务4-1</td><td></td><td></td><td></td><td></td><td></td><td></td><td></td><td></td><td></td><td></td><td>√</td><td></td><td>√</td><td>√</td><td></td><td></td><td></td><td></td><td></td><td></td><td></td><td></td><td></td><td>√</td><td>√</td><td>√</td><td></td><td></td><td></td><td>√</td><td></td><td></td><td></td><td></td><td></td><td></td><td></td><td></td></tr>
<tr><td>任务4-2</td><td></td><td></td><td></td><td></td><td></td><td></td><td></td><td></td><td></td><td></td><td>√</td><td></td><td>√</td><td>√</td><td></td><td></td><td></td><td></td><td></td><td></td><td></td><td></td><td></td><td>√</td><td>√</td><td>√</td><td></td><td></td><td></td><td>√</td><td></td><td></td><td></td><td></td><td></td><td></td><td></td><td></td></tr>
<tr><td rowspan="3">项目5</td><td>任务5-1</td><td></td><td></td><td></td><td></td><td></td><td></td><td></td><td></td><td></td><td></td><td></td><td></td><td></td><td></td><td></td><td></td><td></td><td></td><td></td><td></td><td></td><td></td><td></td><td></td><td></td><td>√</td><td>√</td><td></td><td></td><td>√</td><td>√</td><td></td><td></td><td></td><td></td><td></td><td></td><td></td></tr>
<tr><td>任务5-2</td><td></td><td></td><td></td><td></td><td></td><td></td><td></td><td></td><td></td><td></td><td>√</td><td></td><td>√</td><td>√</td><td>√</td><td>√</td><td></td><td></td><td></td><td></td><td></td><td></td><td></td><td></td><td></td><td>√</td><td>√</td><td></td><td></td><td>√</td><td>√</td><td></td><td>√</td><td>√</td><td>√</td><td>√</td><td>√</td><td>√</td></tr>
<tr><td>任务5-3</td><td></td><td></td><td></td><td></td><td></td><td></td><td></td><td></td><td></td><td></td><td>√</td><td></td><td>√</td><td>√</td><td></td><td></td><td></td><td></td><td></td><td></td><td></td><td></td><td></td><td></td><td></td><td>√</td><td></td><td></td><td></td><td>√</td><td></td><td></td><td></td><td></td><td></td><td></td><td></td><td></td></tr>
</table>

<table>
<tr><th colspan="40">“赛”——职业技能大赛赛项要求在教材中的融入</th></tr>
<tr><th colspan="2" rowspan="5">职业技能大赛赛项要求</th><th colspan="25">城市轨道交通行车值班员职业技能大赛</th><th colspan="4">城市轨道交通行车值班员(信号)职业技能大赛</th><th colspan="9">城市轨道交通列车司机职业技能大赛</th></tr>
<tr><th colspan="10">理论知识</th><th colspan="15">技能考核</th><th colspan="4" rowspan="3">理论知识</th><th colspan="3" rowspan="3">理论知识</th><th colspan="6" rowspan="3">标准化作业</th></tr>
<tr><th colspan="8">基本要求</th><th colspan="2">相关知识</th><th colspan="2" rowspan="2">行车作业办理</th><th colspan="4">应急处置</th><th colspan="9" rowspan="2">手摇道岔处置</th></tr>
<tr><th>职业道德</th><th colspan="9">基础知识</th><th colspan="4">信号故障处置</th></tr>
<tr><th>职业守则</th><th>行车安全等</th><th>行车组织规则等</th><th>列车运行控制基础知识</th><th>列车运行图等</th><th>通信等系统基础知识</th><th>设备设施故障等应急处置</th><th>突发事件应急处置等</th><th>施工作业等</th><th>相关法律法规知识</th><th>行车作业办理</th><th>车站施工组织</th><th>上岗确认ATS系统工作站状态</th><th>完成接收控制权操作</th><th>组织图定列车按计划运行</th><th>列车计划性出段</th><th>紧急停车按钮点亮的处置</th><th>办理区故解作业</th><th>信号重开操作</th><th>道岔单独操作</th><th>道岔单锁操作</th><th>道岔单解操作</th><th>计轴故障下的应急处置操作</th><th>手摇定位处置</th><th>手摇反位处置</th><th>城市轨道交通行车组织专业知识</th><th>城市轨道交通乘务管理知识</th><th>城市轨道交通通信、信号知识</th><th>安全规章制度</th><th>行车知识</th><th>乘务管理知识</th><th>通信、信号知识</th><th>出乘前检查</th><th>出入库</th><th>区间运行</th><th>上下客监护</th><th>不同模式驾驶</th><th>折返及交接班作业</th></tr>
<tr><td rowspan="2">项目6</td><td>任务6-1</td><td></td><td></td><td></td><td></td><td></td><td></td><td>√</td><td></td><td></td><td></td><td></td><td></td><td></td><td></td><td></td><td></td><td></td><td></td><td></td><td></td><td></td><td></td><td></td><td></td><td></td><td>√</td><td></td><td></td><td></td><td>√</td><td></td><td></td><td></td><td></td><td></td><td></td><td></td><td></td></tr>
<tr><td>任务6-2</td><td></td><td></td><td></td><td></td><td></td><td></td><td>√</td><td></td><td></td><td></td><td></td><td></td><td></td><td></td><td></td><td></td><td></td><td></td><td></td><td></td><td></td><td></td><td></td><td></td><td></td><td>√</td><td></td><td></td><td></td><td>√</td><td></td><td></td><td></td><td></td><td></td><td></td><td></td><td></td></tr>
<tr><td rowspan="4">项目7</td><td>任务7－1</td><td></td><td></td><td></td><td></td><td></td><td></td><td>√</td><td></td><td></td><td></td><td></td><td></td><td></td><td></td><td></td><td></td><td></td><td></td><td></td><td></td><td></td><td></td><td></td><td></td><td></td><td>√</td><td></td><td></td><td></td><td>√</td><td></td><td></td><td></td><td></td><td></td><td></td><td></td><td></td></tr>
<tr><td>任务7-2</td><td></td><td></td><td></td><td></td><td></td><td></td><td>√</td><td></td><td></td><td></td><td></td><td></td><td></td><td></td><td></td><td></td><td></td><td></td><td></td><td></td><td></td><td></td><td></td><td></td><td></td><td>√</td><td></td><td></td><td></td><td>√</td><td></td><td></td><td></td><td></td><td></td><td></td><td></td><td></td></tr>
<tr><td>任务7-3</td><td></td><td></td><td></td><td></td><td></td><td></td><td>√</td><td></td><td></td><td></td><td></td><td></td><td></td><td></td><td></td><td></td><td></td><td></td><td></td><td></td><td></td><td></td><td></td><td></td><td></td><td>√</td><td></td><td></td><td></td><td>√</td><td></td><td></td><td></td><td></td><td></td><td></td><td></td><td></td></tr>
<tr><td>任务7-4</td><td></td><td></td><td></td><td></td><td></td><td></td><td>√</td><td></td><td></td><td></td><td></td><td></td><td></td><td></td><td></td><td></td><td></td><td></td><td></td><td></td><td></td><td></td><td></td><td></td><td></td><td>√</td><td></td><td></td><td></td><td>√</td><td></td><td></td><td></td><td></td><td></td><td></td><td></td><td></td></tr>
<tr><td rowspan="2">项目8</td><td>任务8－1</td><td></td><td></td><td></td><td></td><td></td><td></td><td></td><td></td><td>√</td><td></td><td></td><td>√</td><td></td><td></td><td></td><td></td><td></td><td></td><td></td><td></td><td></td><td></td><td></td><td></td><td></td><td>√</td><td></td><td></td><td></td><td>√</td><td></td><td></td><td></td><td></td><td></td><td></td><td></td><td></td></tr>
<tr><td>任务8-2</td><td></td><td></td><td></td><td></td><td></td><td></td><td></td><td></td><td>√</td><td></td><td></td><td></td><td></td><td></td><td></td><td></td><td></td><td></td><td></td><td></td><td></td><td></td><td></td><td></td><td></td><td>√</td><td></td><td></td><td></td><td>√</td><td></td><td></td><td></td><td></td><td></td><td></td><td></td><td></td></tr>
</table>

续上表

<table>
<tr><th colspan="40">“赛”——职业技能大赛赛项要求在教材中的融入</th></tr>
<tr><th colspan="2" rowspan="5">职业技能大赛赛项要求</th><th colspan="25">城市轨道交通行车值班员职业技能大赛</th><th colspan="4">城市轨道交通行车值班员（信号）职业技能大赛</th><th colspan="9">城市轨道交通列车司机职业技能大赛</th></tr>
<tr><th colspan="10">理论知识</th><th colspan="15">技能考核</th><th colspan="4" rowspan="3">理论知识</th><th colspan="3" rowspan="3">理论知识</th><th colspan="6" rowspan="3">标准化作业</th></tr>
<tr><th colspan="8">基本要求</th><th colspan="2">相关知识</th><th colspan="2" rowspan="2">行车作业办理</th><th colspan="4">应急处置</th><th colspan="9" rowspan="2">手摇道岔处置</th></tr>
<tr><th>职业道德</th><th colspan="9">基础知识</th><th colspan="4">信号故障处置</th></tr>
<tr><th>职业守则</th><th>行车安全等</th><th>行车组织规则等</th><th>列车运行控制基础知识</th><th>列车运行图等</th><th>通信等系统基础知识</th><th>设备设施故障等应急处置</th><th>突发事件应急处置等</th><th>施工作业等</th><th>相关法律法规知识</th><th>行车作业办理</th><th>车站施工组织</th><th>上岗确认ATS系统工作站状态</th><th>完成接收控制权操作</th><th>组织图定列车按计划运行</th><th>列车计划性出段</th><th>紧急停车按钮点亮的处置</th><th>办理区故解作业</th><th>信号重开操作</th><th>道岔单独操作</th><th>道岔单锁操作</th><th>道岔单解操作</th><th>计轴故障下的应急处置操作</th><th>手摇定位处置</th><th>手摇反位处置</th><th>城市轨道交通行车组织专业知识</th><th>城市轨道交通乘务管理知识</th><th>城市轨道交通通信、信号知识</th><th>安全规章制度</th><th>行车知识</th><th>乘务管理知识</th><th>通信、信号知识</th><th>出乘前检查</th><th>出入库</th><th>区间运行</th><th>上下客监护</th><th>不同模式驾驶</th><th>折返及交接班作业</th></tr>
<tr><td rowspan="2">项目9</td><td>任务9-1</td><td></td><td></td><td></td><td></td><td></td><td></td><td></td><td>√</td><td></td><td></td><td></td><td></td><td></td><td></td><td></td><td></td><td></td><td></td><td></td><td></td><td></td><td></td><td></td><td></td><td></td><td>√</td><td></td><td></td><td></td><td>√</td><td></td><td></td><td></td><td></td><td></td><td></td><td></td><td></td></tr>
<tr><td>任务9-2</td><td>√</td><td></td><td></td><td></td><td></td><td></td><td></td><td>√</td><td></td><td></td><td></td><td></td><td></td><td></td><td></td><td></td><td></td><td></td><td></td><td></td><td></td><td></td><td></td><td></td><td></td><td>√</td><td></td><td></td><td></td><td>√</td><td></td><td></td><td></td><td></td><td></td><td></td><td></td><td></td></tr>
</table>

续上表

“证”——“1 + X”职业技能等级证书技能要求在教材中的融入														
“1 + X”职业技能等级证书		城市轨道交通站务					城市轨道交通乘务							
技能要求		初级	中级		高级		初级	中级			高级			
		行车组织及施工组织	行车组织及施工组织	应急情况处理	行车组织及施工组织	应急情况处理	列车运行与操作	列车运行与操作	列车故障处理	应急情况处理	应急情况处理	计划编排	培训指导
项目1	任务1-1	√											
	任务1-2		√										
	任务1-3												√
	任务1-4											√	
	任务1-5											√	
项目2	任务2-1	√											
	任务2-2		√										
	任务2-3								√				
项目3	任务3-1				√								
	任务3-2				√								
	任务3-3		√		√								
项目4	任务4-1	√											
	任务4-2		√										
项目5	任务5-1											√	
	任务5-2						√					√	
	任务5-3							√				√	
项目6	任务6-1		√	√		√			√				
	任务6-2					√							
项目7	任务7-1					√				√			

续上表

“证”——“1+X”职业技能等级证书技能要求在教材中的融入													
“1+X”职业技能等级证书		城市轨道交通站务					城市轨道交通乘务						
技能要求		初级	中级		高级		初级	中级			高级		
		行车组织及施工组织	行车组织及施工组织	应急情况处理	行车组织及施工组织	应急情况处理	列车运行与操作	列车运行与操作	列车故障处理	应急情况处理	应急情况处理	计划编排	培训指导
项目7	任务7-2					√				√			
	任务7-3					√				√			
	任务7-4					√				√			
项目8	任务8-1		√			√							
	任务8-2						√						
项目9	任务9-1										√		
	任务9-2										√		

项目1

行车组织基础

项目描述

城市轨道交通行车组织是城市轨道交通的中心工作，是指在运输生产的过程中，为完成运送乘客的任务所进行的一系列与运输有关的工作。它担负着指挥列车运行、保证行车安全、提高运输效率的重要任务。

本项目旨在让学生在了解行车组织发展趋势、行车组织基本规则的基础上，掌握城市轨道交通行车组织的基础性原理和工作，包括城市轨道交通行车组织机构认知、行车闭塞法认知、列车开行计划制订、列车运行图认知等。

学习目标

1. 知识目标和能力目标

（1）了解城市轨道交通行车组织的基本内容、网络化运营背景下的城市轨道交通行车组织特点和趋势、行车组织基本规章。

（2）了解行车组织相关机构（体系）、主要岗位要求与职责。

（3）掌握行车闭塞法基本原理，理解固定闭塞、准移动闭塞和移动闭塞三种行车闭塞法的应用。

（4）掌握列车开行计划的制订，会计算全日列车开行计划，能比选列车编组方案、列车交路方案、列车停站方案，制订车辆配备和运用计划。

（5）认识和手工铺画列车运行图，理解列车运行图编制过程。

2. 素质目标

（1）培养学生对城市轨道交通行车组织工作的兴趣和职业认同。

（2）培养学生文献检索和资料分析、总结能力。

（3）培养学生进行方案比较、计划制订的能力。

（4）培养学生对新知识和新技术的学习能力。

知识体系

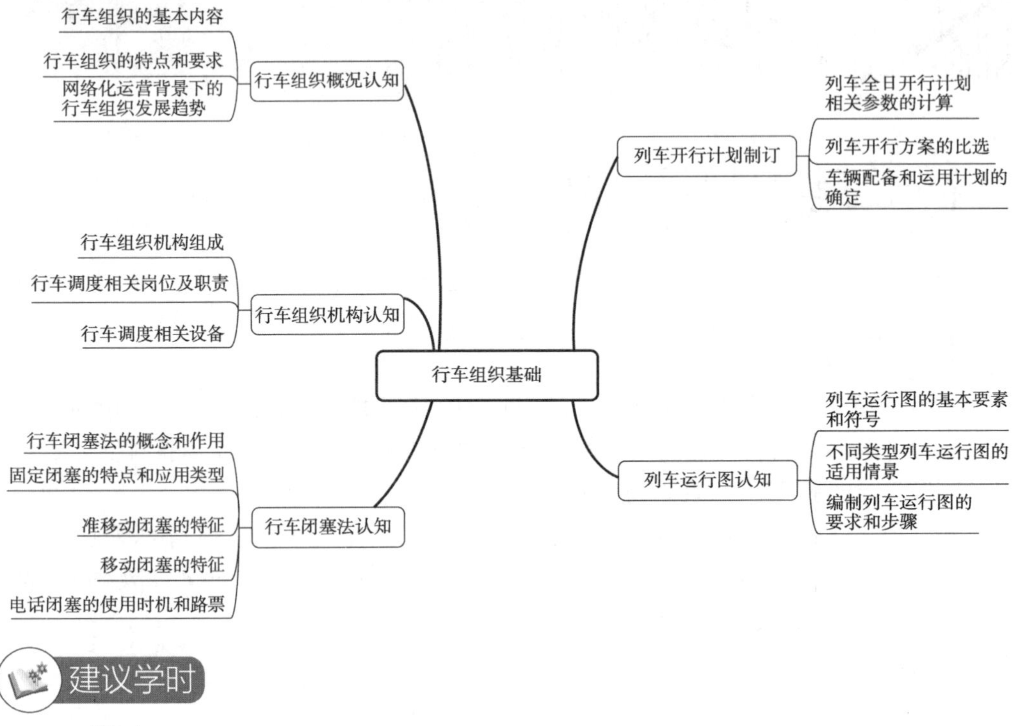

建议学时

16 学时。

任务 1-1 行车组织概况认知

案例导入

根据中国城市轨道交通协会的统计数据，截至 2020 年底，上海城市轨道交通系统已形成总长度 834.2km、拥有 432 座车站的超大网络，规模居世界第一。在结构方面，上海城市轨道交通系统已形成“环线 + 射线 + 割线”的复杂网络；在功能方面，城市轨道交通与公路、民航、铁路等其他交通方式的衔接和融合不断深入，交通一体化功能显现。由于换乘站增多，多点换乘的多路径通达功能增强，线路间的联络功能、互补功能进一步凸显。

请在阅读上述资料的基础上，通过查阅相关资料数据，进一步总结城市轨道交通行车组织对城市客运的重要作用，并对比北京、上海、广州、深圳城市轨道交通系统的运营指标数据，分析上述城市轨道交通系统是否具备网络化运营的特征。

知识和技能点

(1) 熟悉行车组织的基本内容；

(2) 了解行车组织的特点；

(3) 理解网络化运营背景下的行车组织发展趋势。

理论储备

一 城市轨道交通行车组织的基本内容

行车组织概念及特性认知

城市轨道交通行车组织是城市轨道交通运营企业为完成运送乘客的任务所进行的一系列与运输有关的工作，既包括成立行车组织机构和指挥体系、采用科学合理的行车闭塞法确保列车运行安全、制订完善的列车开行计划和编制列车运行图等基础性工作，也包括车站行车作业、车辆段行车作业、行车调度指挥等具体工作内容和要求，还包括正常行车、非正常行车、施工行车等不同情形的行车组织要求。

为深入贯彻落实《国务院办公厅关于保障城市轨道交通安全运行的意见》(国办发〔2018〕13号）和《城市轨道交通运营管理规定》（交通运输部令〔2018〕8号）有关要求，进一步规范城市轨道交通行车组织工作，更好地保障城市轨道交通安全运行，交通运输部印发了《城市轨道交通行车组织管理办法》(交运规〔2019〕14号)，自2020年4月1日起实施。该办法对行车组织基础、正常行车、非正常行车、施工行车等做了明确规定，统一了城市轨道交通行业行车组织的基本规则，对于严守安全底线和进一步夯实运营安全管理基础具有重要作用。

二 城市轨道交通与铁路在行车组织方面的区别

城市轨道交通与铁路同属于广义的轨道交通，且当前很多城市轨道交通的设备、技术规则、行车组织方式都来源于铁路，但在运输对象、作用、技术条件等方面两者还存在明显不同，如表1-1所示。

城市轨道交通与铁路在行车组织方面的区别 表1-1

比较对象	城市轨道交通	铁　　路
运营范围	运行范围是城市市区及郊区，往往只有几十千米	纵横数千千米，而且连接城乡
运行速度	站间距离短，且一般站站停车，列车运行速度通常不超过80km/h	运行速度比较高，许多线路在120km/h以上，高速铁路在250km/h以上
服务对象	市内旅客运输，主要以日常工作、生活、学习、娱乐为出行目的	客运、货运都有，客运主要以出差、探亲访友、旅游为出行目的，行李包裹多
线路、车站	大部分线路在地下或高架桥上通行，均为双线，各线路之间一般不过线运营，正线和车站道岔少，车站换乘方式为立体式	车站有数量不等的道岔及股道，有较复杂的咽喉区，换乘方式为平面式
车辆段	一般为车辆检修、停放、日常保养和正线行车作业服务	进行车辆检修、停放以及大量的列车编解、接发车和调车作业

续上表

比较对象	城市轨道交通	铁路
车辆	电动车组，两个车头，一般不分解，类型少	分为机车和车辆两部分，且机车、车辆种类众多
供电	供电包括牵引供电和动力照明供电，一旦断电，系统将瘫痪	有非电气化铁路，可在没有电的情况下运行
通信信号	系统先进，普遍采用基于移动闭塞的列车自动控制系统，通信传输速度快、精度高、系统复杂	多数仍为三显示自动闭塞，以轨道电路检测列车位置和占用，精度低
运营管理	除了进、出段和折返外，没有越行，没有交会，正线上一般没有调车作业，易于实现自动监控，自动化程度高	运营组织复杂，有越行、交会、编组、调车作业，需要车站人工接发列车，自动化程度低

前沿技术

“北斗卫星导航”等新技术在城市轨道交通运营管理中逐步应用

2020 年 11 月 12 日，北京地铁技术创新研究院揭牌成立，一批新技术将在北京地铁应用推广。其中，“北斗卫星导航”技术（图 1-1）正在北京地铁的部分车站试点。同时，“5G”技术也将运用到地铁运营管理中，实现高通量的数据传输，解决许多现有网络下无法实现的信号、信息实时传输问题，如实现车辆和地面之间的实时视频传输。北京地铁技术创新研究院将围绕智慧地铁相关内容开展研究，重点打造一个“智慧大脑”，包括智慧运行、智慧客服、智慧运维和智慧管理四大业务平台，以及一套基础信息支撑平台。

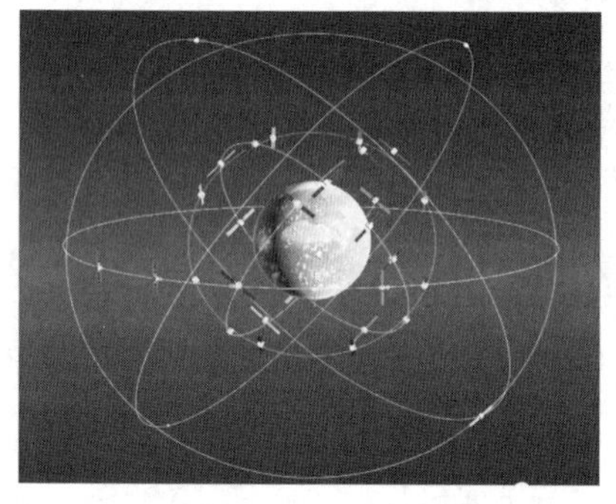

图 1-1　北斗卫星导航系统

摘编自央视网（2020 年 11 月 12 日）

查一查　近年来，我国在一些高技术领域取得了重大突破，在轨道交通领域有多项技术处于世界领先水平，但仍然存在受制于人的技术短板和“卡脖子”难题。当前我国面临百年未有之大变局，只有不断创新，推动科技进步，才能抓住历史赋予中国的发展机遇。请查阅资料，了解一下还有哪些先进技术可以在城市轨道交通行车组织领域应用。

三　城市轨道交通行车组织的特点

城市轨道交通（尤其是地铁）因其固有的特点，在行车组织工作方面要求高，主要体现在：

(1) 安全性要求高。

因城市轨道交通地下部分隧道空间小，行车密度大，故障排除难度大，若发生事故难以救援，损失将非常严重，所以基于对行车安全的保证，对行车组织提出了更高的安全要求。

(2) 计划性强。

城市轨道交通行车组织要有完善的行车计划且日常中要严格遵守，即按图行车。在运营中各部门都要以运行图为依据，按照行车组织规则组织列车运行，列车发车时刻、停站时间、发车密度、运行交路等都需要提前制定计划。

(3) 信号显示要求高。

由于较多采用基于移动闭塞的信号系统，城市轨道交通正线信号机少，地面和高架部分瞭望条件好，保证信号显示状态良好难度不大；地下部分由于光线暗，曲线段线路受隧道壁的遮挡，须制订有效措施保证信号显示状态良好。

(4) 可靠性要求高。

城市轨道交通隧道净空小，且装有带电的接触网，行车时不便于维修和排除设备故障，因此要求设备具有高可靠性，应尽量做到平时不维修或少维修。

(5) 自动化程度要求高。

城市轨道交通站间距短，列车开行密度大，而且地下部分环境潮湿，空气不佳，没有阳光，工作条件差，所以要求尽量采用自动化程度高的先进技术设备，以减少工作人员，并减轻他们的劳动强度。

(6) 限界条件苛刻。

城市轨道交通的室外设备及车载设备必须满足土建限界的要求，同时必须兼顾施工和维护作业空间的要求。

重庆轨道交通环线人防门侵入限界事故致1死3伤

2019年1月8日17时，重庆轨道交通环线海峡路至南湖区间人民防护工程出入口门（简称人防门）侵入列车行驶区域，与列车发生擦碰，造成第一节车厢略微偏移、车头受损，但未脱轨。事故致1人死亡3人受伤，重庆轨道交通环线部分区域停运。人防门是地铁隧道内起隔离作用的门，主要用于战时防空、掩蔽人员和物资。此次人防门侵入限界，主要原因是这道门未处于正常打开状态。

查一查 查阅资料，了解一下为什么在地铁设计和施工中要严格遵守限界相关规定。地铁运营部门应如何防范异物侵入限界引发事故？

另外，城市轨道交通信号系统沿袭铁路的制式，但由于其自身的特点，与干线铁路也存在不同。城市轨道交通在整个运输生产过程中，调车作业甚少，行车组织主要包括列车运行组织和接发列车工作，由调度所（或中央控制室）和车站（车辆段）两级完成，但在行车组织技术方面达到较高水平，主要体现在：

（1）具有完善的列车速度监控功能。

城市轨道交通所承担的客运量较大，对行车间隔的要求远高于铁路，最小行车间隔达到90s甚至更小，因此对列车运行速度监控的要求极高。

（2）联锁关系较简单但技术要求高。

城市轨道交通的大多数车站没有配线，不设道岔，甚至也不设地面信号机，仅在少数有岔联锁站及车辆段才设置道岔和地面信号机，故联锁设备的监控对象远少于铁路车站的监控对象，联锁关系远没有铁路复杂。除折返站外，全部作业仅为旅客乘降，非常简单。通常一个运营控制中心（简称控制中心）即可实现全线的联锁功能。

城市轨道交通信号自动控制最大的特点是把联锁关系和列车自动防护系统（Automatic Train Protection，简称ATP）编/发码功能结合在一起，且包含一些特殊的功能，如自动折返、自动进路、紧急关闭、扣车等，增加了技术难度。

（3）车辆段独立采用联锁设备。

城市轨道交通的车辆段类似于铁路区段站，包括列车编解、接发列车和频繁的调车作业，线路较多，道岔较多，信号设备较多，一般独立采用一套联锁设备。

（4）行车调度自动化水平高。

城市轨道交通的线路里程短，站间距小，列车种类较少，行车规律性很强，因此它的调度系统中通常包含自动排列进路和运行自动调整的功能，自动化强度高，人工介入极少。

四 网络化运营背景下的城市轨道交通行车组织发展趋势

城市轨道交通网络是由多条轨道交通线路组成的大容量、快速客运系统，通过轨道交通车站与线路相互衔接和连接，形成规模大、功能强的客运网络，线路之间实现互联、互通、互动，能够极大满足城市交通发展的需要。

网络化运营

城市轨道交通网络化运营具有如下几个特点。一是线网结构的复杂性。通过环线布局和利用既有线路形成超长线路，实现城市轨道交通系统的有效整合。二是经营管理的集中性。目前我国城市轨道交通大多采用单个企业独立经营的管理模式，有利于整个城市轨道交通的资源整合和系统协调。三是换乘的便捷性和资源的共享性。这是城市轨道交通网络化运营的优势所在，通过合理选取站点、科学设计行车组织，人们的出行路线更加科学、合理，同时资源的共享性使网络化运营的规模效益得以展现，降低了运营管理成本，提高了经济效益。

为适应网络化运营的需求，城市轨道交通行车组织需从以下方面进行调整和优化。

（1）制订灵活的路网列车运行方案。由于城市功能区位的划分，不同轨道交通线路所对应的客流需求时空分布特点也有所不同，因此，要根据城市不同区位人们出行的不同需求制订灵活的路网列车运行方案，如在城市中心区，乘客需要高频率的服务，可采用短间隔、各站停车的运行方式；而在远郊地区，乘客更期望的是提高列车运行速度和延长运营时间，可采用长间隔、列车交错停车的运行方式。这样可提高轨道交通的服务水平，以有限的设备资源尽可能满足复杂的客流条件和需求。

（2）编制网络化运行图。运行图是指导城市轨道交通运输生产和体现客运服务质量的技术文件。应优化首末班车衔接方案；采用灵活的运行图编制模式，增加运行图编制的弹性约束条件，从而解决运行图编制的滞后性与逐渐增长的客运服务需求之间的矛盾，使有限的轨道交通运输资源满足客流时空分布不平衡的需求；利用先进计算机系统，降低列车运行图的铺画难度，大力提升运行图自动化编制水平的技术。

（3）做好网络化运营条件下的调度工作。制订科学严密的调度工作是实现列车运行计划的重要保障。由于在城市轨道交通网络化运营条件下，不同的轨道线路在多处重叠交会，如果调度指挥中心没有准确、及时地进行信息汇总，一旦一个站点或线路出现问题，将很快波及其他相交线路，甚至造成整个城市轨道交通运输系统瘫痪，因此，只有通过对调度工作进行有序整合和分层管理，调度指挥中心掌握准确、完整的信息，及时对突发事故做出正确反应，才能保证城市轨道交通网络的安全、均衡和高效运输。

国外城市轨道交通网络化运营的借鉴

美国旧金山湾区地铁（BART）是采用城市轨道交通网络化运营的典型样本。

BART线路不只是将线路简单连接起来，而是采用了一体化的设计，在线路及配线、牵引供电、车辆、信号等方面做了统一规划。以麦克阿瑟（MacArthur）与西奥克兰（West Oakland）、梅里特湖（Lake Merritt）之间的线路设计为例，该部分线路综合了客流密度、行车能力等因素，在空间布局上合理安排线路布置，在各交路交错的情况下保障列车在不同交路间穿插时互不影响。采用统一的车辆制式，每列车由4辆或5辆编组，根据不同区域、不同时段的客流密度，可在车辆段或在正线特定区域灵活编组为8辆、9辆或10辆编组列车。采用统一的牵引供电及信号制式，在临近梅里特湖站的控制中心利用一套能够覆盖全部线路的控制设备统一指挥全线网列车运营。BART线路接驳情况如图1-2所示。

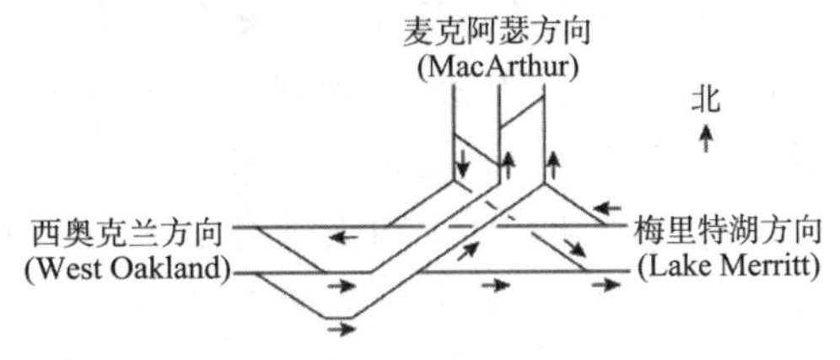

图1-2 BART线路接驳示意图

查一查 国外城市轨道交通的网络化设计和运营经验值得借鉴，随着我国越来越多城市轨道交通进入网络化运营时代，作为城市轨道交通运营人员应坚持全局思维，系统考虑和优化城市轨道交通运营面临的各项挑战。查阅资料，了解一下上述挑战有哪些。

五 城市轨道交通行车组织规章解读

2019 年之前，城市轨道交通行车组织相关规章主要依据是《城市轨道交通运营管理办法》（建设部令第 140 号），具体行车组织相关规章由各城市轨道交通运营企业根据企业采用的系统特征、所在城市的地理气候环境等要素特征制订的，如上海地铁运营有限公司的相关规章制度就有：①地铁运营技术管理规程；②地铁行车组织规则；③各车站与车辆段的行车组织细则；④地铁客运组织规则；⑤地铁行车事故处理规则；⑥各种专业的操作规程、安全规则；⑦行车事故示例救援办法。此外，上海市人民政府颁布了相关的地方法规——《上海市地铁管理办法》，以及相关管理部门（市政工程局）颁布的《上海市地铁管理办法实施细则》，作为上述规章制度的法律支持。

2019 年 10 月 16 日，为进一步规范城市轨道交通行车组织工作，更好地保障城市轨道交通安全运行，根据《国务院办公厅关于保障城市轨道交通安全运行的意见》（国办发〔2018〕13 号）、《城市轨道交通运营管理规定》（交通运输部令 2018 年第 8 号）等有关要求，交通运输部印发了《城市轨道交通行车组织管理办法》（交运规〔2019〕14 号），使得各企业行车组织规章有了共同的标准。其具体内容见附录 1。

深圳地铁 6 号线：国内智慧地铁的先行示范线

深圳地铁 6 号线全长约 49.4km，作为深圳市通车的第 9 条地铁线，6 号线在建设中全面贯彻新发展理念，围绕深圳建设“现代化国际科技新城”的总体目标，打造时尚、科技、高端地铁线路，建成了国内绿色地铁、智慧地铁的“示范线”，其特点如下。

清洁低碳——“国内首次分布式光伏发电规模化应用”的地铁线。6 号线路充分利用日照条件充足、太阳能资源丰富的特点，利用屋面安装的太阳能光伏组件把太阳光能转化为电能，供给车站照明、空调、电扶梯等车站所有低压用电负荷，当发电量不够或不能发电时才由供电系统补充。

循环利用——“深圳首条列车制动能量循环再利用”的地铁线。6 号线采用的再生制动能量回馈装置无须进行能量储备，实时将列车制动产生的能量直接回馈到 35kV 电网侧，由 35kV 电网将电能分配给其他负载使用，“及时发生、及时利用”，该设备还具有占地空间小，节能效果明显等优点。

智慧地铁——“国内首条引入云平台技术”的地铁线。本着“统筹规划、顶层设计”的理念，6 号线在综合监控系统、乘客信息系统和安防系统上全面采用云架构，集中设置云计算和云存储资源，充分发挥了计算机的数据运算能力，CPU 利用率从原本的 10% 提升到 50% 以上，不但使系统的可靠性提高、方便维护，而且方便后续系统扩容。

素质提升 作为一名“城市轨道交通人”，广大城市轨道交通运营和科技工作者应以引领和推动城市轨道交通领域的自主创新和技术进步为目标，抢占世界城市轨道交通高质量发展的高地。

任务实施与评价

相关实训工单见本模块后任务 1-1 实施与评价。

任务 1-2 行车组织机构认知

案例导入

行车调度员小 A 第一天来到运营控制中心工作，此前他已经在车站值班站长岗位工作了 3 年，现在他急需尽快适应环境，首先要核理清楚行车调度员岗位在整个行车指挥系统中的位置，以及与哪些行车组织机构和岗位有业务来往；然后要掌握行车调度相关设备的使用方法。请你协助他一起完成本次任务，使他能够马上投入工作。

知识和技能点

（1）熟悉行车组织机构的组成；

（2）了解行车调度相关岗位职责；

（3）认识行车调度相关设备。

理论储备

一 行车组织机构概述

城市轨道交通系统是一个复杂的、技术密集型的公共交通系统，线路的行车组织工作由控制中心实施，贯彻高度集中、统一指挥、逐级负责的原则，各单位、各部门必须紧密配合、协调动作。下面以一条线路为例，介绍行车组织工作的基本要求、行车组织机构组成、行车组织工作的基本任务。

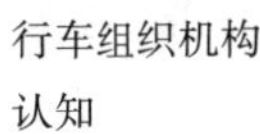

行车组织机构认知

1. 行车组织工作的基本要求

（1）各行车岗位具备足够数量且符合相关资格条件要求的人员。

（2）制订符合现实条件的行车组织办法及安全保障制度。

（3）正线（含辅助线）及车辆段线路联锁功能实现，特殊情况下，若联锁功能未实现时，应采取足够的安全措施。

（4）具备无线调度通信系统，能实现控制中心与在线列车的对讲。

（5）站间行车电话及专用调度电话系统开通使用，实现控制中心和车辆段、车站之间的对讲，以及各相邻车站间的对讲。

（6）正线（含辅助线）及车辆段线路验收合格并交付使用。

（7）正线（含辅助线）及车辆段接触网供电交付使用，已具备牵引变电所“就地级”控制功能。

2. 行车组织机构组成

线路运营控制中心（Operation Control Center，简称 OCC）、车站和车辆段是行车组织机构的三大组成部分。某条线路的行车组织执行层次如图 1-3 所示。

行车指挥体系

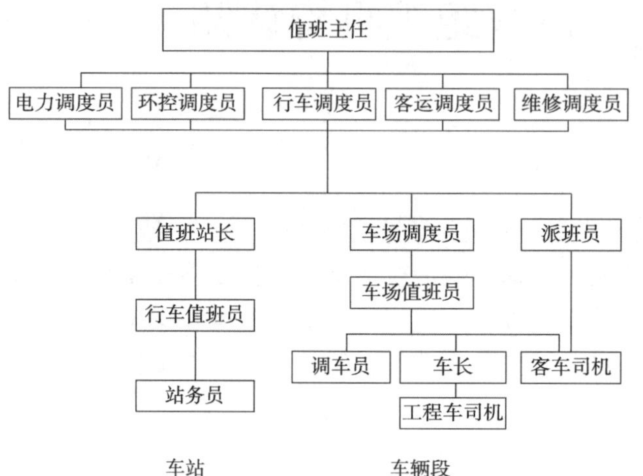

图 1-3　某线路行车组织执行层次示意图

行车组织机构分为一级调度机构和二级调度机构，二级调度机构服从一级调度机构的命令。一级调度机构包含行车调度员、电力调度员、环控调度员、客运调度员、维修调度员等。二级调度机构包含为值班站长、车场调度员、行车值班员、车场值班员（某些运营企业也称信号楼值班员）等。各级调度机构要根据各自职责和任务独立开展工作，并服从运营控制中心（OCC）值班主任总体协调和指挥。

（1）运营控制中心（OCC）。

运营控制中心是城市轨道交通系统线路运行的神经中枢，是一级调度机构，具有集中化、自动化、模式化等特点，它是线路运营日常管理、设备维修、行车组织的指挥中心，如图 1-4 所示。运营控制中心是运营信息收发中心，所有与行车有关的信息，必须通过运营控制中心集散。当发生突发事件时，运营控制中心代表运营单位对外协调。

OCC 简介

图 1-4　运营控制中心

运营控制中心（OCC）各调度员由值班主任统一指挥。在处理各类突发事件、事故时，各调度员有责任向值班主任提供本岗位的处理方案，并及时报告相关信息。

城市轨道交通的行车工作由行车调度员统一指挥；城市轨道交通供电设备运作由电力调度员统一指挥；环控和防灾报警设备由环控调度员统一指挥；客流监控和信息收发由客运调度员统一指挥；维修调度员主要负责管理范围内的故障（事故）信息接收、传递、反馈和处理的组织、协调及统计分析工作。

OCC 的主要功能

（2）车站控制室。

车站控制室为二级调度机构，如图 1-5 所示。车站行车组织工作由车站当班值班站长统一负责，行车值班员协助。值班站长必须服从行车调度员的统一指挥，执行行车调度员命令。当正线发生行车设备故障时，车站值班站长（行车值班员）应及时报告行车调度员，由行车调度员通知各相关专业调度/值班人员组织抢修。

车站控制室、车场信号控制室简介

有些车站根据业务需要，还设置了专职信号设备监控员和信号设备操作员，负责监控、操作车站信号设备的运行。

（3）车场信号控制室。

车场信号控制室为二级调度机构，如图 1-6 所示，服从运营控制中心（OCC）的统一指挥。车场信号控制室与出入段线连接的车站通过进路照查电路，共同组织与监控列车进出车辆段。车场信号控制室设有计算机联锁设备，集中控制车辆段范围内的进路、道岔和信号机，由车场调度员管理。

车控室及车场信号控制室工作场景

图 1-5 车站控制室

图 1-6 车场信号控制室

3. 行车组织工作的基本任务

（1）组织各部门、各工种严格按照列车运行图工作。

（2）监控列车运行，确保运行顺畅。

（3）科学、合理地组织客流，经济、合理地使用车辆及其他运输设备。

（4）及时、准确地处理行车过程中出现的异常情况，避免行车事故的发生。

（5）如发生行车事故，除按规定程序上报，还要采取措施及时、有效地进行处理，防止事故升级。

二 行车调度相关岗位及职责

行车调度直接相关岗位包括行车调度员、车场调度员和车场值班员、行车值班员（信号设备监控员、信号设备操作员）等。

1. 岗位职业道德要求

（1）遵纪守法，爱岗敬业。

（2）细心监控，遵章指挥。

（3）操作规范，命令准确。

（4）响应迅速，安全处置。

（5）全面协调，畅通路网。

（6）钻研业务，开拓创新。

2. 行车调度员工作职责

行车调度员岗位职责

（1）组织各部门、各工种严格按照列车运行图工作。

（2）监控列车到达、出发及途中运行情况，确保列车运行正常。

（3）随时掌握客流情况，必要时调整列车运行方案。

（4）检查、督促各行车部门执行运行图情况。

（5）当列车运行秩序不正常时，及时采取措施，尽快恢复正常运行秩序。

行车调度员工作场景

（6）及时、准确地处理行车异常情况，防止行车事故发生。

（7）当发生行车事故时，按规定程序及时向上级主管部门汇报，并采取措施防止事故扩大，积极参与组织救援工作。

（8）收集、填写与线路运营工作有关数据指标，做好原始记录。

（9）服从值班主任的指挥，与电力调度员、环控调度员、维修调度员等配合，共同完成行车和施工组织工作。

车场调度员岗位职责

3. 车场调度员工作职责

（1）组织和指挥车辆段内行车运营秩序，充当车辆段内发生突发事件的临时指挥者，指挥车辆段内电客车、工程车的调车作业。

（2）按照列车运行图/运营时刻表、轨行区施工及行车计划通告、车辆检修需求，制订车辆段收车计划表、车场发车计划表，合理安排列车出入车场。

车场调度员工作情景

（3）掌握车辆段内列车和车辆的停留状况，根据工作需求，及时编制、下达调车作业单，监督、检查调车计划的实施。

（4）安排车辆段范围所有计划内和临时性的施工作业。

（5）指挥车场值班员合理安排车场内行车作业，布置并监控车场值班员的作业。

车场值班员岗位职责介绍

（6）组织试车线和车辆段线路上的调试工作。

（7）指挥工程车司机、电客车司机配合各施工部门工作。

4. 车场值班员工作职责

（1）在车场调度员的指挥下，负责列车和车辆的出入车场进路和调车进路排列。

（2）通过无线调度台向电客车司机、工程车司机、施工负责人下达命令和通知。

车场值班员工作场景

（3）监控电客车、工程车在试车线上的调试和试验工作。

（4）监控信号显示和列车出入车场运行状况，发现异常时向车场调度员报告，并做好记录。

（5）严格按计划收发列车，与行车调度员沟通、确认列车出入车场安排，及时向车场调度员报告收发列车情况。

5. 行车值班员工作职责

（1）在值班站长的领导下，负责车站行车组织工作，按有关规定操作和监控行车设备。

行车值班员岗位职责

（2）负责值守车站控制室，监控车站控制室内各项设备、设施状态，发现故障及异常情况及时按有关程序处理。

（3）负责运营生产信息的上传下达，及时处理外部信息和报出本站信息。

（4）操作、监控信号设备运行（未设置专职信号设备操作员、监控员的车站）。

（5）信号设备停用时负责办理人工组织行车手续。

（6）对当班施工管理工作负责，在线路施工和工程列车开行时安排安全防护，负责车站施工作业登记、施工安全监控和施工负责人管理等工作。

（7）协助值班站长进行人员工作安排及管理。

（8）做好车站内对乘客的应急广播。

6. 信号设备监控员职责

（1）在值班站长的领导下开展工作，主动向值班站长汇报信号设备运行情况。

（2）负责监控当班信号设备的操作，及时制止、纠正违章操作。

（3）负责从控制中心接收信号设备的操作指令，与信号设备操作员核对后监控其正确执行。

（4）负责监控本班工作中信号设备的状况，发现故障及异常情况及时提醒、协助信号设备操作员处理。

（5）信号设备停用时负责办理人工组织行车的手续。

7. 信号设备操作员职责

（1）负责当班信号设备操作指令的执行。

（2）负责监控当班工作中信号设备的状况，发现故障及异常情况及时按规定上报、处理。

（3）接受信号设备监控员的监控。

（4）信号设备停用时负责办理人工组织行车的手续。

春节·地铁调度员的一天：责任在肩、精准调度

2018年2月20日，农历大年初五，这一天成都地铁调度员们依然在调度前线指挥列车、协调施工、监控设备、信息收发的各岗位调度员各司其职，坚守如初。对于他们而言，10多个小时的夜班意味着不能和家人团圆，只能对着监控大屏与设备为伴，与安全运营相随。

在当班调度员中，有坚守过数次春节的“老调度”，也有初次在春节坚守的新员工，他们如往常一样工作着，虽然无法及时与家人相聚，却守护着无数人的回家路……

● “就是这样‘不厌其烦’地重复着”

行车调度员，大家熟悉又陌生的名字。他们是地铁列车运行的指挥官，同时也是列车安全运行的守护者。坚守在中环调度大厅的行车调度员胡邸恒发出了大年初五的第一条列车发车命令，在他的调度指令下，7 号线首趟列车缓缓出段，开始了今天的第一次轧道作业。

今年是中环控制中心行车调度员李波在成都地铁的第八个年头，他说：“每年的春节都是这样度过的，日复一日，年复一年，就是这样‘不厌其烦’地重复着，家里人也支持理解我的工作，但少有机会能赶在除夕之夜和家人团聚也是一种遗憾”。李波每天的工作是监控地铁 7 号线的行车组织情况，7 号线作为成都首条环形线路，串联起了成都三大铁路枢纽及 10 号线的市区起点站，这样的行车组织压力甚至有时让他顾不得喝上一口水，他却说：“虽然无法及时与家人相聚，却守护着无数人的回家路，我为我的岗位骄傲。”

● “第一次背井离乡过春节心理难免有点失落”

对于电环（电力和防灾环控的简称）调度员而言，和行车调度员一样，他们从来不会因为新旧年的交替、日月星辰的变化而间断或放假一天，即便是春节，也依然坚守岗位，恪尽职守地履行着自己的责任。

今年是电环调度员周均从西南交通大学毕业后第一次在工作岗位上度过春节，望着调度大厅里高挂的红灯笼，在这样的日子里他和同龄人一样也会想家，想吃妈妈亲手做的红烧肉。但他却说：“作为刚毕业不久的大学生，第一次背井离乡过春节虽然心理难免有点失落，但是作为一名青年调度员，我需要学习的还有很多，春节值守岗位父母也很支持我，晚几天再回家看望他们。”

● “因为团圆两字，我们应该坚守好”

窗外的孔明灯红透了半边天，爆竹烟花的五颜六色染得夜空姹紫嫣红，空气中弥漫着欢乐的味道。而这时的维修调度员李强依旧在统计和跟进负责线路的故障处理情况，研究各类故障的规律和特点，奔走在各调度岗位间仔细确认故障情况，有空还会温习突发情况下相关的作业流程。

另一边的值班主任胡绍波则是表情严肃地掌控着各个调度岗位的工作情况，浏览下一个班的施工作业情况，并进行重点施工预想，丝毫不见佳节的轻松愉快。

胡绍波说：“我们调度工作就是这样，不奢望假期和旅游，甚至是团圆过大年，没有挥汗如雨或是天凝地闭的浩大场景，有的只是不断响起的调度电话铃声和列车监控屏上不断闪烁的信号标识，因为团圆两字，我们就应该守护好每一位乘客的出行安全！”

摘编自中国交通新闻网（2018 年 2 月 20 日）

议一议 行车调度员的责任和使命是什么？是哪种力量让一个个地铁人前仆后继坚守岗位？谈谈你的感悟。

人物故事

揭秘地铁不为人知的岗位——电力及防灾环控调度员

在大连地铁安全运行的背后，有着一双看不见的手，这双手保证了地铁列车牵引系统和车站动力照明系统的安全供电，是关系着大连地铁能否正常运营的关键，作为大连地铁电力及防灾环控调度员，徐宁半开玩笑地表示，自己更愿被称为操纵电力的“魔术师”。

徐宁的日常工作并不轻松，他肩负着对地铁供电系统运行的组织、指挥和协调工作，使用电力监控系统实时监控供电系统设备的运行；同时要审批调度范围内供电系统设备的停电检修计划，根据地铁供电特点和事故处理原则，认真处理各类事故；负责监视调度范围内环控系统设备的运行情况，更要负责火灾自动报警系统的事故处理和突发事件应急处理的调度指挥工作；当车站发生火灾等突发事件时，监视现场情况配合现场救灾。

作为一名从小就对有轨列车着迷的“90后”，徐宁一谈起地铁就滔滔不绝。在大学毕业后如愿以偿加入大连地铁这个大家庭中，“成为电力及防灾环控调度员总算是圆了自己的一个地铁梦”，谈到自己的工作时他这样说，“虽然节假日不能与亲人团聚、虽然夜深人静时无法休息，但它所带给我的自豪感和成就感是其他工作无法比拟的，它是我的工作更是我的事业，我愿为它付出我的青春我的全部”。

走进他的工作台，调度电话、公务电话和各类报表整齐地摆放着，而给人印象最深刻的就是那一排显示器，上面密密麻麻地显示着全线各站的供电系统设备状态、环控设备的运行；显示器上光标闪烁，图形、数字、文字交错，丝毫改变都逃脱不了他的眼睛。常人不能忍受的枯燥，精神高度集中所带来的疲劳，却只是徐宁的工作常态。

“全线接触网停电完毕”。调度电话挂断，指挥中心灯火通明。此时已经是深夜11点，虽然正线上已经没有列车在运行，但是对于电力及防灾环控调度员来说，最忙碌的时刻才刚刚开始。指挥中心内电话铃声此起彼伏，核对施工、操作停电、下达命令、叮嘱事项、送电恢复、施工注销，一步步流程井然有序地展开。“越是疲倦，越要保持清醒，一万次的正确操作也不允许有一次疏忽的误操作，安全是我们电力人的生命。”徐宁经常用这一句话与同事们共勉。

能取得现在的工作成绩，并非一朝一夕，徐宁坦言他经过了长时间的系统学习，将实际工作与理论相结合，不断提高专业技能水平和应急处理突发事件的能力，多次参与指挥中心规章制度的修订。他始终把“安全第一”摆在工作中的首要位置，认真贯彻学习公司的各项规章制度，不断提高安全生产责任意识。供电故障在他眼里不仅是突发事件，更是学习和提高工作历练的契机。“变电所直流馈出开关跳闸故障”“变电所三级负荷跳闸故障”，总结多次的正确及时处理故障经历时，徐宁侃侃而谈。

“不积跬步，无以至千里”，如今的他已成长为地铁1号线电力及防灾环控调度班长，用自己的实际行动践行着自己的地铁梦。在集团公司“立足岗位求突破，推动地铁大发展”的精神引领下，他将继续牢记自己的使命与责任，拿出“撸起袖子加油干”的劲头，为大连地铁的发展壮大贡献力量！

摘编自大连地铁集团网站（2017 年 5 月 5 日）

素质提升 地铁安全运营的背后是一群严谨细致、工作一丝不苟的人的默默付出，他们发扬工匠精神和劳模精神，为人们的地铁出行保驾护航。

三 行车调度员与关联岗位的业务关系

行车调度员与关联岗位的业务关系

1. 与车站行车值班员的关系

车站行车值班员在行车调度员的业务指导下负责本车站管辖范围内的行车组织工作。

2. 与车辆值班员的关系

车辆值班员负责车辆、车辆段内的行车调度工作及列车进出段、场的作业；当核对列车运用计划及加开临时列车时，行车调度员须与车辆值班员进行沟通。

3. 与车辆段运转值班员的关系

运转值班员负责全线列车司机的调配，行车调度员在需要加开临时列车时须与车辆段运转值班员进行沟通。

4. 与电力调度员的关系

运营开始、结束前行车调度员须与电力调度员按照停送电作业流程办理相关的停送电手续；事故抢险时，行车调度员应使用调度电话通知电力调度员立即停电；供电设备出现临时故障需要停电时，电力调度员使用调度电话通知行车调度员，待行车调度员同意后方可立即停电；电力调度员发现牵引变电所跳闸等故障或接到相关报告后，应立即通知行车调度员，电力调度员将故障处理完毕后，立即报告行车调度员。

5. 与环控调度员的关系

在列车被迫在区间停车 2min，列车自动监控系统（Automatic Train Supervision，简称 ATS）发生报警后，行车调度员应通知环控调度员启动环控系统阻塞模式，并通知环控调度员注意观察系统运营情况。

6. 与值班主任的关系

行车调度员必须服从值班主任的绝对领导，当发生事故和突发事件时，由值班主任指挥各专业调度员工作，各专业调度员负责了解相关情况，并提供事故和突发事件的配合处理方案，经值班主任批准后执行；行车调度员发布书面调度命令前须报经值班主任批准。

四 行车调度相关设备

行车调度相关设备介绍

1. 中央运营协调与应急指挥中心（COCC）的设备

中央运营协调与应急指挥中心如图 1-7 所示，主要设备如下。

（1）显示大屏：中央运营协调与应急指挥中心设备的核心系统，主要显示各种信息、全网线路示意图、AFC 全网客流情况等图像。

（2）ATDS：显示界面由若干显示器组成，实时获取各条线路列车运行信息，对各线路的 ATS 进行监督，但不控制。

(3) SCADA：显示界面由若干显示器组成，具有遥信功能，不具备遥测功能；包含一次接线图相关的所有位置信号；可定制画面；不包含事故信号告警。

(4) CCTV：可查看各线路运营控制中心调度选择的画面，供调度员了解车站站厅、站厅的客流和列车到发等情况。

(5) COCC 调度电话：供 COCC 调度员选呼各线路 OCC 调度员、轨道交通公安指挥室、各运营单位。

(6) 公务电话：供 COCC 调度员与内部各单位、生产部门进行业务联络。

图 1-7 某地铁公司 COCC

(7) TOS 自动分析系统：对路网在线列车与站间区间的实时延误、在线列车与站间区间客流饱和度实时跟踪。

2. 运营控制中心（OCC）行车调度相关设备

(1) 综合显示屏。

城市轨道交通线路运营控制中心（OCC）一般装有行车、供电、环控中央监控终端设备，各模拟屏能够显示现场（车站、车辆段）设备的使用和占用情况，包括列车运行状态、供电系统情况和车站环控设备工作情况。某线路运营控制中心布置如图 1-8 所示。

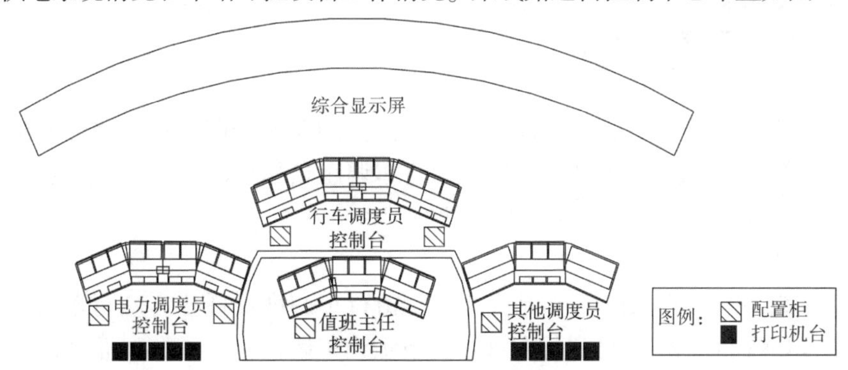

图 1-8 运营控制中心布置示例

综合显示屏主要显示有关行车的信息，包括轨道电路、线路、信号平面布置、各站及区间线路布置、列车车次及其运行状态。

(2) 中央级 ATS 工作站。

在运营控制中心（OCC）内，综合显示屏供所有人员监察，而各类工作台设备具有不同专业功能。控制中心的工作台分别设置了列车自动控制系统、自动售检票终端监控系统、通信系统、电力监控、防灾报警等设备，供有关人员操控及监察日常客运作业及处理故障和事故。

行车调度员配备若干个监视终端和一个操作盘，通过监视器可以监视各车站的情况，可对各车站的站台、站厅进行图像监视，并可对监视图像进行切换，同时也可使用移动摄像机进行监控，并对监视的对象进行录像。

两名行车调度员各配备一台功能相同的中央级 ATS 工作站，每台 ATS 工作站配备 3 台 LCD 显示器，实现对正线全线列车的监视和控制。当中央级 ATS 工作站失效时，由行车调度员授权车站行车值班员在车站级 ATS 上排列行车进路，组织列车运行。当中央级 ATS 工作站恢复后，行车调度员收回 ATS 控制权。

（3）通信设备。

控制中心的通信设备主要有调度电话、无线调度电话、中央广播设备等。

①调度电话。调度电话是为列车运行、电力供应、维修施工、发布命令等提供指挥手段的专用通信工具，包括调度直通电话、公务电话等。控制中心设置有防灾调度、行车调度及电力调度直通电话。调度直通电话具有单呼、组呼、全呼、紧急呼叫、录音等功能。各工作台设置有数字话机（ISDN），可实现与其他部门的通信，并具有会议电话、来电显示、呼叫转移等功能。

②无线调度电话：包括无线调度台和手持台。

无线调度台。值班调度主任工作台及行车调度员工作台均需设置无线调度台（互为备用）。可对列车司机、站场无线工作人员实施无线通信，该设备应具有组呼、紧急呼叫、私密呼叫及对列车进行广播等功能。

手持台。控制中心配备多部手持台作为无线调度台故障时的备用设备，分为车站台、维修台、电力调度台等，在日常交接班时需保持手持台处于良好状态。

③中央广播设备。值班调度主任、行车调度及电力调度工作台分别设置广播控制台，可对各车站、车辆段等相关单位进行广播，具有人工广播和自动广播两种模式，并可指定区域广播。

3. 车站行车调度相关设备

（1）车站级 ATS 工作站。

联锁站的车站级 ATS 工作站能对本联锁区内的车站线路、道岔、信号机及列车状态进行监控。当中央级 ATS 失效时，由行车调度员授权车站行车值班员在车站级 ATS 工作站上排列行车进路，组织列车运行。

（2）本地控制工作站。

当中央级及车站级 ATS 工作站失效时，由行车调度员授权车站行车值班员在本地控制工作站（LOW）上排列行车进路，组织列车运行，如图 1-9 所示。

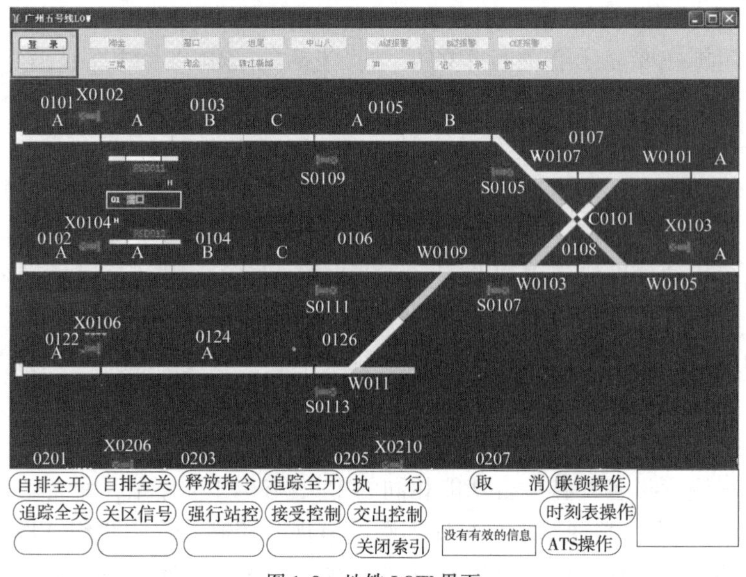

图 1-9　地铁 LOW 界面

(3) 计轴复位盘。

当联锁区内线路上某段线路计轴器出现故障需要复位时，由行车调度员授权车站行车值班员在计轴复位盘上按下某段线路计轴器的复位按钮进行复位。

(4) LCP 控制盘。

车站控制室设有 LCP 控制盘，盘面上的上、下行线路分别有紧急关闭、紧急关闭恢复、扣车、取消扣车、提前发车按钮和紧急关闭、扣车、提前发车指示灯，以及控制转换开关、报警切除和指示灯测试按钮。当 ATP 系统正常运作时，站务人员根据行车工作需要按压各按钮。

(5) 综合后备盘。

综合后备盘（IBP 盘）设置在车站控制室 BAS 系统中，如图 1-10 所示，在紧急情况下能控制整列安全门开关操作，且每列站台上都有一个 IBP 开关。IBP 开关是所有安全门系统控制级别中的最高级，当安全门在 IBP 盘上控制时，任何其他级别的开关都无法控制安全门系统的操作。

图 1-10　IBP 盘全貌

(6) 视频监控系统。

视频监控系统（CCTV）可提供车站各位置实时监控画面，安装在车站控制室。

(7) 车站有线调度电话。

车站控制室配备有线调度电话，实现与行车调度员、相邻车站等行车岗位通话的功能。

(8) 车站广播系统。

车站控制室配备车站广播系统，具备对车站进行广播的功能。

4. 车辆段行车调度相关设备

(1) 信号联锁设备。

①车辆段 ATS 工作站。车场调度员配备一台车场 ATS 工作站，实现对车辆段内全部列车的监视和控制。

②计算机联锁系统：保证道岔、轨道区段、ATP 信号间正确的联锁关系，完成车辆段管辖范围内所有线路、道岔的进路排列功能，如图 1-11 所示。

③应急台：作为一种应急状态下的备用控制方式，当计算机联锁系统故障后投

入使用，可以通过应急台单独操作道岔，操作道岔后，需要人为确认道岔位置，如图 1-12 所示。

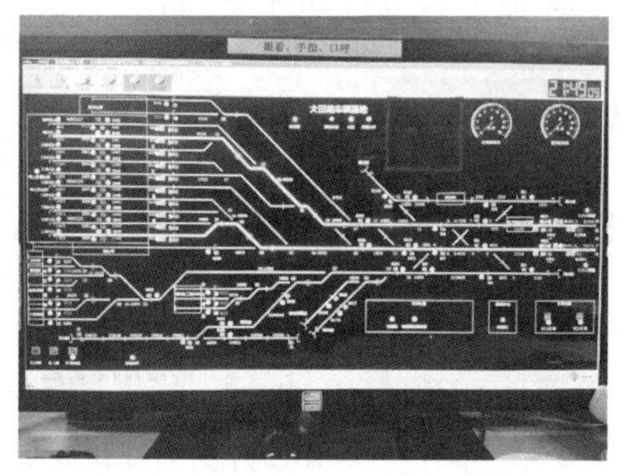

图 1-11　车辆段计算机联锁系统界面

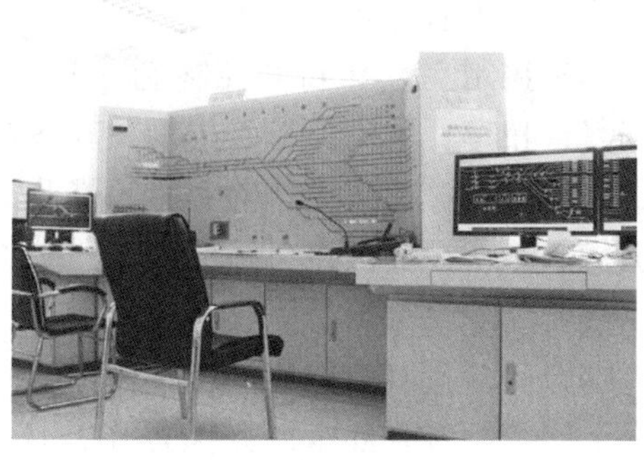

图 1-12　车辆段应急台

（2）通信设备。

①有线调度电话。车场调度员、车场值班员配备有线调度电话，实现相互间及与行车调度员、派班员等岗位的通话功能。

②无线手持台。车场调度员、车场值班员配备无线手持台，无线手持台具备强大的呼叫功能，实现相互间及与行车调度员、电客车司机、工程车司机、车辆段内施工负责人等的组呼、选呼、紧急呼叫等功能。

任务实施与评价

相关实训工单见本项目后任务 1-2 实施与评价。

任务 1-3　行车闭塞法认知

案例导入

2014 年 5 月 2 日，韩国首尔地铁 2 号线的一趟列车因异常情况而临时停车，后一趟地铁列车未能及时掌握前车的状况，尽管进行了急刹车，也还是发生了追尾相撞事故。事故造成前车的后两节车厢脱轨。两车追尾后，列车上播出通知，要求乘客留在原处，但基本没有乘客听从。目击者说，许多乘客强行打开列车车门，跳到轨道上逃生。

请你在理解行车闭塞法的基础上，说明如何运用行车闭塞法确保列车运行安全，并比较固定闭塞、准移动闭塞和移动闭塞的技术特征，结合我国城市轨道交通的发展现状，说明各自的应用情景。

知识和技能点

（1）了解行车闭塞法的概念和作用；

（2）理解固定闭塞的特点和应用类型；

（3）掌握准移动闭塞的特征；
（4）掌握移动闭塞的特征；
（5）掌握电话闭塞的使用时机和路票的使用方法。

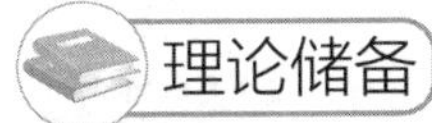

一 行车闭塞法概述

1. 行车闭塞法的概念

两站之间的线路称为区间。列车在区间运行，区间必须空闲，而且必须杜绝其对向和同向同时有列车运行的可能，即必须从列车的头部和尾部进行防护。因此，为了安全、准确、迅速、协调地完成运输生产任务，城市轨道交通运营企业在行车管理上设置了一套行车设备和相应的行车组织制度，用来控制轨道车辆的运行，这种为确保列车在区间运行安全而采取的方法称为行车闭塞法，简称闭塞。

行车闭塞法基本原理

2. 行车闭塞法的作用

行车闭塞法可使轨道车辆之间保持一定安全距离，以保证轨道车辆安全运行。

3. 行车闭塞实现的基本方法

为了保证轨道车辆安全运行，就得设法把相邻的轨道车辆分开。到目前为止，普遍采用的方法是隔离法。隔离法共有两种形式：一种是空间间隔法，另一种是时间间隔法，如图1-13所示。在正常情况下，一般采用空间间隔法。

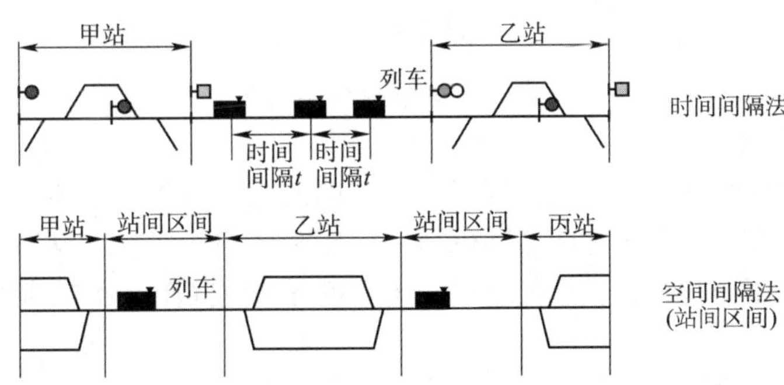

图1-13 时间间隔法和空间间隔法示意图

①空间间隔法：在城市轨道交通正线上每隔相当距离设立一个车站以及自动闭塞通过信号机，把正线划分为若干个区间，在同一时间、同一空间内只准许一个轨道车辆运行的办法。

②时间间隔法：时间间隔法实际上是一种不确切的空间间隔法，即在一个区间内，用规定的时间将同方向运行的轨道车辆彼此间隔开运行，以实现轨道车辆之间的空间间隔。由于时间间隔法不采用设备进行控制，容易发生人为的行车事故，安全性较差。所以，时间间隔法不能确保行车安全，原则上不采用，只在特殊情况下（如临时性减轻轨道车辆堵塞、对事故后的车流进行疏散、一切电话中断时的行车组织等）采用。

4. 闭塞区间的划分

区间与站内的划分，是行车组织工作的一项重要内容，也是划定责任范围的依据。列车进入不同地段时必须取得相应的凭证或准许，在我国，列车占用区间的凭证通常为车站出站信号机的准许显示或目标点和速度码。在城市轨道交通线路上采用的闭塞方式不同，闭塞区间的划分也不相同。通常我们把车站与车站之间的区间称为站间区间(图 1-14)，简称站间；把自动闭塞区段上两个色灯信号灯之间的区间称为闭塞分区(图 1-15)。

闭塞区间的概念

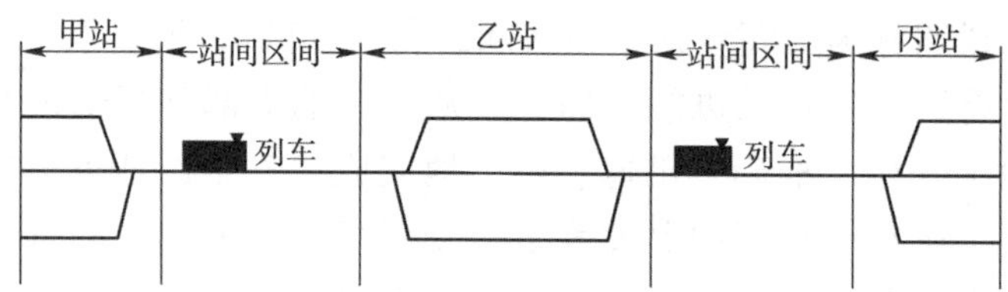

图 1-14　站间区间示意图

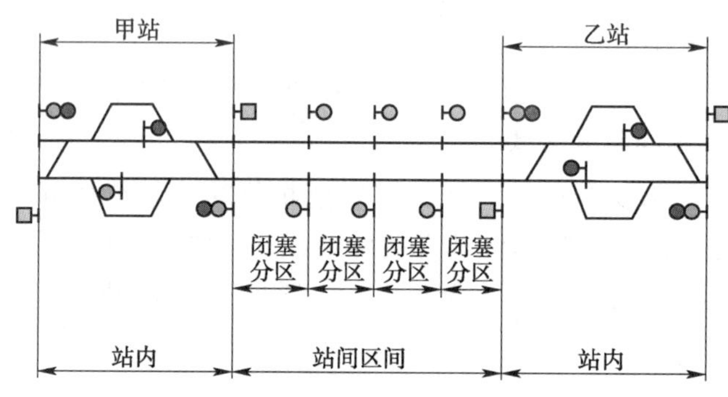

图 1-15　闭塞分区示意图

5. 闭塞的实现

闭塞就是用信号或凭证来保证列车按照空间间隔法运行的技术方法。空间间隔法就是前行列车和追踪列车之间必须保持一定距离的行车方法。从各种不同的角度闭塞可以有各种不同的分类，总的来说，闭塞可分为站间闭塞和自动闭塞两大类。

1）站间闭塞

站间闭塞就是两站间只能运行一列车，其列车的空间间隔为一个站间区间。站间闭塞按技术手段和闭塞实现方法又可分为电话闭塞、路签闭塞、路牌闭塞、半自动闭塞、自动站间闭塞。

电话闭塞可作为一种最终的备用闭塞。

路签闭塞和路牌闭塞在我国已经被淘汰。

半自动闭塞就是人工办理闭塞手续，列车凭信号显示发车后，出站信号机自动关闭的闭塞方法。其特征为：站间只准走行一趟列车，人工办理闭塞手续，人工确认列车完整到达和人工恢复闭塞。

自动站间闭塞就是在有区间占用检查的条件下，自动办理闭塞手续，列车凭信号显示发车后，出站信号机自动关闭的闭塞方法。其特征为：有区间占用检查设备，站间区间只准走行一列车，办理发车进路时自动办理闭塞手续，自动确认列车到达和自动恢复闭塞。

2）自动闭塞

自动闭塞就是根据列车运行及有关闭塞分区状态自动变换信号显示，而司机凭信号行车的闭塞方法。其特征为：把站间划分为若干闭塞分区，有分区占用检查设备，可以凭通过信号机的显示行车，也可凭机车信号或列车运行控制的车载信号行车；站间能实现列车追踪；办理发车进路时自动办理闭塞手续，自动变换信号显示。

从保证列车运行而采取的技术手段角度来看，自动闭塞可分为两大类：传统的自动闭塞和装备列车运行自动控制系统的自动闭塞。

（1）传统的自动闭塞。

传统的自动闭塞属固定闭塞的范畴，一般设地面通过信号机，装备机车信号，通过信号或凭证来保证列车按照一定的空间间隔运行。由于要与装备列车运行自动控制系统的自动闭塞相区分，所以上述方法称为传统的自动闭塞。目前，传统的自动闭塞一般适用于列车最高运行速度在160km/h及以下的情况，它可分为三显示自动闭塞、四显示自动闭塞、多信息自动闭塞。

①三显示自动闭塞（图1-16）。

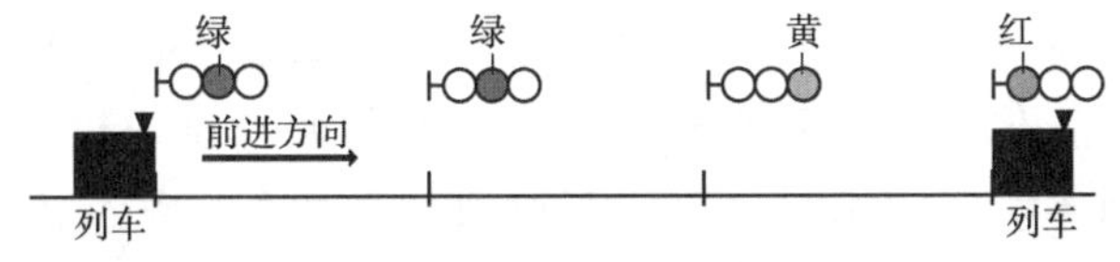

图1-16 三显示自动闭塞

三显示自动闭塞和四显示自动闭塞的工作原理

红色灯光：前方闭塞分区有车占用，列车停车，不准越过信号机。

黄色灯光：前方仅有一个闭塞分区空闲，列车减速通过。

绿色灯光：前方至少有两个闭塞分区空闲，列车按规定速度通过。

因此，列车基本上是在绿色灯光或黄色灯光条件下运行，可以保持较高速度运行，或短暂减速运行。

②四显示自动闭塞（图1-17）。

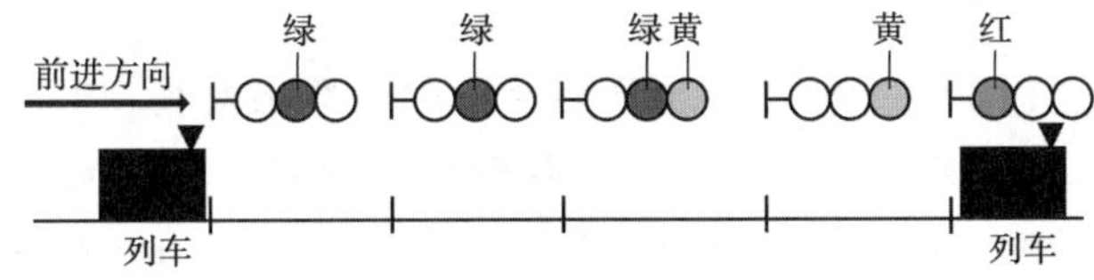

图1-17 四显示自动闭塞

红色灯光：前方闭塞分区有车占用，列车停车，不准越过信号机。

黄色灯光：前方仅有一个闭塞分区空闲，低速列车减速通过。

绿黄色灯光：前方有两个闭塞分区空闲，高速列车减速通过。

绿色灯光：前方至少有三个闭塞分区空闲，列车按规定速度通过。

四显示自动闭塞保证列车在绿色灯光条件下运行，比较适用于较高速度的铁路区段或城市轨道交通系统。

③多信息自动闭塞。

多信息自动闭塞也称多显示自动闭塞，是对四显示自动闭塞及以上自动闭塞的统称。多于四显示时，往往地面通过信号机不具备多显示的条件，而以机车信号显示为主。

（2）装备列车运行自动控制系统的自动闭塞。

列车运行自动控制系统（简称列控系统）保证列车按照空间间隔法运行的技术方法是靠控制列车运行速度的方式来实现的。

从闭塞制式的角度来看，装备列控系统的自动闭塞可分为 3 类：固定闭塞、准移动闭塞（含虚拟闭塞）和移动闭塞。准移动闭塞不完全是移动闭塞，所以有时仍把它归入固定闭塞。

轨道交通闭塞发展历史

1. 闭塞的起源

1825 年，由煤矿工人乔治·斯蒂芬森亲自指挥修建的全球第一条铁路在英国启用，这标志着世界铁路时代的来临。随后在欧洲及北美洲兴起了修建铁路的高潮。正当人们享受着铁路带来的交通便利时，世界上第一起火车相撞事故发生了。1837 年 8 月 11 日，美国维吉尼亚州一列载运木材的火车高速向东行驶，迎面撞上一列早班客运列车。客运车厢的前三节遭到猛烈撞击，多人在这次事故中丧生，超过 200 位乘客受伤。这件事在世界上很快传播开，人们纷纷议论、关注火车这种高速交通工具的安全性。如何保证火车行车安全，成为摆在全世界铁路人面前的一大难题。

英国人首先应用了“时间间隔”加“闭塞”的行车方法，防止出现火车相撞情况。“闭塞”，即指与外界隔绝的意思，是指列车进入区间后，使之与外界隔离起来，区间两端车站都不再向这一区间发车，以防止列车相撞。所谓“时间间隔”是闭塞行车的一种手段，一辆列车出发后由站内工作人员计时，间隔相应的时间后，才可再次发车，保证每辆列车的行车安全。这便是最早的闭塞方式。

2. 人工闭塞

1844 年 11 月 21 日，两列火车在英格兰中部铁路上对撞，2 人伤重不治，15 ~ 20 人受伤。此时人们发现：先行列车未能按预定时间到达下一站或中途停车时，后续列车就有可能追撞先行列车，无法保证列车行运的安全。1858 年，英国开始推行使用由库克提出的空间间隔法，即先行列车和后续列车间隔开一定空间距离的运行方法。这种空间间隔行车方法形成铁路区间的真正闭塞，由于这种闭塞方式能较好保证行车安全，因而被世界各国所采用。

3. 半自动闭塞

1884 年 9 月 10 日，英国一列邮车和一列快车因为通信故障在一条铁路上迎头相撞，25 人死亡。这场事故使英国下定了将人工闭塞自动化的决心。我国于 1925 年开通了第一条半自动闭塞区段。由于当时的技术设备有限，闭塞设备的使用和操作方面并不成熟。1949 年后，铁路区间闭塞设备发展迅速，由人工闭塞逐步更新为半自动闭塞和自动闭塞。我国自行研制的半自动闭塞设备性能稳定、操作方便，在铁路上得到了广泛应用，运行这种闭塞设备需要在区间的两端车站设置半自动闭塞机，使它们相互间具有锁闭关系，并用轨道电路、计轴装置等，对列车在区间内的情况进行监控。区间两端车站的闭塞机由两端车站共同操作，只有双方都办理好闭塞的条件下，出站信号机才能显示信号，进行接发车。半自动闭塞法办理手续简便，相对人工闭塞运行的效率有了大大的提高。但这种闭塞方法站间只准走行一趟列车，到达列车是否完整、闭塞的开放、恢复，仍须通过人工检查和办理。对于实现客运高速化的目标来说这种闭塞方式的效率并不是很理想。不过半自动闭塞目前仍是我国单线铁路区间闭塞的主要应用类型。

4. 自动闭塞

早在1866年，美国就首先采用自动闭塞设备，最先应用列车车轮的动作或踏板来接通电磁铁。1872年，轨道电路发明后，自动闭塞的电路改用轨道电路控制。这种闭塞方法，用通过信号机把区间划分为若干个装设轨道电路的闭塞分区，通过轨道电路将列车和通过信号机的显示联系起来，使信号机的显示随着列车运行位置而自动变换，大大提高了列车运行效率。并且由于整个区间内都装设了轨道电路，设备可以自动检查轨道的完整性，这也大大提高了行车的安全性。日本新干线、贯穿英法两国的欧洲之星、法国TGV等高速铁路都采用这种闭塞方式。我国在1924年于大连—金州、苏家屯—沈阳间铁路区段就已经开始尝试采用自动闭塞方式。1955年我国开始大规模新建自动闭塞线路，到2002年底累计建成20682km。目前我国自动闭塞水平已迈入世界先进行列。

知识提升 个人的一小步，人类的一大步。从轨道交通诞生开始，人们就在不断思考如何通过技术革新提升轨道交通运营安全。从闭塞的发展历史可以看出，闭塞作为确保行车安全的重要手段，在城市轨道交通行车组织中起到关键作用。

议一议 在闭塞法发展历程中，人们在不同阶段是如何确保列车运行安全的？

二 常用自动闭塞方法的原理及应用

1. 固定闭塞

固定闭塞

固定闭塞用轨道电路或计轴器将轨道划分为固定的闭塞分区，不论是前行列车还是后续列车都是用轨道电路来监测的，所以系统只知道轨道车辆在哪个区段但并不知道轨道车辆的具体位置，轨道车辆的控制是分级的、阶梯式的。固定闭塞的追踪目标点为前行列车所占用闭塞分区的始端，后续列车从最高速开始制动的计算点为要求开始减速的闭塞分区的始端，这两个点都是固定的，空间间隔的长度也是固定的，所以称为固定闭塞。在这种制式中，需要向被控制列车"安全"传送的只是代表少数几个速度级的速度码。

固定闭塞方式的不足：无法满足提高系统能力、系统安全性和互用性的要求；需要大量的轨旁设备，维护工作量较大。

准移动闭塞

2. 准移动闭塞

准移动闭塞（也可称为半固定闭塞）是介于固定闭塞和移动闭塞之间的一种闭塞方式，通过预先设定列车的安全追踪间隔距离，根据前方目标状态设定列车的可行车距离和运行速度。准移动闭塞对前行列车、后续列车采用不同的定位方式：前行列车的定位仍沿用固定闭塞的方式，而后续列车的定位则采用连续的（或称为移动的）方式。

由于准移动闭塞同时采用移动和固定两种定位方式，所以它的速度控制模式，必然既具有无级（连续）的特点，又具有分级（台阶）的性质。当前行列车不动而后续列车前进时，其最大允许速度是连续变化的；而当前行列车前进，其尾部驶过固定区段的分界点时，后续列车的最大速度将“阶梯式”跳跃上升。

准移动闭塞在控制列车的安全间隔上比固定闭塞先进。它通过采用报文式轨道电路辅之环线或应答器来判断分区占用并传输信息，信息量大；可以告知后续列车继续前行的距离，后续列车可根据这一距离合理地减速或制动，列车制动的起点可延伸至保证其安全制动的地点，从而可改善列车速度控制，缩小列车安全间隔，提高线路利用效率。但准移动闭塞中后续列车的最大目标制动点仍必须在先行列车占用分区的外方，因此它并没有完全突破轨道电路的限制。

虚拟闭塞是准移动闭塞的一种特殊方式，它不设轨道占用检查设备，采取无线定位方式来实现列车定位和占用轨道的检查功能，闭塞分区是通过计算机技术虚拟设定的，仅在系统逻辑上存在闭塞分区和信号机的概念。虚拟闭塞除闭塞分区和轨旁信号机是虚拟的以外，从操作到管理等，都等效于准移动闭塞方式。虚拟闭塞方式可将闭塞分区划分得很短，当短到一定程度时，其效率就接近于移动闭塞。

3. 移动闭塞

移动闭塞（Moving Block，简称 MB）是一种新型的闭塞方式，是相对于固定闭塞而言的。固定闭塞有固定的闭塞分区，移动闭塞与固定闭塞相比，最显著的特点是取消了以通过信号机分隔的固定闭塞分区，而前、后两列车都采用移动式的定位方式，列车间的最小运行间隔距离由列车在线路上的实际运行位置和运行状态确定，闭塞分区随着列车的行驶，不断地向前移动和调整，所以称为移动闭塞。

移动闭塞

在城市轨道交通中，移动闭塞是一种采用先进的通信、计算机、控制技术相结合的列车控制技术，所以国际上习惯将其称为基于通信的列车控制系统（Communication Based Train Contrl，简称 CBTC）。

移动闭塞可借助感应环线或无线通信的方式实现。早期的移动闭塞系统大部分采用基于感应环线的技术，即通过在轨间布置感应环线来定位列车并实现车载计算机与控制中心之间的连续通信。武汉地铁 1 号线一期和广州地铁 3 号线相继采用基于环线的移动闭塞技术。现今大多数先进的移动闭塞系统已采用无线通信系统实现各子系统间的通信，构成基于无线通信技术的移动闭塞。

移动闭塞的线路取消了物理层次上的闭塞分区划分，将线路分成了若干个通过数据库预先定义的线路单元，每个单元长几米到几十米不等。移动闭塞分区即由一定数量的线路单元组成，单元的数目可随列车的速度和位置变化而变化，分区的长度也是动态变化的。

移动闭塞方式的列车控制系统采取目标距离控制模式（又称连续式一次速度控制）。目标距离控制模式根据目标距离、目标速度及列车本身的性能确定列车制动曲线，采用一次制动方式。移动闭塞的追踪目标点是前行列车的尾部，留有一定的安全距离，后续列车从最高速开始制动的计算点是根据目标距离、目标速度及列车本身的性能确定的。目标点与前行列车的走行和速度有关，是随时变化的，而制动的起点是随线路参数和列车本身性能变化而变化的。

（1）移动闭塞的基本要素。

在移动闭塞技术中，闭塞分区仅仅是保证列车安全运行的逻辑间隔，与实际线路并无物理上的对应关系，因此，移动闭塞在设计和实现上与固定闭塞有比较大的区别。其中列车定位（train position）、安全距离（safety distance）和目标点（target point）是移动闭塞技术中最重要的3个概念，可以称为移动闭塞的3个基本要素。

①列车定位。

在固定闭塞和准移动闭塞中用轨道电路或计轴器等设备进行闭塞分区列车占用的检查，能粗略地进行列车定位，再配以测速、测距就能较详细地进行列车定位，最多再增加应答器来校准坐标。

在移动闭塞中不用轨道电路等设备进行闭塞分区列车占用的检查，被控对象基本处于动态过程中，只有了解所有列车的具体位置、以何种速度运行等信息，才能实施对列车的有效控制，所以列车定位技术在移动闭塞系统中就显得尤为重要。

列车定位由地面设备和车载设备共同完成。列车定位信息的主要作用：为保证安全列车间隔提供依据。CBTC系统能计算出在线的每一列车距前行列车尾部的距离，或距进站信号点的距离，从而对列车实施有效速度控制；作为列车在车站停车后打开车门以及站台屏蔽门的依据。

目前，在列车自动控制系统中得到应用的列车定位技术主要有测速定位法、查询-应答器法、交叉感应线圈法和卫星定位法。测速定位法的原理是在车轮外侧安装光栅，按车轮旋转次数与转角计算出列车的位移。查询-应答器法是在线路上按一定间隔设置应答器，应答器内存储了其所在位置的公里标，列车上的查询器经过应答器时读取位置信息。交叉感应线圈法是在线路上敷设轨道电缆，将轨道电缆每隔一定距离交叉一次，列车利用交叉线可测算出自己的位置。卫星定位法有GPS（Global Positioning System）和GNSS（Global Navigation Satellite System）两种，都是利用导航卫星进行测时和测距，从而实现全球定位功能。

另外列车定位方法还有多普勒雷达法、无线扩频列车定位法、惯性列车定位法、航位推算系统定位法、漏泄波导法、漏泄电缆法等。

②安全距离。

安全距离是后续列车的命令停车点与其前方障碍物之间的一个固定距离。障碍物可以是经确认的前行列车尾部的位置或者无道岔表示（道岔故障）的道岔位置。该距离是基于列车安全制动模型计算得到的一个附加距离，它保证后续列车在最不利条件下能够安全地停在前行列车的后方而不发生冲撞。所以，安全距离是移动闭塞系统中的关键，是整个系统设计的理论基础和安全依据。

从图1-18可以看出移动闭塞的基本原理：线路上的前行列车经ATP车载设备，

将本车的实际位置通过通信系统传送给轨道旁的移动闭塞处理器，并将此信息处理生成后续列车的运行权限，传送给后续列车的 ATP 车载设备。后续列车与前行列车总是保持一个“安全距离”。该安全距离是介于后续列车的目标停车点和前行列车尾部之间的一个固定距离。在选择该距离时，已充分考虑了在一系列不利情形下，列车仍能够被安全地分隔开来的情况。

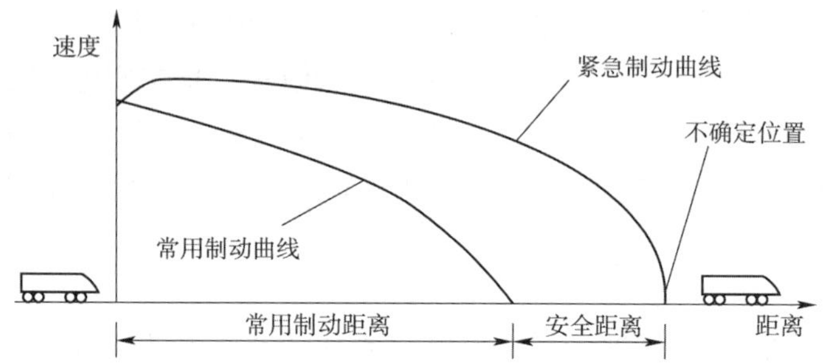

图 1-18　移动闭塞的基本原理

③目标点。

目标点是列车运行的行车凭证，如同固定闭塞系统中的允许信号，列车只有获得了目标点，才能够向前移动。目标点通常是设在列车前方一定距离的某个位置点，一旦设定，即表明列车可以安全运行至该点，但不能超过该点。移动闭塞系统就是通过不断前移列车的目标点，引导列车在线路上安全运行的。

（2）移动闭塞系统的组成。

移动闭塞系统主要包括无线数据通信网、车载设备、区域控制器、控制中心等。图 1-19 是基于通信的 CBTC 系统结构框图。地面和车载设备通过无线数据通信网连接起来，构成系统的核心。

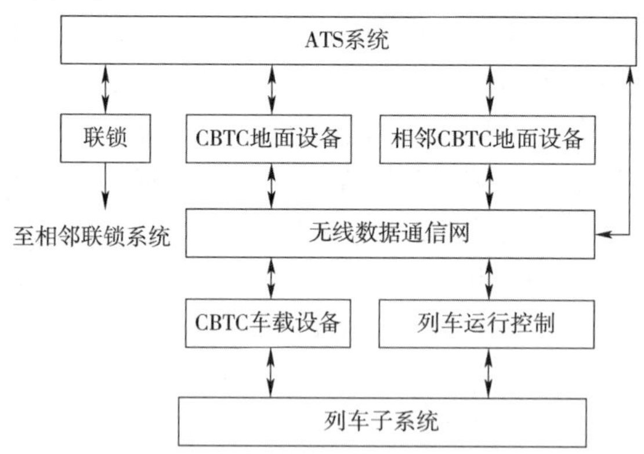

图 1-19　典型的 CBTC 系统结构框图

无线数据通信网是移动闭塞实现的基础。通过可靠的无线数据通信网，列车将位置、车次、列车长度、实际速度、制动潜能、运行状况等信息以无线通信的方式发送给区域控制器；区域控制器追踪列车并通过无线传输方式向列车发送移动授权。车载设备包括无线电台、车载计算机和其他设备（如传感器、查询器等）。列车将采集到的数据（如机车信息、车辆信息、现场状况、位置信息等）通过无线数据通信网发送给区域控制器，以协助完成运行决策；同时对接收到的命令进行确认并执行。

目前，国内轨道交通行业主要采用的是 Seltrac MB 移动闭塞系统，如武汉地铁 1

号线是第一条开通的运行移动闭塞式列车自动控制（Automatic Train Control，简称ATC）系统的线路。

Seltrac列车自动控制系统是阿尔卡特（Alcatel）公司研制的一套基于通信的列车自动控制系统，它采用移动闭塞原理，以电缆环线作为车地双向信息传输方式，集ATP、ATS、列车自动运行（Automatic Train Operation，简称ATO）系统于一身，实现对列车运行的安全控制。

典型的Seltrac MB移动闭塞系统主要由3个控制层次共5个子系统构成，如图1-20所示。

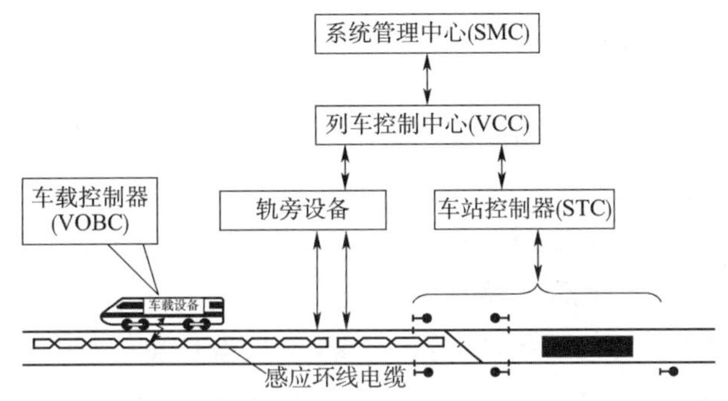

图1-20 典型的Seltrac MB移动闭塞系统

管理层由系统管理中心（System Management Center，简称SMC）子系统构成，主要实现ATS功能，对列车进行自动监督和实现调度管理。

操作层由列车控制中心（Vehicle Control Center，简称VCC）子系统构成，负责计算列车的安全运行间隔。它汇总来自车载控制器（Vehicle on-board Controller，简称VOBC）的列车位置、速度、运行方向信息和来自车站控制器（STC）的轨旁设备（如轨旁馈电设备、道岔等）的状态信息，实现列车的运行和轨旁设备的联锁，实现在移动闭塞运行方式下控制列车安全运行的功能。

执行层由车站控制器（STC）、车载控制器（VOBC）和感应环线三个子系统构成，负责解释和执行列车控制中心（VCC）发来的控制命令，并向列车控制中心（VCC）报告所辖设备的状态信息。其中车站控制器（STC）负责对轨旁设备（道岔、计轴器、站台发车表示器、站台屏蔽门等）进行控制和信息采集；车载控制器（VOBC）则对列车的运行进行控制并反馈列车的状态信息；而感应环线则是列车和列车控制中心（VCC）间通信的传输介质，同时系统利用环线电缆、环线电缆交叉以及车载控制器（VOBC）中的转速计实现对列车的定位。

（3）移动闭塞系统的特点。

移动闭塞与传统的固定闭塞相比较具有以下特点：

①线路没有固定划分的闭塞分区，列车间隔是动态的，并随前一列车的移动而移动。

②列车间隔是按后续列车在当前速度下所需的制动距离，加上安全余量计算和控制的，这样可确保不追尾。

③制动的起点和终点是动态的，轨旁设备的数量与列车运行间隔关系不大。

④可实现较小的列车运行间隔。

⑤采用地车双向数据传输，信息量大，易于实现无人驾驶。

三　备用行车闭塞方法——电话闭塞

1. 电话闭塞的特点

电话对轨道交通的安全生产和运行效率的提高起了很大的作用。站间电话闭塞法是在信号系统故障、不能使用ATP组织正常行车时，由两车站值班员利用站间行车电话，以电话记录的方式办理闭塞的方法，是代用闭塞法的一种。电话闭塞均按站间区间办理。由于电话闭塞没有机械、电气设备的控制，靠制度加以约束，办理闭塞手续时必须严格。为保证同一区间、同一线路在同一时间内不误用两种闭塞法，在停用基本闭塞而改用电话闭塞或恢复基本闭塞时，均需根据行车调度员的调度命令办理。

2. 电话闭塞的使用时机

当遇有下列情况时，须改用电话闭塞组织行车：

（1）基本闭塞设备发生故障时。

①自动闭塞设备发生故障或停电，包括区间内两架及以上信号机故障或灯光熄灭。

②移动闭塞采用全人工后退模式。

（2）无双向闭塞设备的双线区间反方向发车或改按单线行车时。

无双向闭塞设备的双线区间反方向发车只能改按电话闭塞进行。

当无双向闭塞设备的双线区间的一条正线因施工或其他原因被封锁，另一条正线改按单线行车时，虽然该正线正方向闭塞设备能使用，但由于该正线的反方向无闭塞设备，如果对该线路正方向与反方向运行的列车采用不同的闭塞方法，不但增加了行车调度员发布变更或恢复基本闭塞命令的次数，而且车站办理时容易出现错误。因此，双线改按单线行车时，上、下行运行的列车均须改用电话闭塞。

（3）列车由区间折回。

（4）施工列车或轨道车运行。

遇列车调度电话不通时，闭塞法的变更或恢复，应由该区间两端车站的行车值班员确认区间空闲后，直接以电话记录办理。

3. 行车凭证

使用电话闭塞组织行车时，列车占用区间的行车凭证，不论单线或双线均为路票。路票的样式如图1-21所示。

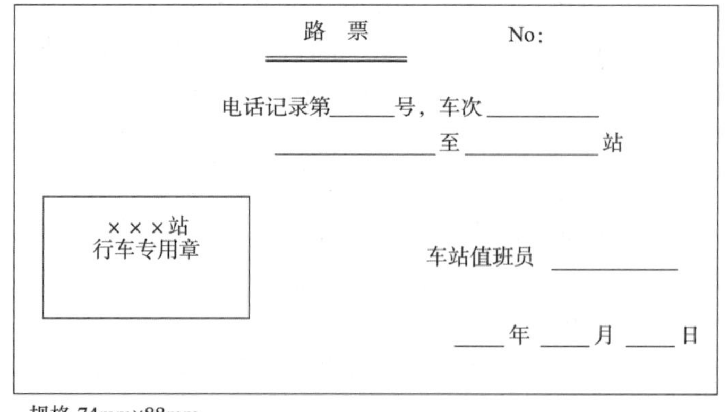
路　票　　No：

电话记录第______号，车次__________

______________至____________站

×××站
行车专用章

车站值班员 ____________

____年 ____月 ____日

规格 74mm×88mm

图1-21　路票

（1）电话闭塞的行车办法及路票的填写。

采用电话闭塞时，列车以路票作为占用闭塞区的凭证，一个闭塞区内只允许一列车运行。闭塞区内列车凭路票采用 URM 模式驾驶。列车反向运行时车站需在路票左上角加盖“反方向运行”专用章，非固定股道接车、折返时应写明接车股道。

（2）电话闭塞办理作业的主要程序和要求。

①行车调度员及时向有关车站及司机发布命令：从×点×分起，在×站至×站间采用站间电话闭塞法组织行车，××折返站固定采用×道折返（进/出×站、×站时自行切除/恢复 ATP 运行）。

②车站和行车调度员共同确认第一趟发出列车运行前方的进路空闲。接车站收到同方向前次列车在前方站出发的电话报点记录、接车进路准备妥当后，方可同意闭塞（需要时应说明接车线路）。

③发车站须查明区间空闲，发车进路准备妥当并取得接车站同意接车的电话记录号码后，方可填发路票。

④路票由值班站长或指定的人员胜任，根据行车值班员的通知在站台填写。对于填写的路票，应根据行车日志的记录，与行车值班员进行认真核对，确认无误，方可与司机核对交接。

⑤路票不得在得到电话记录号码前预先填写，也不能在进路准备妥当之前填写。路票已交司机，因特殊原因停止发车时，应及时收回路票。填写的路票，字迹应清楚，不得涂改；当填写后发现错误时，应在路票上画“×”注销，重新填写。

⑥路票交接地点为司机所在驾驶室的站台上，路票交接必须由值班站长或指定人员与司机核对、交接，司机接到路票后方可关门，凭车站的发车信号动车。

⑦车站报点。接车站在列车到达并由车站出发后，应向相邻车站和行车调度员通报发车车次和时分。

任务实施与评价

相关实训工单见本项目后任务 1-3 实施与评价。

任务 1-4 列车开行计划制订

案例导入

行车调度员需要在熟悉列车运行基本要素的前提下，能够根据收集到的基础资料和数据，合理地编制列车开行计划。某日，行车调度员小 A 接到上级命令，需要为某条即将开通运营的地铁线路做准备，需要确定列车全日开行计划、列车开行方案以及车辆运用和配备计划。请帮他列出需要收集的各项资料清单，并说明应该如何获得，其用途是什么。

知识和技能点

（1）掌握列车全日开行计划相关参数的计算方法；

（2）掌握列车开行方案的比选方法；

（3）掌握车辆配备和运用计划的确定方法。

理论储备

城市轨道交通列车的开行是一个系统工程，是城市轨道交通系统完成乘客运送、使乘客完成空间位移的前提条件，为了保证列车安全、快速、有序地运行，必须做好有关列车的运行组织工作，其中制订列车开行计划是基础工作，也是新线开通运营前必须完成的一项工作。列车开行计划由全日行车计划、列车开行方案以及车辆配备和运用计划组成。

一　全日行车计划的编制

全日行车计划编制实例

1. 收集全日行车计划编制所需资料

（1）运营时间。

运营时间主要取决于两个因素：一是根据市民出行活动特点方便乘客出行；二是满足城市轨道交通设备检修、施工需要。

世界上大多数城市轨道交通运营时间为18～20h，个别时间为24h（如纽约、芝加哥等）。适当延长运营时间是城市轨道交通提高服务水平的体现。

（2）全日分时段最大断面客流量。

全日分时段最大断面客流量是指将一天内各个时间段内（一小时）的最大断面客流量。全日分时段最大断面客流量一般是不相等的，其中的峰值称为高峰小时最大断面客流量。

（3）列车运载能力。

列车运载能力取决于车辆的尺寸、车辆内座位布置方式和车门设置数。车辆越长、车厢内座位纵向布置数量较横向布置越多、车门数量越多，列车运载能力越大。

（4）线路断面满载率。

线路断面满载率是指在单位时间内、特定断面上的车辆载客能力利用率。在实际工作中，线路断面满载率通常是指早高峰小时单向最大客流断面的车辆载客能力利用率。它既反映了列车在最大客流断面的满载程度，也反映了乘车的舒适度。为提高车辆利用率、降低运营成本，高峰小时可适当超载。

2. 编制步骤

全日行车计划包括各小时列车开行数和全日列车开行数。编制步骤：首先通过小时客流量确定各小时列车开行数，再根据各小时列车开行数确定全日列车开行数。

（1）小时列车开行数。

小时列车开行数根据小时内最大客流方向的最大客流区间的客流量确定。因为上下行列车是成对开行，列车开行只要能满足小时内最大客流方向的最大客流区间的客流量运输需求，就能同时满足另一方向以及各区间的客流运输需求。小时列车开行数的计算公式可表示为式（1-1）：

$$n_i = \frac{p_{\max}^i}{p_{列} \cdot \beta_i} \tag{1-1}$$

式中：n_i——小时列车开行数，列；

$p_{\max}^i$——小时最大区间断面客流量，人；

$p_{列}$——列车定员，人，计算公式可表示为式（1-2）。

$$p_{列} = p_{车} \cdot m \tag{1-2}$$

式中：$p_{车}$——车辆定员，人；

m——列车编组数量，辆；

β_i——小时列车平均满载率，%，计算公式可表示为式（1-3）。

$$\beta_i = \frac{p_i}{p_{列}} \times 100\% \tag{1-3}$$

式中：p_i——小时列车平均载客数，人。

（2）全日列车开行数。

全日列车开行数根据小时列车开行数或全日最大客流断面区间客流量来确定，其计算公式可表示为式（1-4）。

$$n = \sum n_i = \frac{p_{\max}}{p_{列} \cdot \beta} \tag{1-4}$$

式中：n——全日列车开行数，列；

$p_{\max}$——全日最大客流断面区间客流量，人；

β——全日列车平均满载率，%。

列车满载率是指列车载客人数与列车定员数之比的百分数，由于客流因时间段和区间断面的不同而有很大的差别，因而列车满载率也会有很大差异。为了满足某一时间段的客流运输需要，正确确定列车的开行数，通常需要明确列车平均满载率。列车平均满载率是指在单位时间内开行列车所运载的乘客数与列车定员数之比的百分数。

列车满载率是一个衡量轨道运输的运营经济指标，也是一个衡量乘客舒适度的服务指标。列车满载率越大，就说明列车单列载客量越多，其相应的运营支出也就越少，因此轨道运输的运营经济指标就会越好。但是列车满载率越大，一般全天开行的列车数会较少，乘客的候车时间相对就越长，乘客在车上乘车所拥有的空间就会越小，因此乘客的舒适度服务指标就会越差。

确定列车满载率不但要考虑城市轨道运输业的经济收入和乘客对舒适度的要求，而且要根据线路的通过能力、车辆的内部结构（座位的布局情况）、城市轨道交通所在的地理位置、全线的运行时间等综合因素来考虑。另外，在不同的时间客流量不同，乘客对列车拥挤的容忍度也不同，因此不同时间的列车满载率不一样。在高峰小时列车满载率有时可达120%，在低谷小时列车满载率甚至只有30%。

3. 编制实例

请根据以下数据资料编制某地铁线路全日行车计划：已知早高峰小时（7：00—8：00）A站至H站的站间OD客流数据如表1-2所示，其中规定A站到H站方向为上行，H 站到 A 站方向为下行；分小时最大断面客流量与全日小时最大断面客流量的比值如图 1-22 所示；列车编组数量为 6 辆，车辆定员为 310 人；线路断面满载率，早晚高峰小时为 110%，其他运营时间为 90%。

早高峰小时站间 OD 客流 表 1-2

O（起点）	D（讫点）							
	A	B	C	D	E	F	G	H
A		2341	2033	2518	1626	2104	3245	4232
B	2314		575	1540	1320	2282	2603	3112
C	1887	524		187	281	761	959	1587
D	2575	1376	199		153	665	940	1638
E	1556	1253	322	158		143	426	1040
F	3100	2337	662	691	162		280	1895
G	4191	3109	816	956	448	388		711
H	3560	2918	1569	1728	967	1752	671	

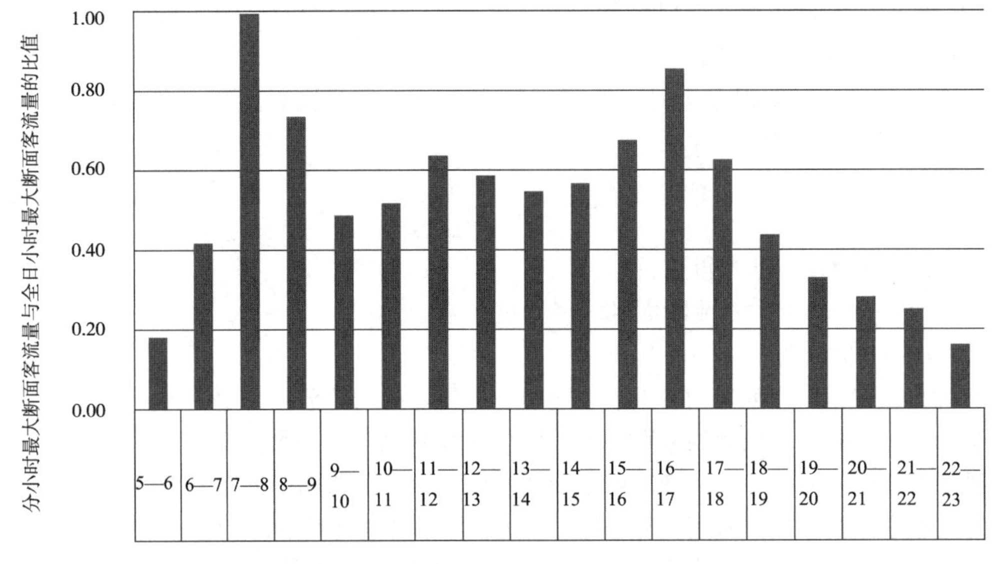

图 1-22 分小时最大断面客流量与全日小时最大断面客流量的比值

全日行车计划编制过程如下：

首先根据表 1-2 计算早高峰小时断面客流量，以上行数据为例，其计算过程如下：

①表 1-2 中斜线右上方为上行数据，斜线左下方为下行数据，对斜线右上方的数据的每行进行求和，得到每个站的上车人数；对斜线右上方的数据的每列进行求和，得到每个站的下车人数，如 A 站上行上车人数：$A_{上} = 2341 + 2033 + 2518 + 1626 + 2104 + 3245 + 4232 = 18099$；C 站上行下车人数：$C_{下} = 2033 + 575 = 2608$，以此类推，计算结果如表 1-3 所示。

从表 1-3 中找出最大断面客流量，即下行 C—D 区间的断面客流量 29543 人，作为该时段内的最大断面客流量，即早高峰小时最大断面客流量为 29543 人。

②计算分小时最大断面客流量：根据分小时最大断面客流分布比例图计算分小时最大断面客流量，如表 1-4 所示。

早高峰小时上、下车人数与断面客流量（单位：人次/h）　　表1-3

上行			车站	下行		
断面客流量	上车	下车		下车	上车	断面客流量
18099	18099	0	A	19183	0	19183
27190	11432	2341	B	11517	2314	28386
28357	3775	2608	C	3568	2411	29543
27508	3396	4245	D	3533	4150	28926
25737	1609	3380	E	1577	3289	27214
21957	2175	5955	F	2140	6952	22402
14215	711	8453	G	671	9908	13165
	0	14215	H	0	13165	

分小时最大断面客流量（单位：人次/h）　　表1-4

运营时间	最大断面客流量	运营时间	最大断面客流量
5：00—6：00	5318	14：00—15：00	16840
6：00—7：00	12408	15：00—16：00	20089
7：00—8：00	29543	16：00—17：00	25407
8：00—9：00	21862	17：00—18：00	18612
9：00—10：00	14476	18：00—19：00	12999
10：00—11：00	15362	19：00—20：00	9749
11：00—12：00	18908	20：00—21：00	8272
12：00—13：00	17430	21：00—22：00	7386
13：00—14：00	16249	22：00—23：00	4727

③计算分小时开行列车数：根据分小时最大断面客流量、列车定员、线路断面满载率计算分小时开行列车数，将计算结果往上取整，如表1-5所示。

分小时开行列车数（单位：列）　　表1-5

运营时间	开行列车数（对）	运营时间	开行列车数（对）
5：00—6：00	4	14：00—15：00	10
6：00—7：00	8	15：00—16：00	12
7：00—8：00	15	16：00—17：00	13
8：00—9：00	13	17：00—18：00	12
9：00—10：00	9	18：00—19：00	8
10：00—11：00	10	19：00—20：00	6
11：00—12：00	12	20：00—21：00	5
12：00—13：00	11	21：00—22：00	5
13：00—14：00	10	22：00—23：00	3

④由于对地铁的服务时间间隔有要求，一般情况下最大行车间隔要求不能大于10min，因此需要对上述计算结果进行修正，最终确定全日列车开行计划，如表1-6所示。

全日列车开行计划 表1-6

运营时间	开行列车数（对）	行车间隔	运营时间	开行列车数（对）	行车间隔
5：00—6：00	6	10min	14：00—15：00	10	6min
6：00—7：00	8	7min30s	15：00—16：00	12	5min
7：00—8：00	15	4min	16：00—17：00	13	4min35s
8：00—9：00	13	4min35s	17：00—18：00	12	5 min
9：00—10：00	9	6min40s	18：00—19：00	8	7min30s
10：00—11：00	10	6min	19：00—20：00	6	10min
11：00—12：00	12	5min	20：00—21：00	6	10min
12：00—13：00	11	5min25s	21：00—22：00	6	10min
13：00—14：00	10	6min	22：00—23：00	6	10min

从表1-6可以看出，该轨道交通全日早高峰小时开行列车15对，行车间隔为4min，晚高峰小时开行13对，行车间隔为4min35s。

二 列车开行方案的比选

列车开行方案包括列车编组方案、列车交路方案和列车停站方案3部分。在列车开行方案中，列车编组方案规定了列车是固定编组还是非固定编组，以及列车的编组辆数；列车交路方案规定了列车的运行区段与折返车站；列车停站方案规定了列车是站站停车还是非站站停车，以及非站站停车的方式。此外，列车开行方案还规定了按不同编组、交路和停站方案开行的列车数。

列车开行方案是日常运营组织的基础。列车开行方案的比选应遵循考虑客流分布特征、合理兼顾运营经济性的原则，以实现既能维持较高的乘客服务水平，又能提高车辆运行效率的目标。

列车编组方案的比选

1. 列车编组方案的比选

（1）列车编组种类。

①大编组方案。大编组是指在运营时间内列车编组辆数固定且相对较多，如地铁列车采用6辆或8辆编组的情形。

列车车辆配置

②小编组方案。小编组是指在运营时间内列车编组辆数固定且相对较少，如地铁列车采用3辆或4辆编组的情形。

③大小编组方案。大小编组是指在运营时间内列车编组辆数不固定。大小编组有两种情形：一种是在客流非高峰时段编组辆数相对较少，在客流高峰时段编组辆数相对较多，如在客流非高峰和高峰时段，地铁列车分别采用3/6辆编组（即非高峰时段为3辆编组，高峰时段为

6 辆编组)、4/6 辆编组或 4/8 辆编组的情形；另一种是在全日运营时间内采用大小编组。

应该指出的是，离开一定的客流条件来讨论列车编组方案的比选是没有意义的，例如，在线路的分时客流量比较均衡时，大小编组方案失去了比选的必要性；在客流量已经接近远期设计客流量时，小编组方案失去了实施的可能性。因此，只有在客流量尚未达到远期设计客流量，并且分小时客流量不均衡程度较大的情况下，才有必要对列车编组方案进行比选。

（2）影响列车编组方案比选的因素。

为满足一定的客流需求，城市轨道交通必须提供一定的列车运能：列车运能既与开行的列车数有关，也与列车编组辆数和车辆定员有关。假设列车运能应达到 18000 人，在车辆选型（定员）一定时，列车编组与列车间隔成正比关系；在列车间隔一定时，列车编组与车辆定员成反比关系，见表 1-7。由此可见，影响列车编组方案选用的主要因素是客流、车辆选型、列车间隔、乘客服务水平等。

列车运转 表 1-7

方案序号	一	二	三	四
列车编组（辆）	3	6	4	6
车辆定员（人）	300	300	300	200
列车间隔（min）	3	6	4	4
列车运能（人/h）	18000			

①客流。客流因素主要是指高峰小时最大断面客流量与分小时最大断面客流量不均衡程度。高峰小时最大断面客流量越大，需要的小时列车运能也越大。在车辆选型、列车间隔一定的情况下，列车编组辆数与高峰小时最大断面客流量成正比关系，即客流量较大时，列车编组也较大。从提供必要的小时列车运能出发，在高峰小时最大断面客流量较大且列车间隔已无法进一步压缩时，列车编组只有大编组方案一种选择；在高峰小时最大断面客流量不大，但分时客流量不均衡程度较大时，选择小编组方案或大小编组方案有助于提高运营经济性和乘客服务水平。

②车辆选型。车辆选型的依据是高峰小时最大断面客流量。在高峰小时最大断面客流量大于或等于 3 万人时，应采用 A 型车和 B 型车，车辆定员分别为 310 人和 230 人左右。在列车间隔一定的情况下，小时列车运能取决于列车定员，而列车定员又是车辆定员与列车编组辆数的乘积，如果车辆定员较大，列车编组辆数可相应缩减。

③列车间隔。从提供必要的小时列车运能出发，在车辆定员一定的情况下，为适应小编组方案，列车间隔应相应压缩，但列车间隔的压缩受到线路通过能力和列车折返能力的制约。因此，采用小编组方案是有条件的，在用小编组方案替代大编组方案时，应检验其与线路通过能力是否相适应。在客流量已经接近远期设计客流量时，由于线路通过能力的利用接近饱和，无法进一步压缩列车间隔，小编组方案就失去了实施的可能性。

④乘客服务水平。在进行列车编组方案比选时，应考虑不同编组方案的乘客服务水平，在客流量不大、列车密度较低的情况下，与大编组方案相比，采用小编组方案时的乘客候车时间较短。因此，小编组方案有助于提高乘客服务水平。

另外，在采用大小编组方案时，应在站台上设置乘客候车位置导向标志。

2. 列车交路计划的确定

（1）列车交路的概念与分类。

列车交路

列车交路是指列车在规定的运行线路上往返运行的方式，规定了列车运行区段、折返站以及按不同交路运行的列车对数。城市轨道交通线路作为城市公共交通整体网络中的骨架线路，具有线路长、列车运行速度快、沿线断面客流量不均衡等特点。因此，采用不同列车交路相结合的列车运行方式，能使行车组织做到经济合理。列车交路分为长交路、短交路和长短交路三种。

①长交路是指列车在全线的两个终点站之间进行折返运行（图 1-23）。长交路对中间站折返线路要求不高，具有行车组织运行方式简单、乘客无须换乘的优点，但如果各区间客流量不均衡，则会产生运能的浪费。

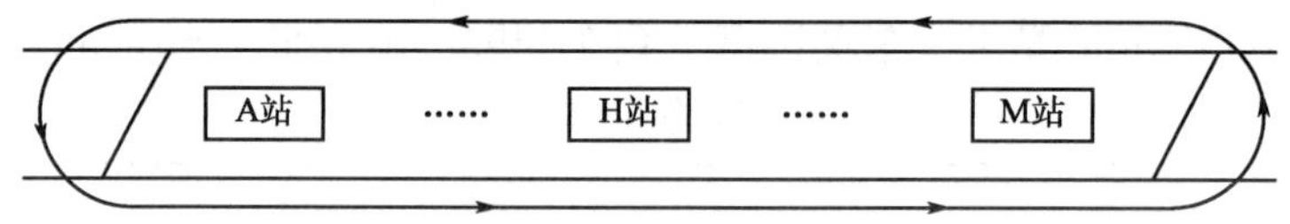

图 1-23　列车长交路

②短交路是指列车在指定的折返站（中间站）折返，在一条线路上的某段区间内运行（图 1-24）。将长交路改为短交路，能满足不同客流区段的运输需求，运营也比较经济，但要求中间折返站具有两个方向的折返能力以及具有方便的换乘条件，从乘客的角度看，服务水平有所降低。在城市轨道交通运营组织中，除特殊情况外，一般不单独采用此种交路模式。

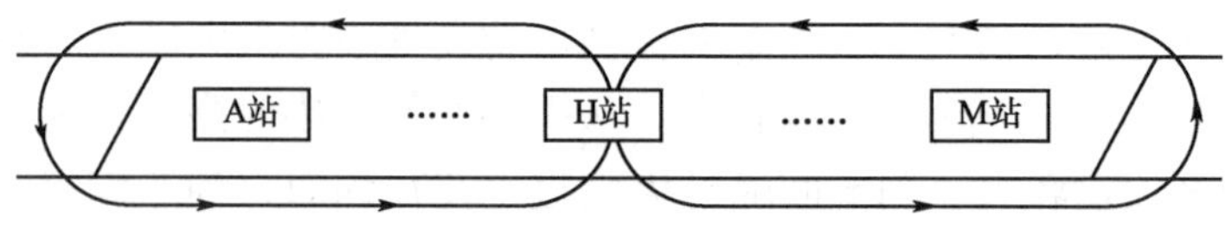

图 1-24　列车短交路

③长短交路是指列车在线路运行中结合了长交路、短交路两种情况的运行模式（图 1-25）。长短交路的行车组织方式是一种比较经济合理的运行方案，特别是在区段客流量不均衡程度高，造成某一区段运能不能满足运量的需要时，长短交路运营组织方式尤为适用；同样，当高峰期间客流在空间分布上比较均匀，而低谷期间客流在空间上分布相差悬殊时，也可以在低谷期间采用长短交路列车运行方案，组织开行部分在中间站折返的短交路列车。但这种行车组织方式相对较为复杂，同时对客运组织水平要求也较高。

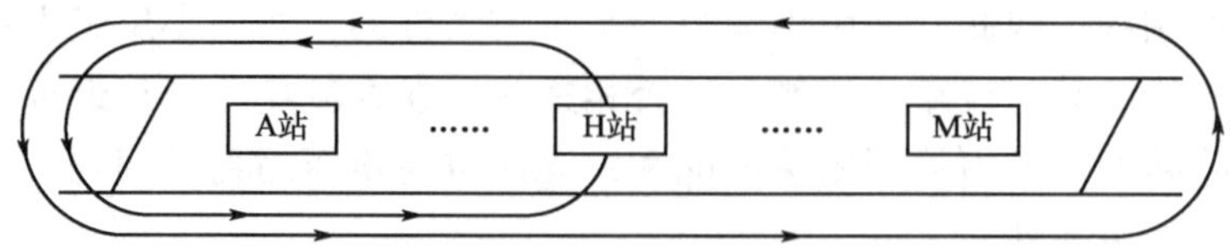

图 1-25　列车长短交路

列车交路计划是指根据运营组织的要求和运营条件的变化，按列车运行图或行车调度指挥的要求，列车在规定的区间运行、折返的运行计划。

通常情况下，城市轨道交通都采用长交路的列车运行方式；而长短交路的列车运行方式则是在全线某一端的半程客流较大又比较集中，同时折返中间站又具备折返设备时采用，长短交路的采用可降低运输成本、提高列车车组的利用率；短交路一般不单独采用，除非在城市轨道线路中部的某处由于某种原因不能通车，而在不能通车的地点两边车站又具有折返条件的情况下为了维持通车才单独采用。

(2) 列车折返方式。

列车折返方式是指当列车按照运行图的要求到达图定终点站后，列车通过进路改变和道岔转换，经由车站的一条线路进入另一条线路，开始下一次运营的方式。具有列车折返能力的车站称为折返站。城市轨道线路上只有中间个别车站、始发站和终点站才具有折返能力。采用何种折返方式需根据车站折返作业列车数量、车站的站台布置形式、线路建筑结构情况等条件，并结合线网的发展以及成本、效率等因素综合考虑。

目前列车在折返站进行的折返作业有站前折返、站后折返和环形折返三种方式。

①站前折返方式。

站前折返方式是指列车在中间站或终点站利用站前渡线进行的折返作业，如图1-26所示。采用站前折返方式的优点：折返渡线布置在站台的前方，列车走行距离较短，站线兼作折返线使用，站线布置较短，可以减少建设项目的投资，并且在进行折返作业时，乘客上下车可以同时进行，从而缩短停站时间。当然这种布置方式的缺点也是很明显的：首先，到达列车和出发列车存在敌对进路，安全上得不到保证；其次，列车进出站都要经过道岔区段，列车运行速度受到限制，且影响列车运行的平稳，乘客感觉不舒服，在大客流情况下，乘客上下车秩序比较混乱；最后，列车在折返过程中，会占用区间，影响后续列车的闭塞，为避免到发列车进路交叉，只能将到达列车和出发列车作业时间错开，这样会对终点站或折返站的列车折返能力或线路通过能力有影响。因此，在城市轨道交通设计中，较少采用此方式，特别是行车密度高、列车运行速度快、列车运行间隔时间短的时候，更不会采用站前折返方式。

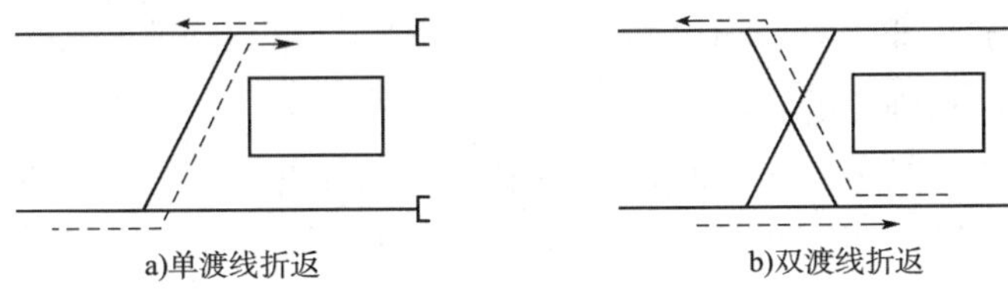

图1-26　站前折返示意图

②站后折返方式。

站后折返方式是指列车在中间站、终点站利用站后渡线进行折返作业，如图1-27所示。

列车在终点站或中间站采用站后折返方式，采用平行进路，可以有效地避免到达列车和出发列车进路的敌对干扰，列车进出站的速度较快，有利于提高速度，此种折返方式是在空车状态下进行的，不会对乘客有任何影响。另外，折返线在运营时间外，还可以兼作列车临时检修线，这种折返方式被广泛运用。站后折返方式的缺点是站线布置距离长，列车折返消耗时间长，车站投资大。

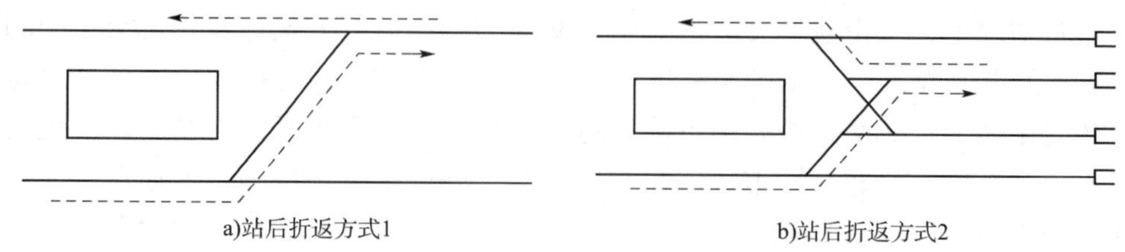

图 1-27 站后折返示意图

③环形折返方式。

环形折返方式是一种特殊的站后折返方式，如图 1-28 所示。环形折返线因为没有道岔，运营作业程序简单，节约设备费用与运营成本。但是，列车在小半径曲线上运行会造成单侧钢轨及轮对的磨耗，并且环形折返线不能停放检修列车。

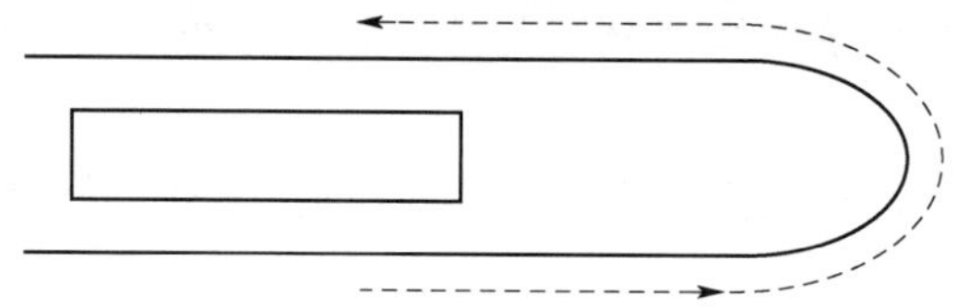

图 1-28 环形折返示意图

针对不同的折返方式，其在运行图上的表现形式也不尽相同。采用站前折返时前一列车进站完成旅客下车作业，然后在规定的时间内进行折返操作，同时等待旅客上车。在这段时间内后一列车无法进站，直到前一列车出站。因此运行图上不会出现两列车同时在同一车站的现象，运行图的铺画主要受折返时间的约束。对于采用站后折返方式的车站，前一列车完成进站折返后，后一列车即可以进站，并进行折返作业，因此运行图上会出现两列车在同一车站的现象，运行图的铺画主要受折返线数量以及布置条件的约束。

目前，我国城市轨道交通普遍采用站后折返方式，但在折返车站的配线上，一般也设置了站前折返的单渡线，特殊情况下可灵活运营。

（3）列车交路计划确定方法。

列车交路计划应在对线路各区段客流量统计分析的基础上，结合线路通过能力和客流量，进行可行性研究后加以确定。

①列车交路计划确定的步骤。

首先，区段客流量是列车交路计划确定的最主要的因素。也就是在客流调查分析的基础上，根据客流在空间、时间上分布的规律加以研究，确定列车开行的方案，铺画列车交路。

其次，行车条件决定了列车交路计划实现的可能性。城市轨道交通由于其运营特点，在设置线路时，根据车站位置、客流量的不同，只有少量车站设置了能够进行调车作业的线路，能够满足列车折返作业的需要。列车交路的实现只能在两个设有调车或折返线路的车站之间进行。列车交路还需要考虑是否会影响行车组织的其他环节，如行车间隔、车站后续列车的接车等。

最后，客流组织是确定列车交路计划的重要因素。由于列车交路计划的调整可能导致列车运行终点站的变化，使相关车站的乘客乘降作业、列车清客、转线和客运服务作业组织出现相应的变化，这些都对车站作业组织提出了较高的要求。如果客运组织不力，将会直接影响列车运行图的执行情况。因此，客运组织也是确定列车交路时需要考虑的因素。

②计算实例。

问题：某线路 A—H 站客流资料如图 1-29 所示，在 E 站应具备折返条件，列车定员为 1200 人/列，满载率为 110%，请计算如何确定该线路的交路计划。

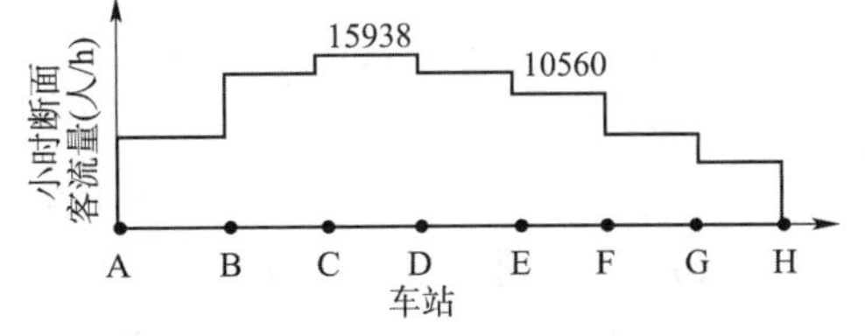

图 1-29 A—H 城市轨道线路客流分布图

计算过程：

按长交路开行时，需要开行的列车数为：

$$n = \frac{15938}{(1200 \times 110\%)} = 12\text{（对）}$$

按长短交路开行时，长交路的小时列车开行数可由 EF 区间的断面客流量确定；A 站至 E 站的短交路小时列车开行数应由 CD 区间的断面客流量减去 EF 区间的断面客流量确定，即：

$$n_{长} = 10560/(1200 \times 110\%) = 8\text{（对）}$$

$$n_{短} = \frac{15938 - 10560}{1200 \times 110\%} = 4\text{（对）}$$

$$n = n_{长} + n_{短} = 8 + 4 = 12\text{（对）}$$

从上述计算得出，在采用长短交路时，城市轨道线路 A—H 站同样开行 12 对列车，但其中有 4 对列车只运行至 E 站。交路列车走行距离缩短，因而能耗减少，从而降低了运输成本。

3. 列车停站方案的确定

（1）停站种类。

列车停站种类主要有站站停车、区段停车、跨站停车和部分列车跨多站停车 4 种。

站站停车：站站停车是城市轨道交通最常见的停车方式，列车在线路中每个车站都会停车。

区段停车：在长短交路时采用。长交路列车在短交路区段外每站停车，但在短交路区段内不停车通过；而短交路列车则在短交路区段内每站停车，短交路列车的中间折返站同时也是换乘站，如图 1-30 所示。

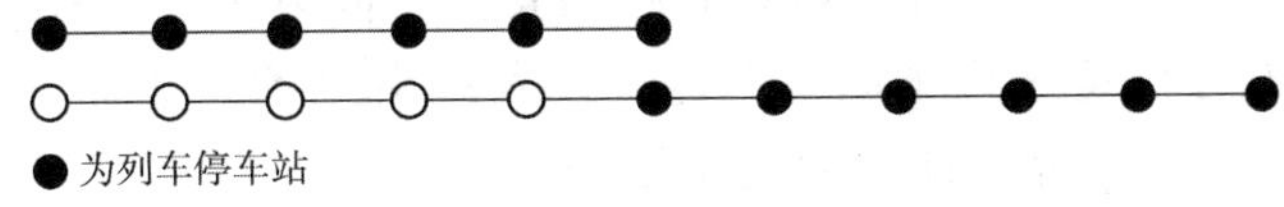

图 1-30 区段停车示意图

跨站停车：在长交路情况下采用。将线路上开行的列车分为 M、N 两类，全线的车站分为 A、B、C 三类，其中 A、B 类车站按相邻分布的原则设置，C 类车站可按每隔 4 个或 6 个车站设置一个的原则设置。M 类列车在 A、C 类车站停车，在 B 类车站通过；N 类列车在 B、C 类车站停车，在 A 类车站通过，如图 1-31 所示。

部分列车跨多站停车：线路上开行两类长交路列车，即普速、站站停列车和快速、跨多站停车列车，快速列车只在线路上的主要客流集散站停车，而在其他站则不停站通过。

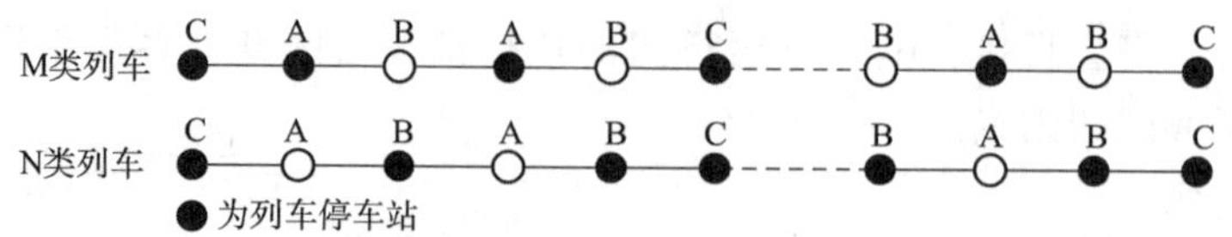

图 1-31　跨站停车示意图

（2）影响列车停站方案的因素。

影响列车停站方案的因素主要涉及站间 OD 客流特征、乘客服务水平、列车越行问题、运营经济性、运营组织复杂性等。

①站间 OD 客流特征。在长距离出行乘客比例较大及某些车站间的直达客流也较大时，采用非站站停车方案通常是有利的。其中，区段停车方案比较适用于大部分乘客的乘车区间是郊区段各站与市区段终点站或换乘站之间区段的通勤出行，如远郊区与中央商务区之间、远郊区车站与城市轨道交通环线换乘站之间的通勤出行。跨站停车方案比较适用于 C 类车站上下车客流较大，并且乘客乘车距离较远的情形。线路客流以同一区段内某些车站间的短途客流为主时，不宜采用非站站停车方案。

②乘客服务水平。采用非站站停车方案，在压缩长距离出行乘客乘车时间的同时，也会出现增加一部分乘客换乘时间或候车时间的情形。因此，采用非站站停车方案是否可行，应根据站间 OD 客流，定量分析计算长途乘客节约的出行时间与部分乘客增加的换乘和候车时间。

一般而言，如果乘客的节约时间总和大于增加时间总和，或者乘客的节约时间与增加时间基本持平，采用非站站停车方案是可行的，能提高或至少不降低乘客服务水平。

③列车越行问题。在采用非站站停车方案时，存在后续列车越行前行列车的可能性。如果后续列车越行前行列车，可通过调整列车追踪运行间隔来避免越行。但这是以降低线路通过能力来换取列车不越行，难以适应大客流的线路或客流增加较快的线路的运输需求，因此，采用非站站停车方案，必须对列车越行相关问题，如列车越行判定条件、越行站设置数量及位置等问题做进一步分析。

④运营经济性。与站站停车方案相比，非站站停车方案能加快列车周转，减少运用车辆数，从而降低运营成本。但采用非站站停车方案时，通常要在部分中间站增设越行线，车站土建与轨道等费用的增加会引起车站造价上升。

⑤运营组织复杂性。由于各类列车的停站安排不同以及列车在中间站越行，运营控制中心、车站控制室对列车运行的监控以及站台上的乘车导向服务均应加强，因此，非站站停车方案的运营组织要比站站停车方案复杂。

4. 列车开行方案选优及设置配线

（1）列车开行方案选优。

首先是列车编组、列车交路与列车停站方案的初步选优，然后是开行方案的综合选优。

评价指标：乘务服务水平、车辆运用情况、通过能力适应性、运营组织复杂性、运输成本。

（2）设置配线。

车站设置配线会使车站造价增加，但也为运营组织带来若干功能，在列车运行晚点或临时加开短交路列车时，有助于提高列车运行调整的机动性；在短交路列车折返作业与长交路列车接发作业发生干扰时，有助于消除作业干扰对线路通过能力的不利影响；在列车故障或发生行车事故时可作为临时停车线使用，有助于在最短时间内开通正线、恢复行车；在夜间可作为列车停留线使用，有助于压缩车辆段建设规模、减少工程投资和运营费用。

三　车辆配备和运用计划

车辆配备计划

1. 车辆配备计划

车辆配备计划是指为完成全线全日行车计划所需要的车辆保有量计划。车辆配备计划包括运用车辆数、在修车辆数和备用车辆数3部分。运用车辆数是根据线路远期客流预测数据，测算远期运行行车间隔，得出所需运用列车数；备用车辆数是按照运用车辆数的10%取得的；在修车辆数需根据运用车辆数综合维修能力、修程、修制取得，一般为运用车辆数的10%～15%。

地铁快线和慢线走的是同一条轨道吗?

快线列车（简称快车）部分站点不停靠，因此慢线列车（简称慢车）需要在部分车站等待快车超过它，以防止追尾。快线和慢线的设置有3种形式：

（1）通过在部分车站设置越行线，快车通过越行线跨站，慢车在到发线停靠，从而区分快慢线，如上海地铁16号线、广州地铁14号线。

（2）没有任何越行条件，通过一些特殊的时刻安排来开行快车，通过调度来调整，但这种形式无法大规模实施，如北京地铁15号线。

（3）同方向平行修建一条站距稍长的线路，两条线路互为快慢线，如成都地铁1号线、18号线。

知识提升　随着城市轨道交通客流的不断增长，未来将出现更多的行车组织方式以满足日益变化的出行需求。

（1）运用车辆数。

运用车辆数是指为完成日常运输任务所必须配备的技术状态良好的可用车辆数量，运用车的需要数与高峰小时开行列车对数、列车旅行速度及在折返站停留时间各项因素有关，为保证列车运行图的执行，确保城市轨道交通系统有满足需要的车辆，必须提前做好车辆运用计划。运用车辆数按下式计算：

$$N = \frac{n_{高峰}\theta_{列}\ m}{3600} \tag{1-5}$$

式中：N——运用车辆数，辆；

$n_{高峰}$——高峰小时开行列车对数，对；

$\theta_{列}$——列车周转时间，s；

m——列车编组辆数，辆。

列车周转时间是指列车在线路上往返一次所消耗的全部时间。它包括列车在区间运行、列车在中间站停车供乘客乘降，以及列车在折返站进行折返作业的全过程。

$$\theta_{列} = \sum t_{运} + \sum t_{站} + \sum t_{折停} \tag{1-6}$$

式中：$\sum t_{运}$——列车在线路上往返一次时各区间运行时间的和，s；

$\sum t_{站}$——列车在线路上往返一次时各中间站停站时间的和，s；

$\sum t_{折停}$——列车在折返站停留时间的和，s。

当列车在折返站的出发间隔时间大于高峰小时的行车间隔时间时，须在折返线上预置一个列车进行周转，此时运用车辆数需相应增加。

（2）在修车辆数。

在修车辆数是指处于定期检修状态的车辆数。车辆的定期检修是一项有计划的预防性维修制度。车辆经过一段时间的运用后，各部件会产生磨耗、变形或损坏，为保证车辆技术状态良好和延长使用寿命，需要定期对车辆进行检修，表 1-8 为某地铁系统车辆检修周期表。

某地铁系统车辆检修周期表　　表 1-8

检修级别	运用时间	走行公里（km）	检修停时
双周检	2 周	4000	4h
双月检	2 月	20000	2h
定修	1 年	100000	10d
架修	5 年	500000	25d
大修	10 年	1000000	40d

（3）备用车辆数。

备用车辆数是为城市轨道交通系统适应可能的临时或紧急运输任务、预防车辆故障发生而准备的技术状态良好的车辆数。一般来说，备用车辆数可控制在运用车辆数的 10% 左右。不过，对于投产不久的新线来说，由于车辆状态较好，客流量不大时，备用车辆数可适当减少，以节约投资。

2. 车辆运用计划

车辆运用计划在列车运行图和车辆检修计划的基础上进行编制。车辆运用计划包括以下 4 个方面：

车辆运用计划

（1）排定车辆出入段顺序和时间。

在新列车运行图下达后，车辆段有关部门应根据列车运行图的要求，及时排定运用车辆的出段顺序、时间和担当车次，回段顺序、时间和返回方向。出段时间根据列车运行图关于列车在始发站出发时刻的规定确定，出段时间应分别明确乘务员（城市轨道交通乘务员一般指电动列车司机）出勤时间、客车车底出库和出段时间。回段时间和返回方向同样也根据列车运行图确定。

（2）铺画车辆周转图。

列车正线运行通常采用循环交路，根据列车运行图和车辆出段顺序，车辆运用计划以车辆周转图的形式规定了全日对应各出段顺序的车辆在线路上往返运行的交路，车辆在两端折返站到达和出发时间，以及车辆出入段时间和顺序。

（3）确定对应各出段顺序的车辆（客车车底）。

根据车辆的运用情况和技术状态，在每日傍晚具体规定次日车辆的出段顺序和担当交路。在具体规定车辆的运用时，应注意使各客车车底的走行公里数能在一定时期内大体均衡。

（4）配备乘务员。

为提高车辆利用效率和劳动生产率，城市轨道交通系统的乘务制度通常是采用轮乘制。由于乘务员值乘的列车不固定，在编制车辆运用计划时，应对乘务员的出退勤时间、地点和值乘列车车次，以及工间休息、吃饭等同步做出安排。在安排乘务员的工作时，应注意乘务员的连续工作时间不要超劳。

任务实施与评价

相关实训工单见本项目后任务1-4实施与评价。

任务1-5 列车运行图认知

案例导入

行车调度员首先要能够读懂列车运行图，知道列车运行图各要素和相关符号的表达含义，并根据列车运行图写出各个车次的时刻；其次要能够收集列车开行计划相关数据信息，合理编制列车运行图；最后要能够在系统故障情况下，根据车站报点手画列车运行图，以掌握列车运行状态。

行车调度员小A接到新任务，需要为某条即将开通的新线编制列车运行图，他该如何开展工作？请你帮帮他。

知识和技能点

（1）识别列车运行图的基本要素和符号；

（2）了解不同类型列车运行图的适用情景；

（3）掌握编制列车运行图的要求和步骤。

理论储备

一 列车运行图的定义及表示

列车运行图是利用坐标系原理表示列车运行的一种图解形式，它是表示列车在各站和区间运行状态的二维线条图，能直观地显示各次列车在时间和空间上的相互位置和对应关系，如图1-32所示。各部分的含义如下。

（1）横坐标：表示时间，按要求用一定的比例进行时间划分。

（2）纵坐标：表示距离，根据区间实际里程，采用规定的比例，以车站中心线所在位置进行划分。

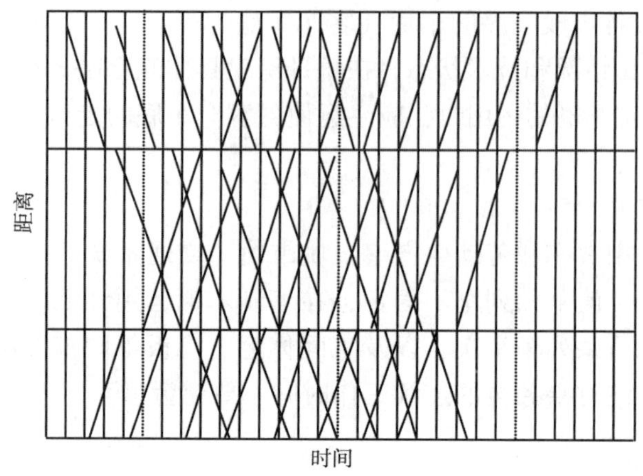

图 1-32　列车运行图

（3）垂直线：一簇平行的等分线，表示时间等分段。

（4）水平线：一簇平行的不等分线，表示各个车站中心线的位置，一般称作站名线。它主要通过以下两种方法确定：

①按区间实际里程比例确定。即按照整个区段各个车站实际里程的比例来确定站名线的位置。采用这种方法，列车运行图上的站间距能完全反映实际情况，表示出站间距的大小。但是由于各区间线路和横、纵断面的不同，列车运行的速度也不相同，列车在整个区段的运行线是一条折线。这样画出来的列车运行图不但不美观，而且不利于发现区间运行时分上的差错，所以城市轨道交通运营企业一般不采用此种方法。

列车运行图车站中心线确定的步骤

②按区间运行时分比例确定。即按照整个区段内各车站间列车运行时分的比例来确定站名线的。位置采用这种方法，虽然不能表示出站间距的大小，但是在列车运行图上的运行线基本上是一条斜直线，这样既美观，又可以直观地发现列车在区间运行时分上的差错，因此大多数企业采用此种方法。

举例：甲—乙区段下行方向列车运行时分共计 100min，各站间运行时间如表 1-9 所示。

下行方向各站间运行时间　　表 1-9

区间	甲—A	A—B	B—C	C—D	D—乙
运行时间（min）	20	15	25	18	22

作图步骤：如图 1-33 所示，首先确定甲、乙两站的位置，然后在代表乙站的横线上向右截取等于 100min 的线段，得到 F 点。连接甲、F 两点，得一斜直线。最后按照下行列车在各区间的运行时分标出各车站的位置，通过这些点，即可画出代表 A、B、C、D 车站的横线。

（5）斜线：列车运行的轨迹，即运行线。一般以下斜线表示下行列车，上斜线表示上行列车。

（6）车次：列车运行图上每趟列车有自己的车次。一般来说，上行为偶数，下行为奇数。

在列车运行图上，以横线表示车站中心线的位置，一般以细线表示中间站，以较粗的线表示换乘站或有折返作业的车站。

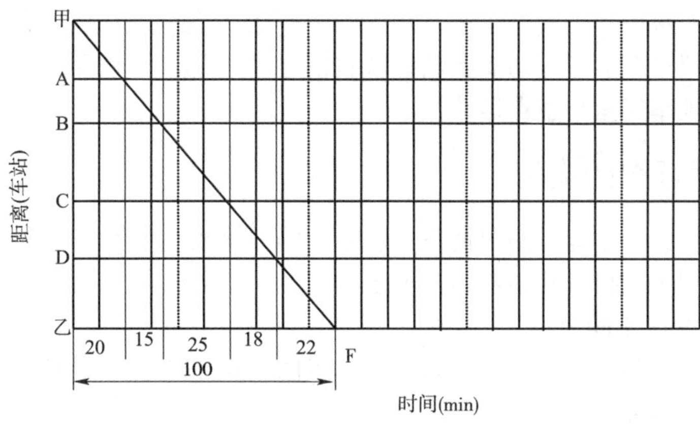

图 1-33 甲—乙区段站名线的确定

目前，根据横、纵坐标表示的变量不同，城市轨道交通运营企业所运用的列车运行图主要有两种形式，不同的企业根据实际情况会采用不同形式的列车运行图。一种是横坐标表示时间，纵坐标表示距离，如图 1-31 所示；另一种是横坐标表示距离，纵坐标表示时间，即运行图上横线表示时间，竖线代表车站中心线，如图 1-34 所示。

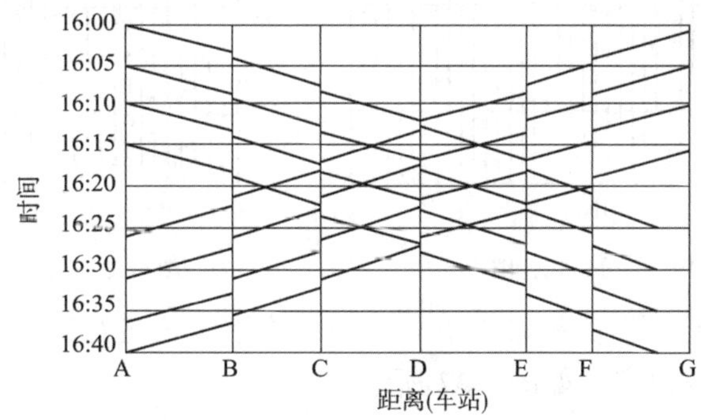

图 1-34 横坐标表示距离的列车运行图

二 列车运行图的作用

列车运行图的基本认知

列车要实现安全、正点，必须按图行车，因此编制一张经济合理的列车运行图，对于充分利用城市轨道交通设备的能力，满足各时期、各时段旅客运输的需求，方便旅客出行，使企业获得最佳的经济效益，具有重要的意义。

1. 列车运行图是列车运行的基础

列车运行图规定了列车占用区间的顺序，在每个车站的到达、出发或通过时刻，在区间运行时间，以及在车站的停站时间和在折返站折返所需时间等。它能直观地显示列车运行的时间与空间关系、列车在各区间的运行及在各车站停车或通过的状态。

2. 列车运行图是一个综合性计划

城市轨道交通是由信号、车辆、通信、线路、机电等多个部门组成的技术密集型交通系统，它要求多种技术设备合理利用，多个部门和工种协调配合才能完成日常运输任务。因此，城市轨道交通运营企业通过列车运行图将整个运输生产活动联系成一个统一的整体，把与列车运行相关的部门组织起来，在保证合理与安全运营的前提下，按照列车运行图的需要制订各自的生产计划，并按照一定的程序进行工作，共同保证列车安全与正点运营。

三 列车运行图的类型

实际使用中，列车运行图根据格式、路线的技术设备、列车运行速度、上下行的列车数量、列车运行方式的不同，可以分为不同的类型。

1. 按时间刻度不同分类

为适应不同的列车运行需要，列车运行图按照时间的划分而不同。主要有 4 种基本格式：

按时间刻度划分的运行图

（1）一分格运行图。其横轴以 1min 为单位用竖线进行等分，如图 1-35 所示。主要用于地铁、轻轨。

（2）二分格运行图。其横轴以 2min 为单位用竖线进行等分，如图 1-36 所示。主要用于市郊轨道交通线路。

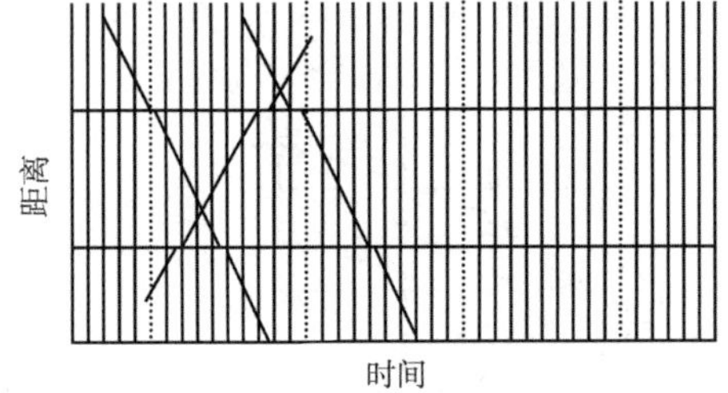

图 1-35 一分格运行图

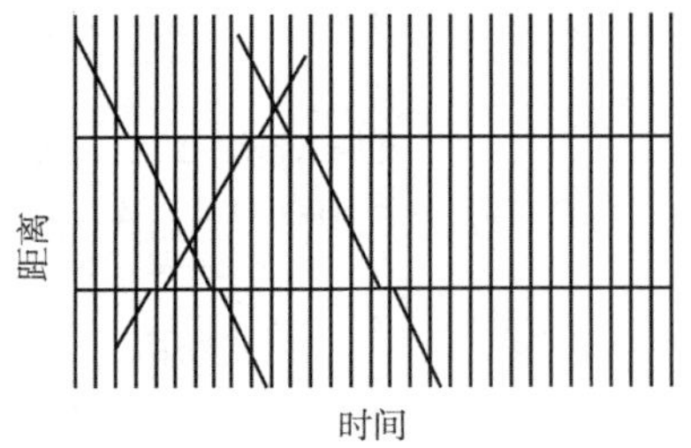

图 1-36 二分格运行图

（3）十分格运行图。其横轴以 10min 为单位用竖线进行等分，并且在运行图上需标注 10min 以下的数字，如图 1-37 所示。

（4）小时格运行图。其横轴以 1h 为单位用竖线进行等分，并且在运行图上需标注 60min 以下的数字，如图 1-38 所示。主要用于编制机车周转图。

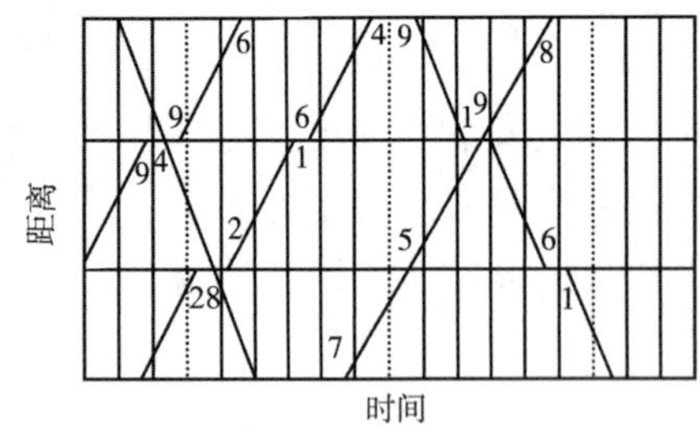

图 1-37 十分格运行图

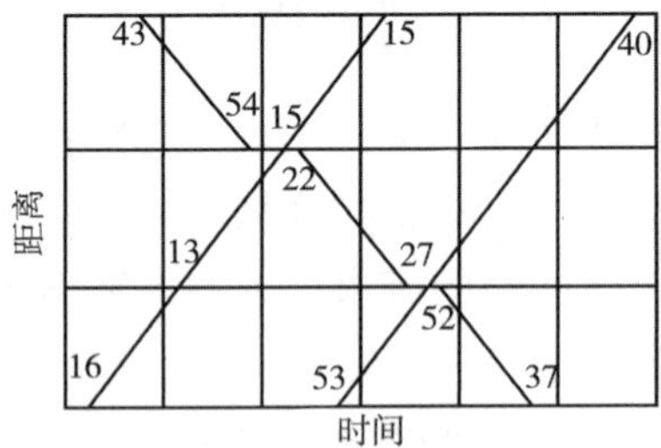

图 1-38 小时格运行图

2. 按区间正线运行数目不同分类

（1）单线运行图。

单线运行图是在单线区段采用的运行图，上下行列车都在同一正线上运行，两个方向的列车必须在车站进行交会，如图 1-39 所示。在城市轨道交通线网中，单线运行图很少采用，只有在非正常情况下的运行调整期间，或者在运量较小的市域快速轨道系统使用。

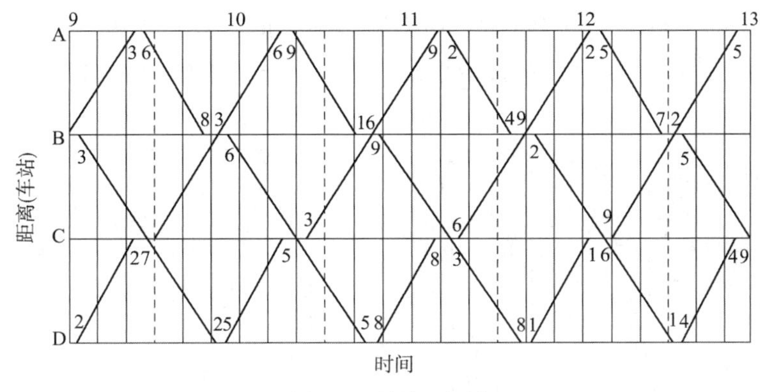

图 1-39　单线运行图

（2）双线运行图。

双线运行图是在双线区段采用的运行图，上下行方向的列车分别在各自的正线上运行，两个方向的列车运行互不干扰。绝大多数地铁、轻轨都采用此种类型的运行图，如图 1-40 所示。

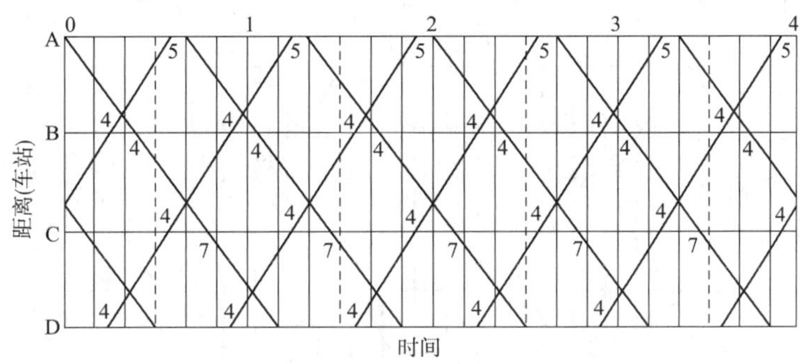

图 1-40　双线运行图

（3）单双线运行图。

单双线运行图是单线区间和双线区间分别按照单线运行图和双线运行图的特点铺画的运行图，它兼有单线运行图和双线运行图的特征。在城市轨道交通线网中，其只在非正常的情况下的列车运行调整期间使用，如图 1-41 所示。

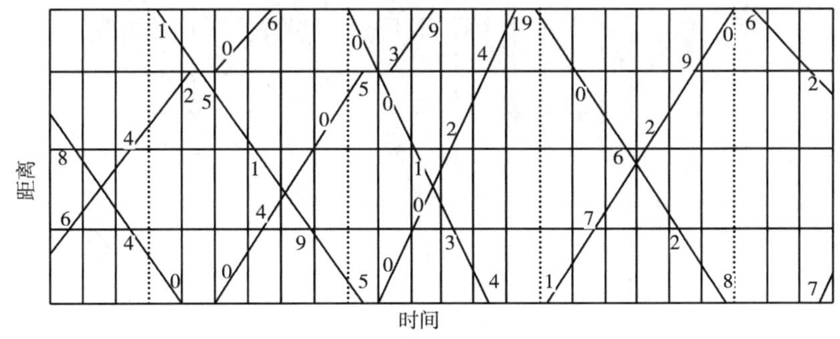

图 1-41　单双线运行图

3. 按列车运行速度不同分类

（1）平行运行图（图 1-42）。在同一区段内，同一方向的列车运行速度相同，因此运行图中列车运行线是相互平行的，并且在该区段内列车无越行。一般地铁、轻轨运用此类型。

（2）非平行运行图（图1-43）。列车运行图中铺画有不同运行速度和不同类型的列车，因此运行图中列车运行线相互不平行。一般市域快速轨道系统会采用此类型。

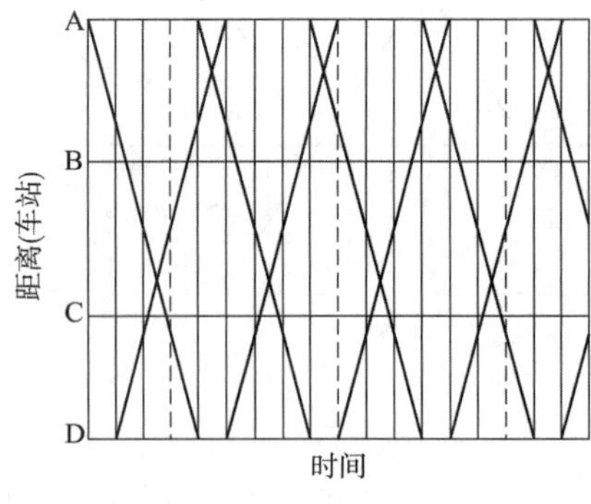

图1-42　平行运行图

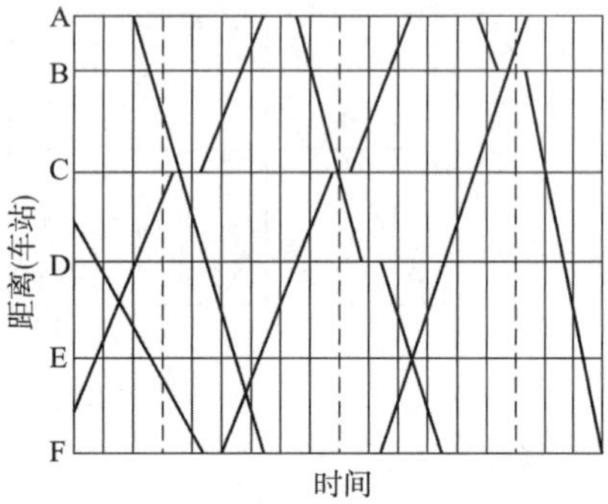

图1-43　非平行运行图

4. 按上下行列车数量不同分类

（1）成对运行图（图1-44）。列车运行图中上下行两个方向列车数量是相等的。

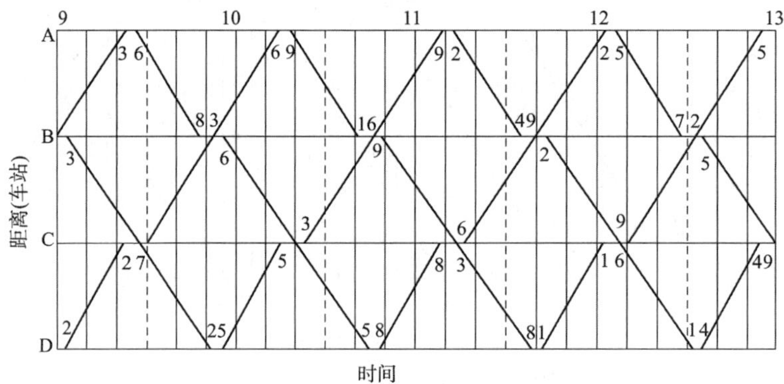

图1-44　成对运行图

（2）不成对运行图（图1-45）。列车运行图中上下行两个方向列车数量是不相等的。

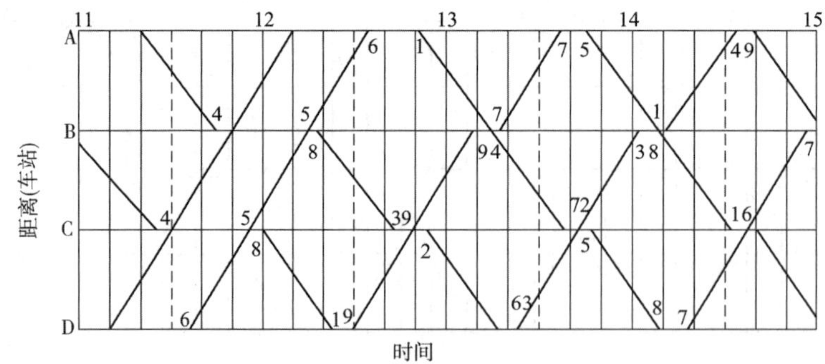

图1-45　不成对运行图

城市轨道交通上下行两个方向列车数量基本相等，大多采用成对运行图，只有在上下行两个方向运量不相等的个别区段才采用不成对运行图。

5. 按列车运行方式不同分类

（1）连发运行图（图1-46）。在这种运行图中，同方向列车的运行是以站间区间为间隔的。在单线区段采用此运行图，在连续发出的一组列车之间不能铺画对向列车。

（2）追踪运行图（图1-47）。在这种运行图中，同方向列车的运行是以闭塞分区为间隔的，一个站间区间内允许几列同向列车同时运行。大多数地铁、轻轨采用此种运行图。

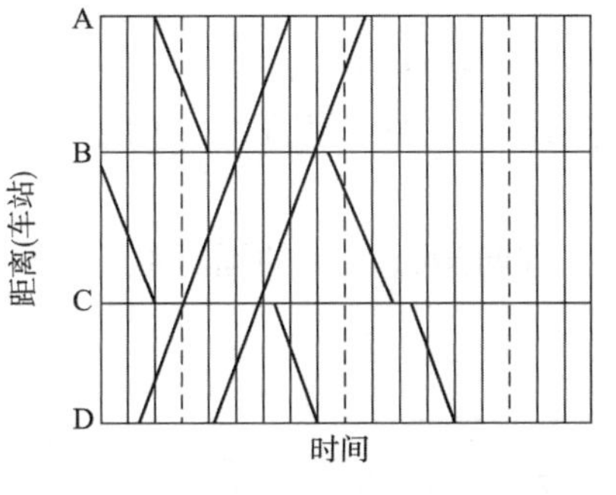

图1-46　连发运行图

图1-47　追踪运行图

以上分类，都是针对列车运行图的某一特性进行区分的。实际上，每张列车运行图都有若干方面的特点。

四　列车运行图中相关符号

运行图中的相关符号

列车运行图是记录列车运行实际情况的图表，图中采用不同的线条和符号来表示列车运行的有关信息。

1. 列车运行线

列车运行图上的列车运行线如表1-10所示。

列车运行图上的列车运行线　　表1-10

列车种类	符　号	说　明
客运列车	————	红色实线
临时加开列车	- - - - - -	红色虚线
专运列车	→→→→→	红色实线加箭头
排空列车	—○—○—	红色实线加圆圈
救援列车	—×—×—	红色实线加叉
调试列车	————	蓝色实线
施工列车	————	黑色实线

2. 有关表示符号

（1）列车始发，如图1-48所示。

（2）列车终到，如图1-49所示。

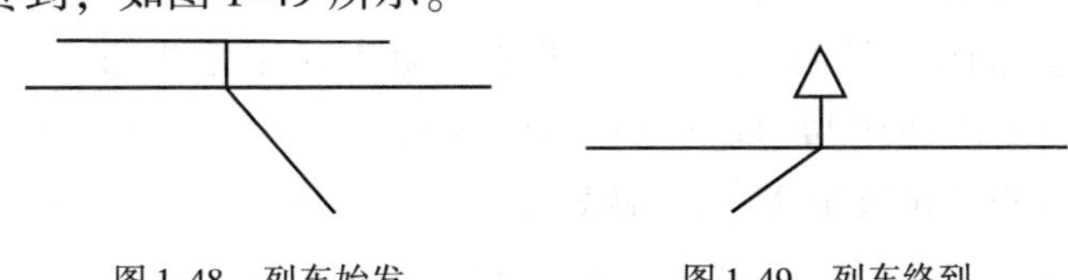

图1-48　列车始发　　图1-49　列车终到

（3）列车由邻线转来，如图 1-50 所示。

（4）列车开往邻线，如图 1-51 所示。

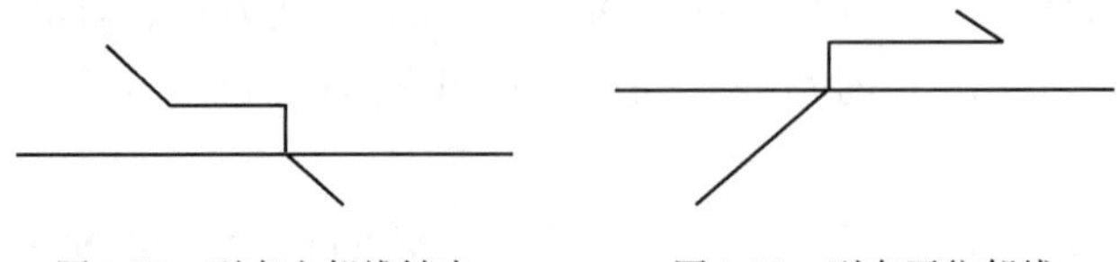

图 1-50　列车由邻线转来　　图 1-51　列车开往邻线

（5）列车合并运行。列车合并运行时，在红色实线下方加红色虚线，如图 1-52 所示。

（6）列车反方向运行。列车反方向运行时，在反方向运行区间的运行线上填写车次及“反”字，如图 1-53 所示。

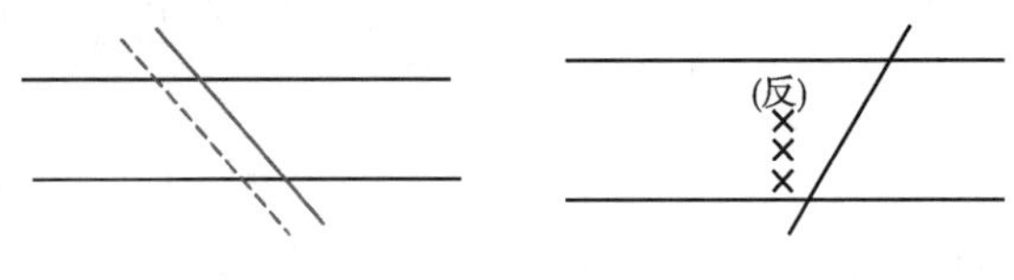

图 1-52　列车合并运行　　图 1-53　列车反方向运行

（7）列车折返，如图 1-54 所示。

（8）列车不停站通过。列车不停站通过时，在列车运行线上方加带箭头的红色短实线，如图 1-55 所示。

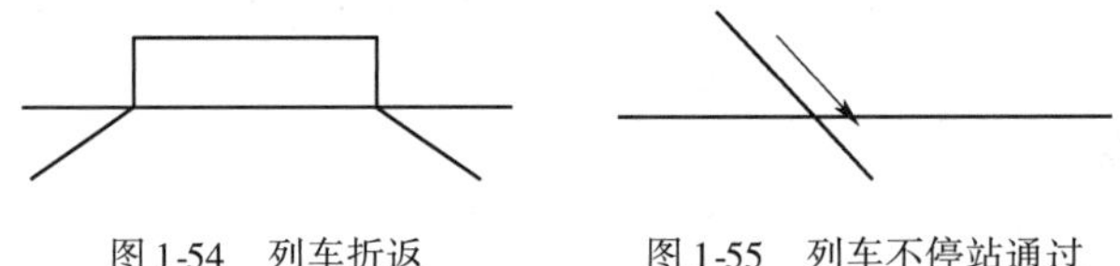

图 1-54　列车折返　　图 1-55　列车不停站通过

（9）列车停站超时。图解实际停站时间，并用红色画圈，注明原因，如图 1-56 所示。

（10）列车在区间停车。图解停车时间，并用红色画圈，注明原因，如图 1-57 所示）。

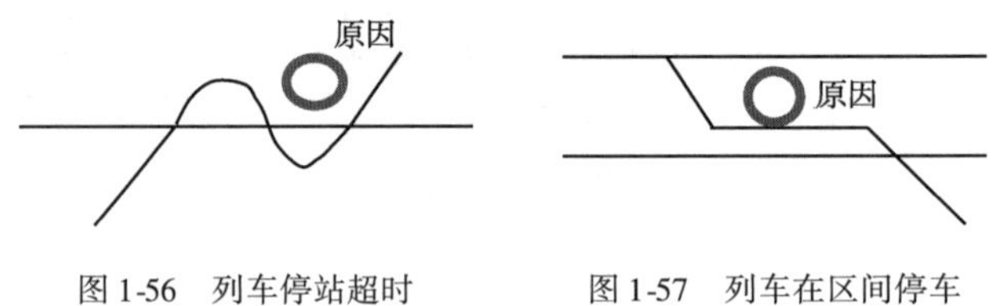

图 1-56　列车停站超时　　图 1-57　列车在区间停车

五　列车运行图的编制

运行图编制步骤

1. 列车运行图编制要求

随着城市轨道交通客运量的不断增长，尤其是当城市轨道交通网络形成之后，客运量的增长日益显著，同时运输市场不断发展变化，各项新技术、新设备的使用和运输组织工作不断改进，列车运行速度不断提高，现行列车运行图或不能满足客流需求，须调整列车运行图中列车停站时间、折返站点等。因此，每经过一定的时期，就要重新编制一次列车运行图。

政策法规

运行图不能随意调整

《城市轨道交通运营管理规定》（交通运输部令2018年第8号）第三章第二十条规定：运营单位应当根据城市轨道交通沿线乘客出行规律及网络化运输组织要求，合理编制运行图，并报城市轨道交通运营主管部门备案。运营单位调整运行图严重影响服务质量的，应当向城市轨道交通运营主管部门说明理由。

知识提升 列车运行图是地铁运营的综合计划，直接影响乘客出行质量，对待运行图应该严谨、慎重，调整运行图应有科学合理的依据。

列车运行图的编制应符合以下要求：

①确保行车安全。列车运行图应符合各种行车规章的有关规定，严格遵守行车作业程序和时间标准。

②合理运用设备。提高列车运行图应充分利用线路的通过能力，达到运力与运量的匹配，在满足客流需求的同时，提高满载率和运行速度。

③优化运输产品。列车运行图应根据客流的特点，开行运行间隔、编组数量、站停次数和运行速度不同的列车，以吸引客流。列车运行图应合理规定列车的到达、出发时刻，合理规划停站时间，缩短乘客出行时间。另外，应注意与其他交通运输工具的相互衔接、配合。

④配合站段工作。列车运行图应安排列车均衡交错到达换乘站，使车站作业能力比较均衡，合理安排各种列车。

2. 列车运行图的编制需要收集的时间参数

根据列车运行图的特殊性，可以将列车运行图分为不同的种类。而列车运行图的共性，则是组成列车运行图的各项基本要素。这些要素的实质就是把列车运行过程中空间或时间的特征划分为若干单项作业。在编制列车运行图之前，首先要确定这些基本要素。

列车运行过程被划分为区间运行、进站停车、列车起动出站、停站、折返等单项作业，决定因素有活动设备和固定设备技术条件、作业的质量要求、作业人员数和作业环境条件。运行图基本要素包括时间要素和其他相关要素。其中时间要素包括列车区间运行时分、停站时分、列车折返出发间隔时间、列车出入段/场作业时间、调车时分、运营时间等。

（1）列车区间运行时分。

列车区间运行时分是指相邻两个车站之间的运行时间标准。即列车由某站启动不再停车，按规定速度运行至另一站完全停稳这一系列作业所需要的时间。这个时间以牵引计算为理论依据，并结合查标（核查标准）和列车试运行的方法进行确定。

列车区间运行时分的数值取决于许多因素，其中主要有机车、车辆类型及构造速度、列车质量标准、列车制动力、线路平纵断面、容许速度等。为了合理地查定各种列车的区间运行时分，必须正确规定并计算有关的各种单项技术标准，同时，按照各种列车类型和上下行方向分别查定。

此外，列车区间运行时分还应根据列车在每一区间的两个车站上不停车通过和停车两种情况分别查定。列车不停车通过两相邻车站所需的区间运行时分称为纯运行时分，因列车到站停车和停站后出发而使区间运行时分延长的时分称为停车附加时分和起动附加时分。停车起动附加时分应根据列车种类以及进出站线路平面、纵断面条件，分别计算查定。

在实际运行中，由于列车性能、列车质量、司机驾驶熟练程度的不同等，实际的区间运行时分与牵引计算值之间存在一定误差。但随着时间的推移，在适当的条件下，可以对区间运行时分进行修正，以达到充分发挥各项设备能力的目的，来满足运营的需要。

（2）列车停站时分。

在城市轨道交通系统中，列车上水、试风、车列的技术检查以及乘务人员的交接班都在该列车服务完成后进行，中间站停车主要用于乘客乘降。因此列车停站时分是指列车在中间站办理乘客乘降作业所需要的停车时间标准。列车停站时间应在满足客运组织的前提下尽可能地压缩，以提高线路通过能力和运行速度。影响列车停站时间的因素主要有车站上（下）车人数、平均上（下）一个乘客所需时间、开（关）门时间、车门和站台屏蔽门的不同步时间、确认车门关妥与信号显示时间、司机确认车门/站台屏蔽门关好的时间等。

为了保证乘客的安全，车辆只有在停妥的情况下才能开、关车门。车门开、关的时间与车辆的类型有关。一般开门时间为5s左右，关门时间为3～5s。如果站台上设置站台屏蔽门，还要考虑车门与站台屏蔽门开启、关闭的时间差。

乘客上下车的时间与乘客数量（主要考虑高峰期人数）、车辆车门数和宽度、站务员的疏导管理有密切的关系。根据统计资料，每位乘客上下车约需0.6s，则乘客上下车时间的计算方式见式（1-7）。

$$t_{上下}=\frac{0.6Q_{上下}}{N_{列}\cdot M} \tag{1-7}$$

式中：$t_{上下}$——乘客上下车时间，s；

$Q_{上下}$——高峰小时内一个方向本站上下乘客人数之和；

$N_{列}$——高峰小时通过本站的列车数，辆；

M——每列车的车门数，个。

由于乘客上下人数在时间上是波动的，在各辆车的分布也是不均衡的，因此在计算结果外尚需考虑一定的富余量。列车停站时间可表示为式（1-8）。

$$t_{停}=t_{门}+t_{上下}+t_{确认}+\Delta t \tag{1-8}$$

式中：$t_{停}$——每列客车在车站的停留时间，s；

$t_{门}$——开门时间，s；

$t_{上下}$——乘客上下车时间，s；

$t_{确认}$——司机确认信号显示与车门关好的时间；

Δt——每列车适当的富余时间，s。

在停站时间的实际确定过程中，除个别客流量较大的车站外，一般车站的停站时间应控制在20～30s，停站时间过长不仅会降低列车运行速度，在高密度行车情况下，还会影响到后续列车的运行。

（3）追踪列车间隔时间。

在采用超速防护自动闭塞线路的一个站间区间内，同方向有两列列车以闭塞分区为间隔运行，称为追踪运行。城市轨道交通追踪列车间隔时间是追踪运行的两列车间的最小允许间隔时间，是列车能够按照计划运行而不受前行列车影响的最小间隔时间。追踪运行的两列列车在运行过程中相互不受干扰的最小间隔时间称为追踪列车间隔时间。追踪列车间隔时间与信号类型、列车性能、线路状况、行车组织方法等因素有关，但是随着科学技术的不断发展，能够实现更小的追踪列车间隔时间的移动闭塞是城市轨道交通发展的趋势。

追踪列车间隔时间的最小值是由所采用的信号系统、车辆性能、折返能力、运行时间、停站时间、投入运行的列车数等多种条件决定的。在城市轨道交通系统的运营高峰期，线路上个别车站的客流量大，上、下车时间较长。在设备和运营模式固定的条件下，应尽可能压缩停站时间，提高输送能力，同时，最小追踪列车间隔时间应留有一定的余量，当列车运行偏离列车运行图时，便于行车调度员采取必要的调整措施，使整个系统的列车运行秩序尽快恢复正常。

（4）列车折返时分。

列车折返是指列车在终点站或在区间站进行转线运行。列车折返时分不仅是列车运行图中的一个重要因素，而且是实际行车组织工作中非常重要的一环。列车折返能力直接决定着一条线路的通过能力。列车折返时分的确定也要根据折返线设置的不同、折返方式的不同分别进行计算。

列车折返时分是指列车在终点站或在区间站进行折返作业的时间总和。其包括确认信号的时间、出入折返线的时间、办理进路时间、司机开行或换岗时间等。列车折返时分受折返线折返方式、列车长度、列车制动能力、信号设备水平、司机操作水平等多种因素的影响。

①采用站前折返方式时，最小的折返列车出发间隔时间计算方式可表示为式（1-9）。

$$h_{折,站前}=t_{离去}+t_{作业}+t_{确认}+t_{进站}+t_{停站} \tag{1-9}$$

式中：$t_{离去}$——出发列车驶离车站闭塞分区的时间；

$t_{作业}$——办理进站列车接车进路的时间，包括道岔区段进路解锁、排列进路等各项时间；

$t_{确认}$——确认信号时间；

$t_{进站}$——列车从进站信号机运行至车站站台完全停稳所需的时间；

$t_{停站}$——列车停站时间。

②采用站后折返方式时，当上行到达列车在折返线规定的停留时间结束后，进入下行车站正线，此时最小的折返列车出发间隔时间可以采用式（1-10）计算。

$$h_{折,站后}=t_{离去}+t_{作业}+t_{确认}+t_{出线}+t_{停站} \tag{1-10}$$

式中：$t_{作业}$——办理折返线停留列车调车进路的时间，包括道岔区段进路解锁、排列进路、开放调车信号等各项时间；

$t_{出线}$——列车从折返线运行至车站正线的运行时间。

（5）列车折返出发间隔时间。

列车折返出发间隔时间应保证满足列车间最小发车间隔时间要求。

（6）列车出入段/场作业时间。

列车出入段/场作业时间包括列车在车辆段与正线防护信号机间的运行时间、在正线防护信号机与始发站间的运行时间、列车进入区间正线前等待时间、信号开放和确认时间。

（7）调车时分。

调车时分是指办理调车作业所需要的时间标准。这里所讲的调车时分，主要是指列车从车辆段运行至正线车站的时间。这段时间主要包括列车在车辆段与正线防护信号机间的运行时间、在正线防护信号机与始发站间的运行时间。

（8）运营时间。

运营时间即城市轨道交通运营线路运送乘客的时间。它一般和该城市居民的工作时间及生活习惯有关。一般来说，各国城市轨道交通系统均有一定的夜间时间（2～6h）作为设备、设施的维修和保养时间。

3. 列车运行图的编制步骤

列车运行图的编制由运营管理部门负责组织，一般通过以下步骤完成：

列车运行图铺画

（1）按要求和编制目标确定编制列车运行图的注意事项。

（2）收集编图资料，对有关问题组织调查研究和试验。编图资料主要有全线各区段分时班次计划、列车最小运行间隔、列车在区间计划运行时分、列车在各站的计划停站时间、列车在折返站/折返线上的折返及停留时间、列车出入车辆段的时间标准、可用列车或动车组的数量、换乘站能力以及其使用计划、首班车时间和末班车时间、列车交路计划、供电系统作业标准及计划、乘务组工作制度、乘务组人员数量及工作时间标准、现行列车运行图执行情况分析及改进意见、沿线设备运用、进路冲突数据等。

（3）编制列车运行方案。编制列车运行方案主要为了解决以下问题：

①方便乘客。方便乘客是衡量城市轨道交通运营企业服务水平的一个重要标志，具体表现为乘客时间的节约。因此，在编制列车运行图时，要认真排定头班车和末班车的发、到时刻，并注意与其他交通工具的衔接配合；合理规定列车停站车站、停站时间以及列车在区间内的运行时间，以提高运行速度和减少乘客乘车时间；换乘站应安排好列车的到、发时刻，使不同线路的列车合理地衔接配合，减少乘客在车站的换乘时间。

②经济、合理地使用车辆。在车辆不足或客流量增长较快的情况下，充分挖掘潜力，加速车辆周转，对城市轨道交通运输有着重大的意义。减少运用车组数，可以采用适当压缩列车在折返站的停留时间、合理安排列车回段检修等方法。

③列车运行与车站客运作业过程的协调。在运营高峰时间，通常行车密度比较大，在采用岛式站台的车站上，如两个方向或几个方向的列车同时到达，会造成车

站内的拥挤。因此，为避免车站客运组织工作出现困难，在铺画列车运行方案图时，应安排不同方向的列车在车站交错到达。

④列车运行与车辆段有关作业的协调。在城市轨道交通中，车辆的列检作业是必须考虑的问题之一。在保证有足够作业时间的同时，也要尽可能使各个车组在列车运行图上连续运行的周期数大体均衡。

（4）征求调度部门、行车和客运部门、车辆部门意见，进行必要的调整。

（5）根据列车运行方案，铺画详细的列车运行图，编制列车运行时刻表和编制说明。在一分格的列车运行图上铺画每一条列车运行线，即根据列车运行方案图和有关资料，详细规定列车在每个车站的到达、出发和通过时刻，以及在区间的运行时分、折返站折返时间等。在铺画详图时，可以按照需要对方案图所拟定的列车运行线进行适当调整。

（6）编制分号运行图。除编制基本运行图外，为了适应客流波动和人工驾驶需要，还应编制双休日运行图、节假日运行图、大型活动运行图、人工驾驶运行图等。

（7）列车运行图编制质量的检查。列车运行图编制完成后，必须对列车运行图进行全面的质量检查。检查的主要内容有列车运行图上铺画的列车数和折返列车数是否符合要求，列车运行线的铺画是否符合规定的各项作业时间标，换乘站的列车到发密度是否均衡，乘务员的工作和休息时间是否符合规定的时间标准等。

（8）计算列车运行图指标。确认运行图满足规定的要求之后，还要计算列车运行图的各项指标，主要有列车列数和折返列车数、旅客输送能力、高峰小时运用列车数、全日车辆总走行公里、车辆日均走行公里、车辆全周转时间、车辆周转时间、技术速度、旅行速度、满载率、列车正点率、平均运距等。

（9）将编制完毕的列车运行图、时刻表和编制说明报有关部门审核批准执行。

4. 列车运行图编制技巧及注意事项

在使用计算机编图时，应注意以下技巧及事项：

（1）在行车密度较大时，要注意运营中途上线列车与终点站折返列车的时间分配，确保高效率而又无冲突。

（2）在编制列车运行图过程中，要考虑列车出库进入正线时机的问题。例如对于有些地铁线路，列车需要按运行计划提前2min进入转换轨，列车停稳后，司机需要做两件事：一是与控制中心做通信测试；二是测试完毕后转换驾驶模式。因此，在编制运行图时，要预留列车进入正线的时分，不同线路的时分值需要在实际测试后确定，以保证司机作业时间。

（3）由于城市轨道交通行车间隔小、密度大，一般情况下不具备在运营过程中“开天窗”施工，施工作业在停运后才能安排，因此要正确处理行车组织与施工组织的关系。在编制运行图时，要保证设备维修维护、施工有充分的时间，确保行车与施工两不误。

（4）在铺画列车运行图时，应在低、平峰时段预留一两个调试列车车次运行时刻，以保证故障车辆恢复后能及时在正线上测试，充分利用运营条件。

（5）通常情况下，折返站的折返能力是限制全线能力的关键，因此在铺画列车运行图时，在行车安全、信号设备功能允许的前提下，要尽可能地安排平行作业，充分利用设备能力，提高折返线的作业效率。

（6）在铺画列车运行图时，既要保证一定的列车满载率，又要留有一定的余地，以应付某些不可预测因素带来的客流波动，同时也要考虑乘客的舒适度。一般情况下，列车满载率要控制在90%以下。如果客流较大，列车满载率超过90%，则应考虑增加在线运用车组数，缓解客流组织压力，

（7）在铺画列车运行图时，对于分布比较均衡的线路客流，适合选用大交路运行；对于呈纺锤体分布的线路客流，适合选用大小交路运行。

人工编制运行图基本流程

运行图编制功能一般是城市轨道交通列车自动监控（Automatic Train Supervision，简称ATS）系统的一项基本配置，但由于不同系统厂商研发思路、对业务需求把握程度等的不同，不同线路系统编图功能在直观性、灵活性、便捷性上往往存在较大差异。以天津地铁为例，天津地铁1号线的ATS系统提供了直观的人机交互界面，用户可在线编辑运行图，但系统的优化调整功能较为简单，在实际操作时局限性大，影响编图效率，可行性低。因此，编图人员往往需在线下铺画完运行图后，摘录时刻表逐项录入ATS系统，生成运行图，其基本流程如下图所示：

（1）在编制好的行车方案基础上，编图人员运用Excel或Auto CAD为画图工具，逐条铺画符合计划要求的运行轨迹，形成运行图基本图。运行图基本图的铺画原则是首先满足高峰时段的开行列车对数，兼顾效率。

（2）运行图基本图铺画完成后，根据行车间隔要求及列车上下线计划，对基本图进行优化调整，形成运行图终稿。

（3）依据运行图终稿，编图人员摘录ATS系统所需的时刻表数据，并将数据逐项录入系统。

（4）编制形成不同格式的列车运行时刻表，下发至乘务、车务、车辆等部门作为运行图执行依据。

摘编自论文：刘庆磊，赵疆昀，曾小旭，王其才. 地铁列车运行图编制系统的设计与实现［J］. 铁路计算机应用，2017，26（05）：53-58.

素质提升 从列车运行图的编制流程可以看出，编图人员要细致、有耐心，精确地铺画运行线和录入每个数据参数，一旦马虎大意，可能会造成重大行车安全事故。

任务实施与评价

相关实训工单见本项目后任务1-5实施与评价。

项目1 实训工单

任务1-1 实施与评价

工作单	行车组织概况认知		
实训目标	1. 能够根据所学知识，熟悉城市轨道交通行车组织基本内容和特征。 2. 能够分析城市轨道交通行车的网络化运营趋势，并结合具体城市进行对比		
班级		姓名	
学习小组		工作时间	
知识认知			
1. 城市轨道交通行车组织包括哪些内容？ 2. 目前城市轨道交通行车组织有哪些类型的规章制度？			
能力训练			
1. 请查阅相关资料，分析、比较地铁与市域快速轨道交通、高速铁路在行车组织方面的区别。			

比较项目	地铁	市域快速轨道交通	高速铁路
运营范围			
运行速度			
服务对象			
线路、车站			
车辆段			
车辆			
信号系统			
发车间隔			
驾驶模式			
列车控制系统			

2. 比较北京、上海、广州、深圳4个城市的地铁网络，各自在网络化运营方面有何特点。

3. 查阅资料，完成知识拓展。

（1）城市轨道交通是现代化都市的重要基础设施，一般包括地铁、（　　）、有轨电车等。

A. 轻轨　　B. 火车　　C. 高铁　　D. 磁悬浮

（2）地铁单向每小时运送能力可达（　　）人次。

A. 40000～70000　　B. 30000～80000　　C. 30000～70000　　D. 30000～40000

（3）以下不属于城市轨道交通对其行车组织提出的要求的是（　　）。

A. 安全性要求高　　B. 计划性强　　C. 信号显示要求高　　D. 人工程度高

（4）截至2018年底，城市轨道交通运营总里程（　　）为世界第一。

A. 中国北京　　B. 中国上海　　C. 俄罗斯莫斯科　　D. 德国柏林

学习效果评价

评价指标	自我评价	教师评价
1. 知识掌握程度		
2. 能力获得程度		
3. 素质提升程度		

注：1. 自我评价、教师评价和最终评价都采用等级表示，即填写优、良、中等、及格和不及格。

2. 最终评价可以作为本课程总评价的参考数据之一。

本学习任务最终评价：

教师签名：　　　　年　　月　　日

个人学习感悟

任务1-2 实施与评价

<table>
<tr><td>工作单</td><td colspan="3">行车组织机构认知</td></tr>
<tr><td>实训目标</td><td colspan="3">1. 能够根据所学知识，绘制城市轨道交通行车组织机构框架图。
2. 能够正确描述城市轨道交通行车调度相关岗位的职责。
3. 能够识别城市轨道交通行车调度相关设备</td></tr>
<tr><td>班级</td><td></td><td>姓名</td><td></td></tr>
<tr><td>学习小组</td><td></td><td>工作时间</td><td></td></tr>
<tr><td colspan="4">知识认知</td></tr>
<tr><td colspan="4">1. 城市轨道交通运营企业有哪些行车业务部门和岗位？请画出组织机构和岗位设置框架图。

2. 对某个你感兴趣的行车业务岗位进行调研，总结该岗位的职业晋升路径、发展年限、任职要求、薪资待遇。

3. 城市轨道交通车站控制室有哪些设备？</td></tr>
<tr><td colspan="4">能力训练</td></tr>
<tr><td colspan="4">1. 行车调度员日常工作有哪些？

2. 请解释以下行车相关的英文缩写的中文名称和作用，填写下表。</td></tr>
</table>

英文缩写	中文名称	作用
COCC		
OCC		
LOW		
LCP		
IBP		
CCTV		

续上表

3. 结合某个行车调度设备，通过查阅资料，描述关键操作步骤。

学习效果评价

评价指标	自我评价	教师评价
1. 知识掌握程度		
2. 能力获得程度		
3. 素质提升程度		

注：1. 自我评价、教师评价和最终评价都采用等级表示，即填写优、良、中等、及格和不及格。
2. 最终评价可以作为本课程总评价的参考数据之一。

本学习任务最终评价：

教师签名：　　　　　　年　　月　　日

个人学习感悟

任务 1-3 实施与评价

<table>
<tr><td>工作单</td><td colspan="3">行车闭塞法认知</td></tr>
<tr><td>实训目标</td><td colspan="3">1. 能够根据所学知识，描述行车闭塞法的基本原理和作用。
2. 能够分析固定闭塞、准移动闭塞和移动闭塞的联系和区别。
3. 能够解释移动闭塞法确保列车运行安全的关键技术</td></tr>
<tr><td>班级</td><td></td><td>姓名</td><td></td></tr>
<tr><td>学习小组</td><td></td><td>工作时间</td><td></td></tr>
<tr><td colspan="4">知识认知</td></tr>
<tr><td colspan="4">1. 画出三显示自动闭塞示意图。

2. 固定闭塞、准移动闭塞和移动闭塞之间有何联系和区别？

3. 电话闭塞法在什么情况下采用？</td></tr>
<tr><td colspan="4">能力训练</td></tr>
<tr><td colspan="4">1. 查阅资料，比较高速铁路和地铁在闭塞方法、技术方面的区别，并列举当前有哪些最新技术在城市轨道交通行车组织中应用。</td></tr>
</table>

续上表

2. 接行车调度员命令，2020 年 6 月 9 日，A 站与 B 站采用电话闭塞法行车，A 站在通过电话（电话记录号码为 0001）完成闭塞手续后，A 站值班员王明签发了当天第一张路票给 1101 次列车司机。请根据上述信息，在下面框中画出路票样式并正确填写路票。

学习效果评价

评价指标	自我评价	教师评价
1. 知识掌握程度		
2. 能力获得程度		
3. 素质提升程度		

注：1. 自我评价、教师评价和最终评价都采用等级表示，即填写优、良、中等、及格和不及格。

2. 最终评价可以作为本课程总评价的参考数据之一。

本学习任务最终评价：

教师签名：　　　　　　年　　月　　日

个人学习感悟

任务 1-4 实施与评价

工作单	列车开行计划制订		
实训目标	1. 能够收集相关数据信息，计算某条具体线路的全日行车计划相关参数。 2. 能够对不同列车开行方案进行比选。 3. 能够确定具体线路所需的车辆配备和运用计划		
班级		姓名	
学习小组		工作时间	

知识认知

1. 制订全日列车开行计划需要收集哪些数据信息？如何获得这些数据？

2. 不同列车编组方案在企业运营成本、乘客服务水平、运输能力方面有何差别？

3. 什么样的线路特征规律适合采用大小交路？

4. 不同列车停站方案有何优势？在国内地铁线路是否有具体应用？请查阅资料举例说明。

能力训练

1. 请根据以下资料，编制全日行车计划：

（1）7：00—8：00 的 A—E 站间客流 OD 表如下：

始发	到达				
	A	B	C	D	E
A	—	3260	22000	1980	1950
B	2100	—	21900	2330	6530
C	5800	4900	—	3220	4600
D	5420	4100	3200	—	4390
E	1200	4320	7860	3420	—

（2）营运时间：5：00—23：00。

（3）全日分时最大断面客流分布比例，如下表所示：

时间	5：00—6：00	6：00—7：00	7：00—8：00	8：00—9：00	9：00—10：00	10：00—11：00	11：00—12：00
分布比例（%）	15	50	100	70	50	40	45
时间	12：00—13：00	13：00—14：00	14：00—15：00	15：00—16：00	16：00—17：00	17：00—18：00	18：00—19：00
分布比例（%）	50	55	60	60	70	90	60
时间	19：00—20：00	20：00—21：00	21：00—22：00	22：00—23：00			
分布比例（%）	50	30	20	15			

（4）列车 6 节编制，定员为 260 人每节。

（5）满载率：高峰小时（早 7：00—8：00，晚 17：00—18：00）为 120%，其他时间为 90%。

2. 画出大交路、小交路和大小交路示意图。

3. 画出站前折返、站后折返示意图。

学习效果评价

评价指标	自我评价	教师评价
1. 知识掌握程度		
2. 能力获得程度		
3. 素质提升程度		

注：1. 自我评价、教师评价和最终评价都采用等级表示，即填写优、良、中等、及格和不及格。

2. 最终评价可以作为本课程总评价的参考数据之一。

本学习任务最终评价：

教师签名：　　　　年　　月　　日

个人学习感悟

任务 1-5 实施与评价

工作单	列车运行图认知		
实训目标	1. 能够看懂列车运行图的各要素含义。 2. 能够收集列车运行图编制需要的数据资料。 3. 能够根据提供的数据资料，手画列车运行图		
班级		姓名	
学习小组		工作时间	

知识认知

1. 列车运行图中包括哪些时间信息？

2. 以下符号分别表示什么含义？

符号	说明	含义
	红色实线	
	红色虚线	
	红色实线加箭头	
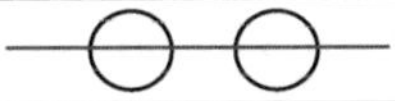	红色实线加圆圈	
	红色实线加叉	
	蓝色实线	
	黑色实线	

符号	含义

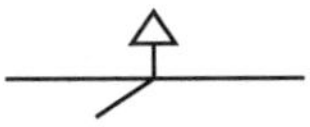	
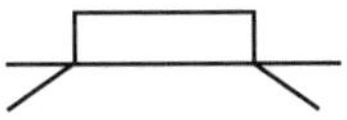	
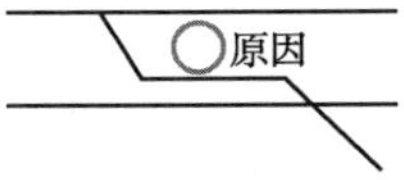 原因	

能力训练

1. 下图是一张十分格运行图，请说说图中共有多少班列车，先对每个班次列车编号，然后写出每个班次列车的时刻表；假设始发终到作业标准为 2min，请在下图的运行图上标出列车始发、终到、折返等相关符号。

续上表

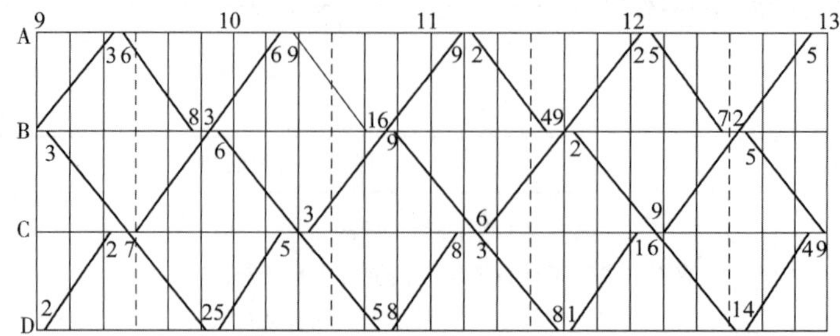

2. 某轻轨线路陈家堡—方新村区间的分布及计算资料如下（上行方向为陈家堡站—方新村站，反之为下行）。

（1）各站停站时间如下表所示。

车站	陈家堡	草滩镇	东兴隆	北客站	方新村
停站时间（s）	30	30	30	30	30

（2）各区间运行时分如下表所示。

区间	陈家堡—草滩镇	草滩镇—东兴隆	东兴隆—北客站	北客站—方新村
区间运行时分（min）	2	2	6	4

（3）其他时间。

列车的折返时间为4min，上午运营时间为6：00—12：00，其中7：00—9：00为高峰时段，发车间隔为5min，平时的发车间隔为8min。

请根据已知条件画出6：00—9：00的列车运行图，并在图上标明列车交路。

学习效果评价

评价指标	自我评价	教师评价
1. 知识掌握程度		
2. 能力获得程度		
3. 素质提升程度		

注：1. 自我评价、教师评价和最终评价都采用等级表示，即填写优、良、中等、及格和不及格。

2. 最终评价可以作为本课程总评价的参考数据之一。

本学习任务最终评价：

教师签名：　　　　　　年　　月　　日

个人学习感悟

项目2

行车信号系统

项目描述

城市轨道交通行车组织离不开先进的信号系统，无论是行车闭塞法的实现还是行车调度指挥，都需要有稳定、高效的行车信号系统和相应设备来支撑。

本项目旨在让学生在了解城市轨道交通行车信号的类型、显示规则、手信号的表示的基础上，进一步理解联锁设备保障列车运行安全的重要作用，以及列车自动控制系统的功能和工作原理。

学习目标

1. 知识目标和能力目标

（1）了解行车信号的类型、信号机及其显示规则、行车标志、手信号的表示、听觉信号的表示、无线调车灯显设备的显示含义；

（2）了解联锁的概念、联锁的基本条件和联锁设备；

（3）掌握列车自动控制系统的构成、各子系统的作用和工作原理。

2. 素质目标

（1）培养学生对行车信号系统的关键技术认知；

（2）培养学生安全意识、责任意识；

（3）培养学生分析问题、解决问题的能力。

知识体系

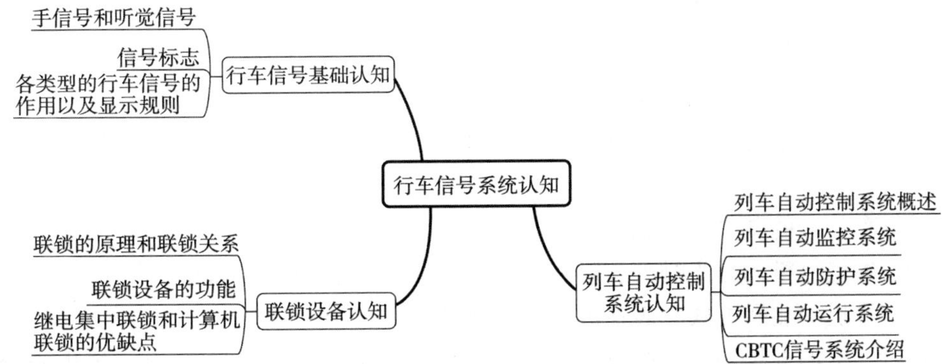

8 学时。

任务 2-1 行车信号基础认知

案例导入

列车司机需要能够识别常见的信号类型并理解各种信号显示的含义；车站站务员在信号系统出现故障时，应能够借助信号旗、信号灯或者手信号向列车司机准确表示行车信号。作为列车司机，在列车运行中将遇到各种信号机和信号标志牌。假设你为某次列车司机，现在需要你从列车出库开始，在线路图中画出各类信号机和信号标志牌的位置并说明其作用。

另外，车站站务员小 B，接到行车调度员命令，了解到当前信号系统故障，信号机无显示，需要借助手信号完成列车接发作业。请帮助其完成手信号的动作演示。

知识和技能点

（1）认识各类型的行车信号的作用以及常见信号机的显示规则；

（2）了解行车线路上出现的各类行车标志，能够知晓其含义以及应用情景；

（3）能够看懂手信号和听懂听觉信号，并借助信号旗、信号灯或手信号演示行车信号指令。

理论储备

行车信号是行车指挥系统所使用的命令，是保障城市轨道交通运行安全最重要的工具与手段。信号是行车过程能够安全、高效运行的关键，有关行车人员必须严格按信号指示的要求执行，任何单位、个人均不得违反，一旦违反信号，将造成十分严重的后果及无法挽回的损失。

一 行车信号的定义及基本要求

行车信号是指用特定的物体（包括灯）的颜色、形状、位置，或用仪表、音响设备等向行车人员传达有关机车车辆运行条件、行车设备状态以及行车的指示、命令等信息。行车信号作为列车运行及调车作业的命令，有关人员必须严格执行其显示及规定。

对行车信号的基本要求如下：

①各种信号机的灯光排列、颜色、外形尺寸应符合规定的标准。

②信号机的显示方式和表达的含义必须统一并且符合规定的要求。

③信号机的设置须保证能够进行实时检测、故障警告，为列车运行提供安全保障、正确信息。

④在一般情况下，信号机设置在运行线路的右侧，与列车司机的驾驶位置在同一侧，便于瞭望和确认信号。

⑤行车手信号、行车听觉信号的显示方式和表达的含义应该符合规定要求。

⑥信号机的设置以及行车手信号、行车听觉信号的显示应考虑线路地形、地物的相关影响。

轨道交通行车信号发展历史

1825 年，世界上第一列列车在英国运行时由一人持信号旗骑马前行，引导列车前进。

1832 年，美国在纽卡斯尔—法兰西堂铁路线上开始使用球形固定信号装置，以传达列车运行的消息。如列车能准时到达则悬挂白球，如晚点则挂黑球。这种信号机每隔 5km 安装 1 架。铁路员工用望远镜瞭望，沿线互传消息。

1839 年，英国铁路开始用电报传递列车运行消息。

1841 年，英国铁路出现了臂板信号机。

1851 年，英国铁路用电报机实行闭塞制度。

1866 年，美国利用轨道接触器检查闭塞区间有无机车车辆。

1867 年，出现点式自动停车装置，这种装置能强迫列车在显示停车信号的信号机前停车。

1872 年，美国人 W. 鲁宾逊发明了闭路式轨道电路。

1923 年，美国研制了车内信号，并于 1925 年正式应用于铁路。

1925 年，美国铁路协会（AAR）决定：美国各铁路公路平交道口必须装设标准化防护设备。此后，铁路公路平交道口防护设备发展起来。

1927 年，美国铁路采用了调度集中控制装置。随着电子计算机的出现和发展，调度集中控制正向着行车指挥自动化的方向发展。

目前，列车运行已经实现列车自动控制和列车自动驾驶。

知识提升 信号是传递行车指令的重要载体，随着轨道交通运行速度的不断提升，对信号系统的要求越来越高，精准化、高速化、智能化和自动化是信号系统未来的发展方向。

二 行车信号的类型

不同类型的行车信号

1. 按感官方式分类

城市轨道交通信号一般分为视觉信号和听觉信号。视觉信号又可分为昼间信号、夜间信号和昼夜通用信号，昼间和夜间的信号分别以不同方式显示。公里标、曲线标、站段分界标、站界标、预告标等属于昼夜通用信号，色灯信号也属于昼夜通用信号。

视觉信号的基本颜色有 4 种：红色表示要求停车，黄色表示注意或减低速度，绿色表示按正常速度运行，白色表示允许调车时越过调车信号机。

听觉信号：号角、口笛、响墩等发出的声响和机车的鸣笛声。

在昼间遇降雾、暴风雨雪及其他情况，致使停车信号显示距离不足1000m、注意或减速信号显示距离不足400m、调车信号及调车手信号显示距离不足200m时，应使用夜间信号。隧道内只采用夜间或昼夜通用信号。

2. 按安装方式分类

行车信号按安装方式可分为固定信号、手信号和移动信号。

（1）固定信号。固定信号是被固定地安装在运行线路一定位置，用以指示列车运行和调车工作的信号，如信号机、行车信号标志牌、信号表示器等。

（2）手信号。手信号是行车有关人员手持信号旗或直接借助手的动作显示的信号，用来表达相关的含义，指示列车或者车辆的允许和禁止条件。

（3）移动信号。当运行线路在特殊情况下（如需要施工、救援），要求列车禁止驶入某地点、区域或须减速运行时，应设置移动信号，移动信号根据需要临时设置或撤除。如停车信号牌或灯、减速信号牌或灯、减速防护地段终端信号牌或灯。

三 信号机的类型及显示

1. 信号机的类型

信号机是城市轨道交通最常用的视觉信号设备，它的作用贯穿于行车工作的整个过程。一般情况下，其按功能可分为进站信号机、出站信号机、防护信号机、调车信号机、复示信号机、阻挡信号机、引导信号机等，按安装方式可分为高柱信号机和矮柱信号机。

①进站信号机：防护车站和指示列车运行条件的信号机。

②出站信号机：防护发车进路及运行线路的信号机。

③防护信号机：防护敌对进路的列车相互冲突的信号机，通常设置在平面线路的交叉地点。

④调车信号机：保证机车、车辆在站内或停车场内从事转线、编组作业能够安全、高效进行的信号机。

⑤复示信号机：受地形、地物影响，主体信号机的显示达不到规定的显示距离时，调车、出站及发车信号机前应设置复示信号机。

⑥阻挡信号机：设置在线路尽头，不准车辆越过该信号机，防护线路终端的信号机。

⑦引导信号机：设置在进站信号机或接发车进路信号机机柱上的信号机。当主体信号机进场信号因故不能开放，显示一个红色灯光时，引导信号机可点亮一个黄色灯光引导列车进站（场）。

各类信号机如图2-1所示。

2. 信号显示

不同城市轨道交通运营企业的信号显示方式稍有不同，下面以深圳地铁关于信号显示的相关规定为例进行说明。

（1）正线信号显示方式。

正线信号采用红灯、黄灯、绿灯、红M灯、红灯+黄灯（引导）、复示信号灯

6 种显示。

图 2-1　各类信号机

①红灯表示列车必须在信号机前方停车，禁止列车越过该信号机。

②黄灯表示进路开通道岔侧股方向并锁闭，准许列车按线路规定的限制速度经道岔侧向运行。

③绿灯表示进路开通道岔直股方向并锁闭，准许列车按线路规定的速度经道岔直向运行。

④红 M 灯表示只允许 ATP、ATO 驾驶模式的列车越过该信号机，其他驾驶模式的列车禁止越过该信号机。

⑤红灯 + 黄灯（引导）表示允许列车以人工驾驶模式限速 25km/h 越过该信号机。

⑥复示信号灯显示见表 2-1。

复示信号灯显示　　表 2-1

序号	复示信号灯显示（信号机背板均为菱形）		行车指示	备注
1	车辆段 Xr、Xc 复示信号机	双白灯	其主体信号机点亮允许灯光	其主体信号为绿灯或黄灯
2		灭灯	列车可以通过该复示信号机，但必须在其前方的主体信号机前停车	其主体信号机为红灯或灭灯
3	高架段正线复示信号机	绿灯	允许通过该信号机	其主体信号为绿灯或黄灯
4		灭灯	列车可以通过该复示信号机，但必须在其前方的主体信号机前停车	其主体信号机为红灯、红 M 灯或灭灯

（2）车场信号显示方式。

①进场信号：高柱三显示 + 进场指示器，显示方式见表 2-2。

进场信号显示　　表 2-2

序号	信号灯显示	行车指示	备注
1	黄灯	允许进停车场	—
2	红灯	停止（禁停止越过）	红、黄灯间设空灯位
3	红灯 + 黄灯	引导进停车场	—

续上表

序号	信号灯显示	行车指示	备注
4	进场指示器箭头向下	进停车场一层	—
5	进场指示器箭头向上	进停车场二层	—

②发车信号：显示方式见表 2-3。

发车信号显示 表 2-3

序号	信号灯显示	行车指示	备注
1	黄灯	允许越过	可运行到出场信号机前
2	红灯	停止（禁止越过）	—
3	白灯	允许越过调车	可运行到下一个顺向调车信号机前

③调车信号：显示方式见表 2-4。

调车信号显示 表 2-4

序号	信号灯显示	行车指示	备注
1	白灯	允许越过	可运行到下一个顺向调车信号机前
2	蓝灯或红灯	停止（禁止越过）	—

四 行车标志

城市轨道交通运行中的行车有关标志分为线路标志和信号标志。它们是行车工作的重要组成部分，主要用来对列车运行时的驾驶以及运行设备的巡检、维修等指示相关目标、条件、操作要求。

信号标志牌

1. 线路标志

表示建筑物及线路设备位置或状态的标志称为线路标志。通过各种线路标志可以使工作人员知道或明了线路情况，方便进行各种设备维修、检查，使司机能够依据各种标志指示驾驶列车，达到运行安全和规范行车的目的。与行车直接相关的线路标志主要有以下几种：

①百米标：表示正线距离里程计算起点每一百米的长度的标志，以百米为单位。

②公里标：表示城市轨道交通线路从起点开始计算的连续里程标志，以 km 为单位。

③曲线标：曲线起点和曲线终点标志的简称。曲线标设在曲线中点处，标志上标明了曲线中心里程、半径、圆曲线及缓和曲线长度、超高、加宽等有关数据。

④圆曲线及缓和曲线始终点标：设在直线、曲线、缓和曲线三者相互联系的节点处或开始与终止处，标明所运行线路为直线、圆曲线、缓和曲线的标志。缓和曲线是指线路上直线和圆曲线相接处为减少振动而设置的一段半径渐变的曲线，其起点没有弯度，然后半径减小至与圆曲线半径相同时和圆曲线相接。圆曲线是线路上

的一段弧，它的弯曲程度用圆半径表示，即曲线半径，以 m 为单位。

⑤坡度标：设在线路纵断面的变坡点处表示坡度的标志，它在正面与背面分别表示两边的坡度与坡段长度，箭头所指为上坡或下坡，箭尾数字表示坡度千分率，侧面标明变坡点位置。

⑥桥梁标：表示桥梁位置（中心里程）的标志，一般设置在桥梁中心里程处或桥头端，上面标明桥梁编号及中心里程数。

2. 信号标志

信号标志是表示运行线路所在地点的情况和状态，指示行车组织工作人员依据标志的要求，及时、正确地进行相关作业与操作的标志的信号标志。与行车相关的信号标志主要有以下几种：

①警冲标：在两条线路汇合处，为了防止停留在一条线路上的车辆与邻线上的车辆发生侧面冲撞而设在两汇合线路之间间隔 4m 的中间标志，如图 2-2、图 2-3 所示。股道之间间距不足 4m 时应设在两线路中心线最大间距的起点处。

图 2-2　警冲标

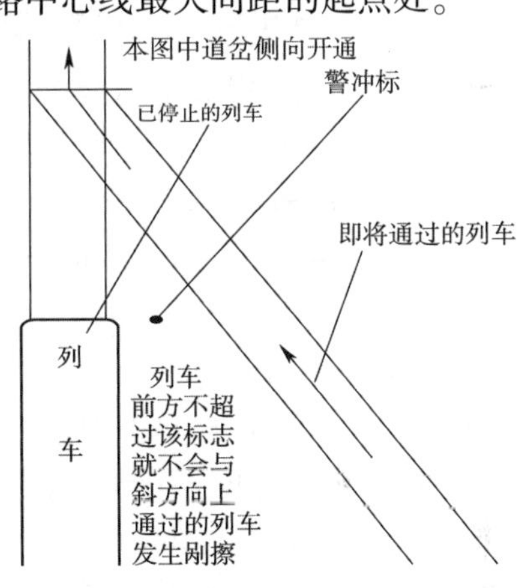

图 2-3　警冲标位置示意图

②车站标：车站与区间分界处的标志，主要用于车站管辖范围区界划分和列车运行时位置识别，如图 2-4 所示。

③鸣笛标：要求司机鸣笛的标志。一般设在道口、桥梁、隧道口以及线路状况复杂地段的外方规定位置。

④停车标：指示列车停车位置的标志。通常用于车站站台规定的乘客上下车的停车地点以及列车折返时指示司机停车的地点，它被固定设置在规定位置，如图 2-5 所示。

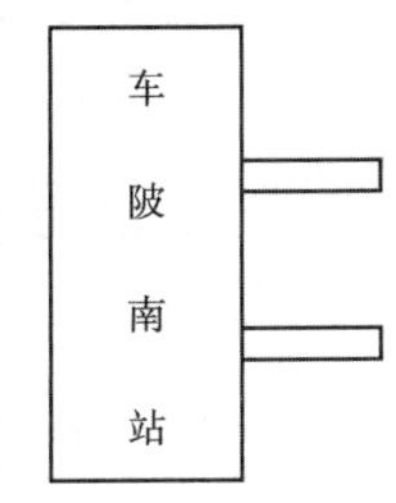

图 2-4　车站标

⑤一度停车标：要求列车（机车）在该地点停车后进行确认线路、道岔以及进行相关操作后继续行驶的指示标志，如图 2-6 所示。

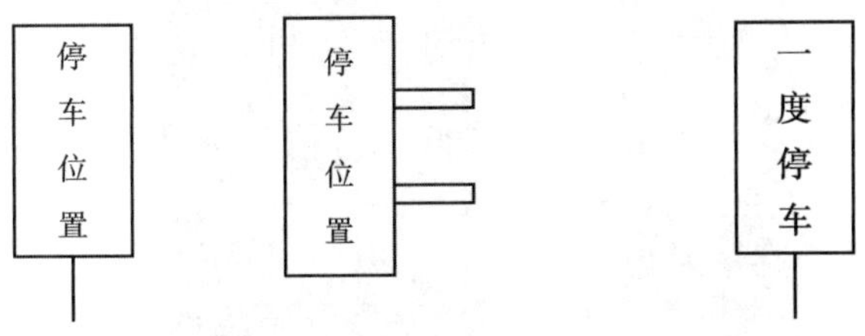

图 2-5　停车标（白底黑字）　　图 2-6　一度停车标（白底黑字）

⑥车挡表示器：设在线路尽头线车挡上的表示器，便于司机以及行车调度员确认车挡位置，如图 2-7 所示，隧道内显示红色灯光，地面线路昼间使用红色方牌、夜间使用红色灯光。

⑦接触网（轨）终止标：表示接触网（轨）已终止的标志，设在接触网（轨）终端，警告司机不准越过该标，防止脱弓，如图 2-8 所示。

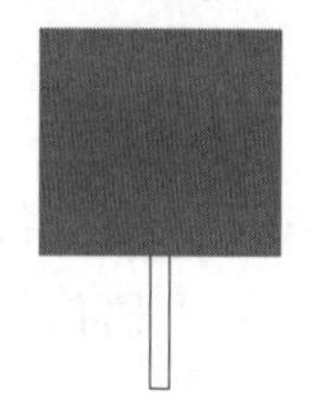

图 2-7　车挡表示器

接触轨终点

图 2-8　接触轨终止标

⑧预告标：通常设于非自动闭塞区段进站信号机外方，用以预告进站信号机位置距离的标志。在城市轨道交通系统中，车辆基地试车线设置了类似的预告牌（警告牌），用于预告试车线尽头端距离。预告牌（警告牌）为直立白色长方形牌，三个为一组，牌上分别涂有三条、二条、一条黑色斜线，表示与尽头车挡距离，如图 2-9 所示。立牌地点与尽头的距离由城市轨道交通管理部门依据实际情况确定。

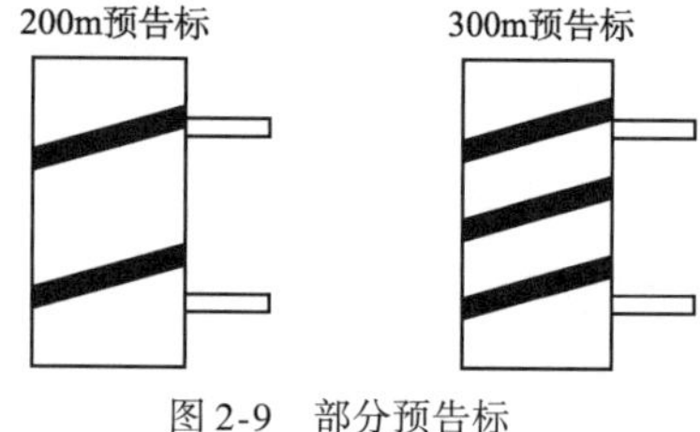

图 2-9　部分预告标

⑨引导接车地点标：指引引导员接车时所站位置标志。引导员接车时原则上站在进站信号机外方或站界标处。如受地形、地物影响在上述地点显示手信号时不能保证列车在 200m 以外确认时，引导地点应向区间延伸，保证列车在 200m 外能看清引导信号的地点设置引导接车地点标。

对于具有警告意义和防护功能的警冲标、车挡表示器、接触网终止标等，运行列车必须在其标志的内方停车，不得越过或者相碰，一旦越过或者相碰将构成行车事故（事件）。

五　手信号

行车手信号示范　　手信号的显示

手信号也是一种城市轨道交通的移动信号，它们是由人直接挥动信号旗和信号灯或借助手的动作来下达的各种命令，其中不借助工具发出的手信号称为徒手信号。信号旗有 3 种基本颜色：绿、黄、红。信号灯（也叫号志灯）有 4 种基本灯光：绿、黄、红、白。信号旗与信号灯如图 2-10 所示。

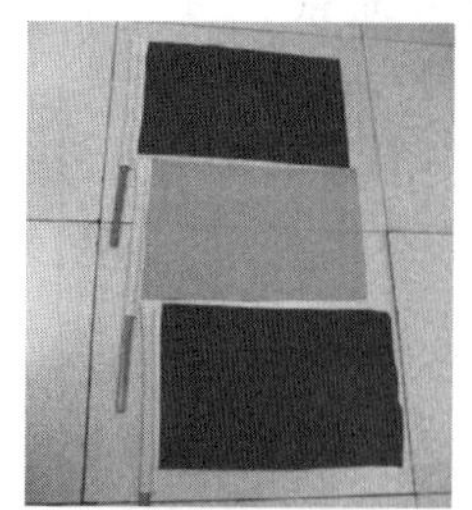

图 2-10　信号旗（左）和信号灯（右）

以某地铁公司为例，关于手信号的相关规定如下：

（1）特殊情况下接发列车时手信号的显示时机和地点（表2-5）。

手信号的显示时机和地点 表2-5

序号	手信号类别	何种情况下显示	显示时机	收回时机	显示地点
1	停车信号	站间电话行车法行车时	看见列车头部灯开始	列车停车后	站台头端墙，站台屏蔽门端门外方
2	紧急停车信号	工程列车进站或通过车站，出现危及行车安全情况；客车进站，发现危及行车安全情况，但来不及按压站台紧急停车按钮或紧急停车按钮不起作用时	立即显示	列车停车后	就近显示
3	减速信号	发现工程列车或客车超速时	立即显示	列车头部越过信号显示地点后	头端墙侧扶梯口，紧急停车按钮附近
4	引导手信号	信号显示故障时	看见列车头部灯开始	列车头部越过信号显示地点后	站台头端墙，站台屏蔽门与线路间站台上
5	进路开通信号	现场人工排列折返进路（如站间电话行车法行车）时	进路准备好时	司机鸣笛回示后	规定的安全位置

注：开行装载有超长、超限、超重货物的工程列车时，车站须派员工站在尾端墙附近监督运行。

（2）特殊情况下，列车运行时有关人员应遵守下列手信号的显示（表2-6）。

手信号的显示 表2-6

序号	手信号类别	显示方式	
		昼间	夜间
1	停车信号：要求列车停车	展开红色信号旗；无红色信号旗时，两臂高举头上，向两侧急剧摇动	红色灯光；无红色灯光时，用白色灯光上下急剧摇动
2	紧急停车信号：要求司机紧急停车	展开红旗下压数次；无信号旗时，两臂高举头上，向两侧急剧摇动	红色灯光下压数次；无红色灯光时，用白色灯光上下急剧摇动
3	减速信号：要求列车降低速度运行	展开黄色信号旗；无黄色信号旗时，用绿色信号旗下压数次	黄色信号灯光；无黄色灯光时，用白色或绿色灯光下压数次
4	发车信号：要求司机发车	展开绿色信号旗上弧线向列车方向作圆形转动	绿色灯光上弧线向列车方向作圆形转动

续上表

序　　号	手信号类别	显 示 方 式	
		昼间	夜间
5	通过手信号：准许列车由车站通过	展开绿色信号旗	绿色灯光
6	引导信号：准许列车进入车站或车场	展开黄色信号旗高举头上左右摇动	黄色灯光高举头上左右摇动

（3）调车手信号的显示（表2-7）。

调车手信号的显示　　表2-7

序　　号	调车手信号类别	显 示 方 式	
		昼间	夜间
1	停车信号	展开红色信号旗；无红色信号旗时，两臂高举头上，向两侧急剧摇动	红色灯光；无红色灯光时，用白色灯光上下急剧摇动
2	减速信号	展开绿色信号旗下压数次	绿色灯光下压数次
3	指挥列车或车辆向显示人方向来的信号	展开绿色信号旗在下方左右摇动	绿色灯光在下方左右摇动
4	指挥列车或车辆向显示人反方向去的信号	展开绿色信号旗上下摇动	绿色灯光上下摇动
5	指挥列车或车辆向显示人方向稍行移动的信号（包括连挂）	左手拢起红色信号旗直立平举，右手展开绿色信号旗在下方左右小幅摇动	绿色灯光下压数次后，再左右小幅摇动
6	指挥列车或车辆向显示人反方向稍行移动的信号（包括连挂）	左手拢起红色信号旗直立平举，右手展开绿色信号旗在下方上下小幅摇动。	绿色灯光平举上下小幅摇动
7	三、二、一车距离信号：表示推进车辆的前端与被连挂车辆的距离	右手展开绿色信号旗下压三、二、一次，分别表示距停留车三车（约60m）、二车（约40m）、一车（约20m）	绿色灯光平举下压三、二、一次
8	连挂作业	两臂高举头上，使拢起的手信号旗杆成水平末端相接	红、绿色灯光（无绿色灯用白色灯光代替）交互显示数次
9	试拉信号（连挂好后试拉）	按本表第6项的信号显示，当车列启动后立即显示停车信号	
10	取消信号：通知前发信号取消	拢起手信号旗，两臂于前下方交叉后，左右摇动数次	红色灯光作圆形转动后，上下摇动
11	停留车位置信号：表示车辆停留地点	白色灯光左右小幅摇动	
12	道岔开通信号：表示进路道岔准备妥当	绿色灯光高举头上左右小幅摇动	

(4) 试验列车自动制动机的手信号显示方式。

①制动。

昼间——绿色信号旗拢起高举，或徒手单臂高举。

夜间——白色灯高举。

②缓解。

昼间——用拢起的绿色信号旗在下部左右摇动。

夜间——白色灯在下部左右摇动。

③试验完成（或其他作业完成的显示）。

昼间——用拢起的绿色信号旗作业圆形转动。

夜间——白色灯做圆形转动。

(5) 徒手信号。

调车长或管理人员及行车有关人员检查工作或遇列车救援、发生紧急情况，没有携带信号灯或信号旗时，可用徒手信号显示，徒手信号显示方式如表2-8所示。

徒手信号的显示　　表2-8

序号	徒手信号类别	显示方式
1	紧急停车信号（含停车信号）	两手臂高举头上，向两侧急剧摇动
2	三、二、一车信号	单臂平伸后，小臂竖直向外压直，反复三次为三车、二次为二车、一次为一车
3	连挂信号	紧握两拳头高举头上，拳心向里，两拳相碰数次
4	试拉信号	如本表第5或第6项，当列车刚起动马上给停车信号（第1项）
5	向显示人方向稍行移动的信号	左手高举直伸，右手平伸小臂左右摇动
6	向显示人反方向稍行移动的信号	左手高举直伸，右手向下斜伸，小臂上下摇动
7	好了信号	单臂向列车运行方向上弧圈作圆形转动

六 听觉信号

1. 听觉信号的用途

在行车工作中，各工种或作业相互之间有时不能通过口头、通信信号或视觉信号的方法取得联系，因此必须使用听觉信号进行相互联络，维持工作的持续、高效、安全。

2. 听觉信号的标准

鸣示听觉信号时，为防止混淆，应按音节长短及间隔的规定标准进行，其规定如下：

①长声显示时间为3s；短声显示时间为1s；声响的间隔时间为1s。

②如果需要重复鸣示，每次（组）须间隔5s以上。

③在一般情况下隧道内取消列车，机车起动鸣笛和声响联络，如遇运行中危及行车安全以及人身安全的突发事件和特殊情况时除外。

④地面车站、车辆基地作业时应充分考虑居民区噪声等情况，执行城市轨道交

通有关规定。

3. 听觉信号的显示

客车、车组、工程车、轨道车等列车的听觉信号的显示如表2-9所示。

听觉信号的显示　　表2-9

序　号	名　称	鸣示方式	使用时机
1	起动注意信号	一长声 ——	①列车起动或机车车辆前进时（双机牵引时，本务机车鸣笛后，尾部机车应回示，本务机车再鸣笛一长声后起动）； ②列车接近车站、鸣笛标、隧道、施工地点、显示黄色信号或引导信号的信号机、天气不良时； ③在区间停车后，继续运行时，通知车长； ④客车在检修及整备中，准备降下或升起受电弓时
2	退行信号	二长声 —— ——	客车、机车车辆、单机开始退行时
3	召集信号	三长声 —— —— ——	要求防护人员撤回时
4	呼唤信号	二短一长声 · · ——	①客车或机车要求出入车场时； ②在车站要求显示信号时
5	警报信号	一长三短声 —— · · ·	①发现线路有危及行车安全的不良处所时； ②列车发生重大、大事故及其他需要救援情况时； ③列车在区间内停车后，不能立即运行，通知车长时
6	试验自动制动机复示信号	一短声 ·	①试验制动机开始减压时； ②接到试验制动结束的手信号，回答试风人员时； ③调车作业中，表示已接收调车长所发出的信号时
7	缓解信号	二短声 · ·	试验制动机缓解时
8	紧急停车信号	连续短声 · · · · · ·	司机发现邻线发生障碍，向邻线上运行的列车发出紧急停车信号时，邻线列车司机听到后，应立即紧急停车

七　无线调车灯显设备

1. 无线调车灯显设备使用规定

①接班后，调车员应逐个检查无线电台（简称电台）和机控器，并确认电台通话和灯显设备试验良好。

②调车作业中不准更换电台、电池，确需更换时，必须停车并重新试验；作业中不得转换频道。

③临时发生故障或备班机车未配备机控器，不能正常使用无线调车灯显设备作业时，司机应及时通知调车员恢复手信号作业，禁止手信号、灯显信号混用或凭语音提示指挥作业。

④当调车员通话或发送信号时，其他人员不得按下通话或信号按钮，避免干扰。

⑤无线电台除当班人员在规定作业区范围内使用外，其他人员禁止使用（防止事故及事故救援时除外）。工作中电台不得互换，不得擅自转换频道或拆卸电台。

⑥新职工或未使用过电台的调车员必须经过培训考试合格后，方准使用无线电台作业。

⑦使用无线电台时，必须用语标准，吐字清晰，严禁使用无线电台闲聊。

⑧对违规电台或灯显设备，按有关规定考核。

无线调车灯显设备显示方法及操作方法分别见表2-10和表2-11。

无线调车灯显设备的显示 表2-10

序　　号	类　　别	显示方法
1	停车信号	一个红灯
2	推进信号	一个绿灯
3	起动信号	绿灯闪数次后熄灭
4	连接信号	绿、红灯交替后绿灯长亮
5	减速信号	黄灯闪后绿灯长亮
6	三车距离信号	黄灯长亮（附带语音提示）
7	两车距离信号	黄灯长亮（附带语音提示）
8	一车距离信号	黄灯长亮（附带语音提示）
9	紧急停车信号	两个红灯
10	解锁信号	先两个红灯后熄灭一个红灯
11	鸣笛	语音提示

无线灯显设备操作方法 表2-11

序　　号	类　　别	操作方法
1	停车信号	长按红色按钮1.5s
2	推进信号	按绿、黄色按钮
3	起动信号	长按绿色按钮2s
4	连接信号	按绿、红色按钮
5	减速信号	长按黄色按钮1.5s
6	三车距离信号	按3下黄色按钮
7	两车距离信号	按2下黄色按钮、1下绿色按钮
8	一车距离信号	按1下黄色按钮、1下绿色按钮
9	紧急停车信号	按2下红色按钮
10	解锁信号	按1下黄色按钮
11	鸣笛	按下侧键

2. 使用原则及时机

①调车作业时，“推进信号”在机车连挂作业后向空线推送时使用；“起动信号”在指挥单机或牵引车辆起动运行时使用；“连接信号”在接近被连挂车列3m处一度停车后使用。调车员在显示“起动信号”“推进信号”“连接信号”前均应以通话方式辅助说明作业方式。

②带车连挂前，调车员应向司机预告停留车位置并显示“三、二、一车”距离信号。

③调车员在指挥调车作业时，应站在司机瞭望范围内的适当位置，以便在灯显设备临时发生故障时能及时采取措施。

④司机严格按灯显信号要求操纵机车，遇灯显信号不明、不清时，应立即停车。

⑤进入车挡作业（摘接制动软管、调整钩位、处理钩销）前，应通知司机并显示“紧急停车”信号进行防护后，方可进入车挡作业。

任务实施与评价

相关实训工单见本项目后任务2-1实施与评价。

任务2-2 联锁设备认知

案例导入

某日，车辆段信号楼值班员小C刚来到工作岗位，当看见车辆段计算机联锁系统中众多的线路、道岔和信号机时，非常慌乱，他担心自己操作错误会造成行车事故，于是迟迟不敢操作设备。请结合联锁的原理和联锁设备的功能，帮助他树立正确的风险意识并掌握安全操作流程。

知识和技能点

(1) 理解联锁的原理和联锁关系；

(2) 了解联锁设备的功能和进路控制方法；

(3) 理解继电集中联锁和计算机联锁的优缺点。

理论储备

城市轨道交通信号系统的任务是保证行车安全、协调列车运行、提高运输效率。铁路或地铁车站以及车辆段都有很多线路，线路的两端以道岔连接，根据道岔的不同位置组成列车的不同进路，每条进路只允许一列列车使用。列车能否进入某条进路，是否会发生进路冲突，这些都由联锁系统来协调。联锁系统是信号系统中保证列车行车安全的核心设备。

一 联锁的原理和联锁关系

联锁是通过技术方法，使信号、道岔和进路必须按照一定程序并满足一定条件，才能动作或建立起来的相互关系。也就是说，为了保证行车安全，必须制订一系列联锁规则以制约信号的开放与关闭、道岔转动和进路的建立；必须以技术手段来实现这些联锁规则。联锁系统以电气设备或电子设备实现联锁功能，以信号机、转辙机和轨道电路（室外三大件）来体现联锁功能。

联锁的原理

联锁关系可以归纳为以下几点：

①只有进路上道岔开通位置正确，防护这一进路的信号机才能开放。

②当防护某一进路的信号机开放以后，该进路上的所有道岔均不能转换。

③当防护某一进路的信号机开放以后，所有敌对进路的信号机均不能开放。

④在正线出站信号机开放以前，进站信号机不能显示正线通过信号。

根据系统内各设备在功能上的分工和所在的位置，联锁系统可分解成如图2-11所示的联锁机构（联锁层）、人机会话层和监控层。联锁机构（联锁层）、监控层都必须符合故障-安全原则，其设备设在车站信号楼的机械室内；人机会话层设在车站值班室。

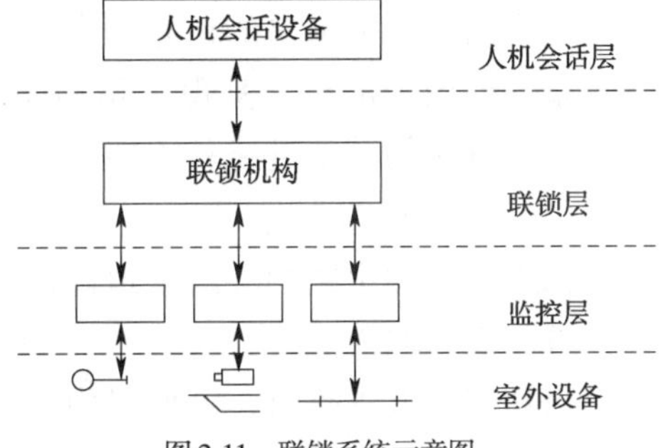

图2-11　联锁系统示意图

联锁机构（联锁层）是联锁系统的核心，它除了接收来自人机会话层的操纵信息外，还接收来自监控层反馈的信号机、转辙机和轨道电路状态的信息，并根据联锁条件，对这些控制信息和状态信息进行处理，产生相应的信号控制命令和道岔控制命令。

人机会话层的主要功能：操作人员在该层向联锁机构（联锁层）输入操作信息，接收联锁机构反馈的设备状态信息和行车作业情况信息。

监控层的主要功能：接收联锁机构（联锁层）的控制命令，通过信号控制电路来改变信号机显示；接收联锁机构（联锁层）的道岔控制命令，驱动道岔转换；向联锁机构（联锁层）反馈信号机状态、道岔状态和轨道电路状态信息。

二　联锁设备的功能

联锁设备

联锁设备具有轨道电路处理功能、进路控制功能、道岔控制功能、信号控制功能、进路自动设置功能。

1. 轨道电路处理功能

轨道电路处理功能是接收和处理轨道区段的“空闲、占用”状态信息，并把该状态信息转发给其他相关设备。

2. 进路控制功能

进路控制功能就是建立进路和解锁进路的功能。建立进路的过程就是从开始办理进路到防护该进路的信号开放的过程。解锁进路的过程就是从列车驶入进路到越过进路中全部轨道区段的过程，或是操作人员解除已建立的进路的过程。

（1）建立进路。

建立进路的过程可以分为3个阶段，即进路选择、道岔和信号控制、进路锁闭。

进路建立后，一直保持锁闭状态；当发出取消进路命令或有车正常占用又出清后，进路才能取消。

①进路选择。

进路选择的检查条件：操作手续符合操作规范，所选进路处于空闲状态，进路始端信号机灯丝完好，对进路有侧向防护要求的所有轨道区段都处于空闲状态，在进路中没有轨道区段被占用。

②道岔控制和信号控制。

如果进路检查的条件成立，那么联锁设备开始转换道岔、锁闭道岔、开放信号。如果进路检查的条件不成立，或没有在指定点检测到道岔位置，则向控制中心回送一个无效命令停止建立进路的操作，道岔不转动，信号机也不开放。

③进路锁闭。

当进路内有关道岔的位置符合进路要求，而且进路在空闲状态没有建立敌对进路等条件得到满足时，实现进路锁闭。进路锁闭后，进路内的道岔不能再被操纵，与该进路敌对的其他进路就不能建立了。

（2）解锁进路。

如果进路和进路的接近轨道区段处于空闲状态，那么控制中心发出取消进路指令，进路立即取消。

当列车接近进路时，若此时由于某种原因需取消进路，则取消进路的操作需延时生效，以确保即使列车冒进，此时进路仍处于锁闭状态，道岔不会转换，列车不会颠覆，不致产生危险。

（3）联锁系统中建立进路的基本操作。

如图 2-12 所示，需要建立进路（排列进路）或者取消进路时，点击起点和终点信号机（方向相同），选择对应操作命令，然后点击“执行”按钮。

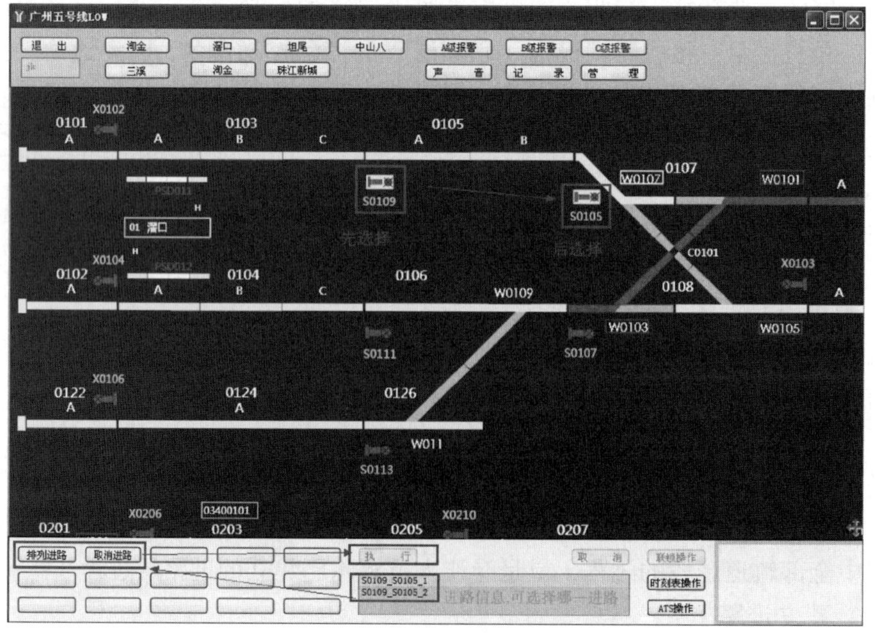

图 2-12　进路操作示意图

3. 道岔控制功能

（1）监测。

全天候监测所有道岔的状态，将道岔的状态信息反馈到人机会话层。如果发生列车挤岔等不正常情况，可由道岔检测设备反馈信息到控制中心，并给出声光报警。

（2）锁闭。

道岔锁闭电路接收到控制中心送来的锁定道岔指令，对道岔进行锁闭操作，并返回一个锁闭成功或锁闭失败的状态信息给控制中心。根据需要还可以对每组道岔进行单独锁闭。

（3）错开道岔动作时间。

只有当道岔区段空闲、道岔不在指定位置并未被锁定时，才能对道岔进行转换操作。为了消除操作多组道岔时瞬间电流过大的现象，联锁设备需要错开转辙机转动时间。

4. 信号控制功能

信号控制功能表现为联锁设备负责监视轨旁信号状态，并依据进路、轨道区段、道岔和其他轨旁信号状态信息对其进行自动控制。当收到控制中心送来的信号更新指令时，则联锁设备更新信号状态。

若进路建立的联锁条件得到满足，则点亮绿灯或黄灯或白灯（这三种灯光为允许行车灯光，其中绿灯和黄灯是列车运行时的允许灯光，白灯为调车情况下的允许灯光），表示进路处于锁定状态；若进路建立的联锁条件未得到满足，则点亮红灯。如果信号开放后，由于某种原因不满足进路建立的联锁条件时，则信号自动关闭。直到条件满足后，在收到信号重新开放指令时，信号设备才重新点亮允许灯光。

5. 进路自动设置功能

正常情况下，城市轨道交通线路只需要开通某一固定进路。根据列车的目的地，进路自动设置功能在适当时间自动请求进路。进路自动设置功能有以下两种模式。

（1）根据列车时间表自动设置进路。

根据当前列车识别号和列车位置，由当前时刻表设置进路。进路自动设置功能必须考虑时刻表定义的时间顺序；当进路或轨道电路发生变化时，此功能将检查等待列表，并发送一个请求信息。

（2）根据列车识别号自动设置进路。

在某些降级模式下，虽然列车时刻表无效，但进路自动设置功能仍可根据列车识别号来实现，实际列车识别通过位于每个站台和正线车辆上的应答器来定义进路控制，设置合适的进路。

联锁逻辑和有关的输入、输出的控制及表示，若主要是由继电器来完成的，则称为继电集中联锁；若主要是由计算机来完成的，则称为计算机联锁。

三 继电集中联锁系统和计算机联锁系统

继电集中联锁系统

1. 继电集中联锁系统

继电集中联锁（又称电气集中联锁）系统由继电器及其电路构成，设备原理图如图 2-13 所示。6502 电气集中联锁系统是继电集中联锁系统的突出代表，其操作台如图 2-14 所示。它是我国铁路上使用最广、最具有代表性的联锁系统。继电集中联锁系统的人机会话层设备一般设置在专用控制台中，控制台盘面上标有站场布置图。

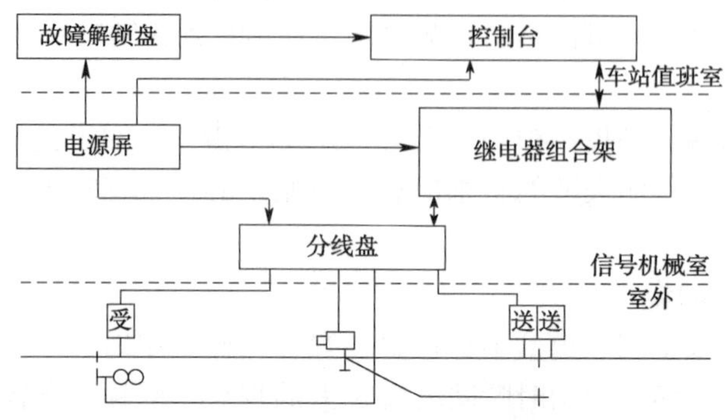

图 2-13　继电集中联锁系统设备原理图

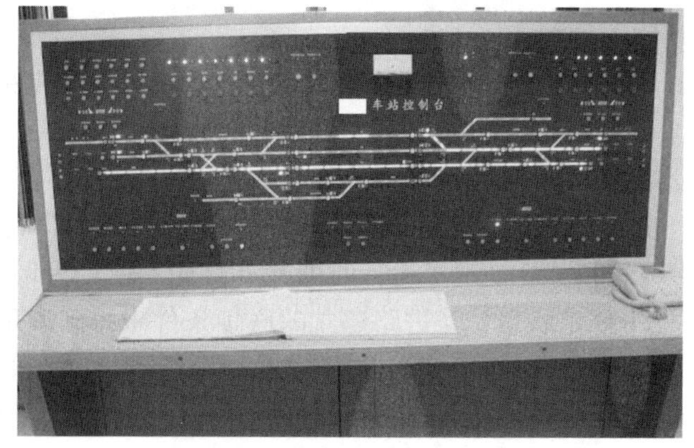

图 2-14　6502 电气集中联锁操作台

继电集中联锁系统的联锁机构由继电电路构成，继电电路能够较好地实现逻辑运算。用继电器断电失磁或后接点闭合来表达安全侧信息，具有“故障-安全”性能。

继电集中联锁系统电路监控层的控制电路由安全继电器构成。它除了满足联锁条件外，还控制信号灯泡和转辙机内的动作电源。

继电集中联锁系统具有以下优点：逐段解锁，提高咽喉道岔使用率；对进路操纵只需按压两个进路按钮就能转换道岔，开放信号，而且不论进路中有多少道岔均能依次转换；组合式电路采用站场型单元式继电集中联锁设备、定型化组合、接插件连接，可适应批量化生产，它具有可以简化设计、加速施工、加速工厂预制以及便于使用等特点。

但是继电集中联锁系统也存在如下缺点：控制台是专用产品，造价较高，兼容性差；无自诊断功能；设计、施工量大，且不利于维护；不利于增加新功能，并且信号设备室建筑面积大；无进路自动设置功能。

正因为存在以上缺点，继电集中联锁系统不能满足地铁运营的要求。城市轨道交通除了在车辆段运用继电集中联锁系统外，正线上均采用计算机联锁系统。但不论是计算机联锁系统还是继电集中联锁系统，实现联锁的要求是完全相同的。

计算机联锁系统

2. 计算机联锁系统

计算机联锁系统的信息量丰富，其可利用各种网络手段，方便地与行车调度指挥系统、列车自动控制系统等联网、提供及交换各种信息，以使行车组织工作协调、顺畅，如图 2-15 所示。

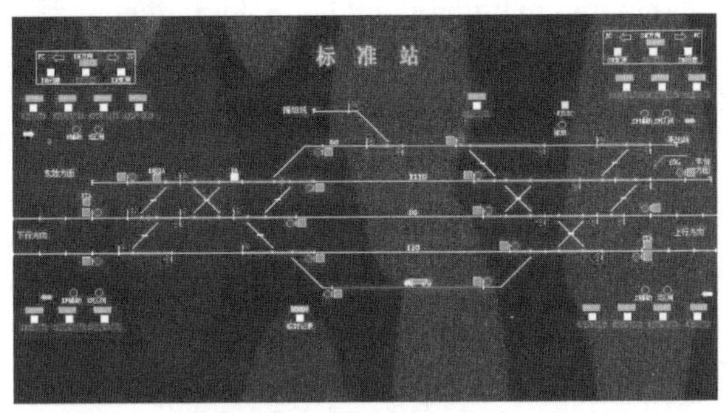

图 2-15 计算机联锁系统界面

计算机联锁系统易于实现系统自身化管理，利用自诊断、自检测功能及远距离联网，实现远程诊断。

随着大规模集成电路的发展，计算机联锁系统的投资将越来越低，与继电集中联锁系统相比将更占优势。

计算机联锁系统无论是双机热备系统，或是三取二系统，或是二取二乘二系统，均有热备系统，任何一点发生故障均不会影响行车；维修更加方便，出现故障后，将故障的“1 系”脱离系统，然后将故障的电路板更换，就可排除故障。

TYJL-Ⅱ型计算机联锁系统结构如图 2-16 所示。

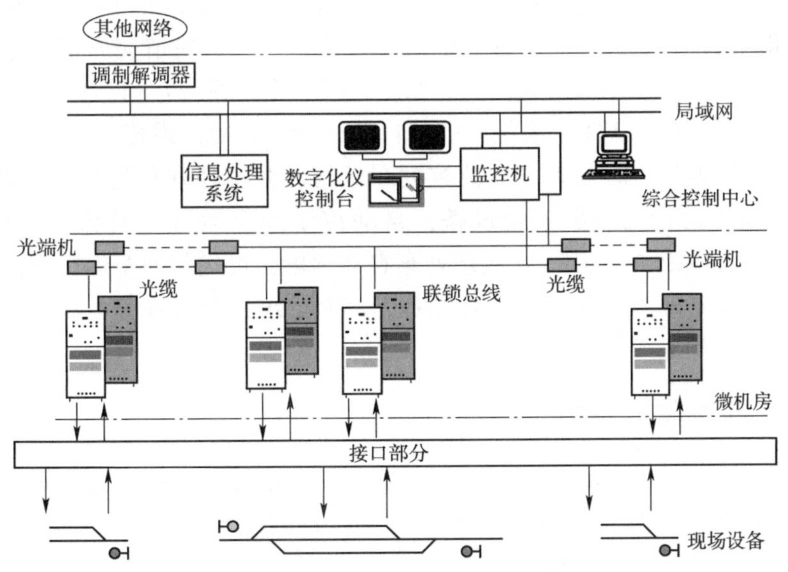

图 2-16 TYJL-Ⅱ型计算机联锁系统结构

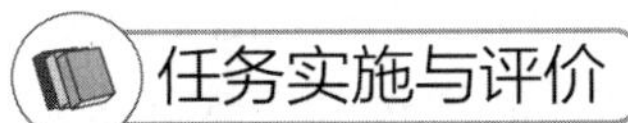

任务实施与评价

相关实训工单见本项目后任务 2-2 实施与评价。

任务 2-3 列车自动控制系统认知

案例导入

某日，新晋升的行车调度员小 D 在学习列车自动监控系统（ATS 系统）后，他有很多疑惑，如列车是如何能够自动驾驶的、列车在运行中是如何确保安全的，以及作为一名行车调度员应该在列车运行过程中承担哪些工作等。请在完成本次任务的学习后，帮助其解开疑惑使其尽快适应工作岗位。

知识和技能点

（1）了解列车自动控制系统的构成和各子系统之间的关系；

（2）掌握列车自动监控（ATS）系统的硬件构成和实现的功能；

（3）掌握列车自动防护（ATP）系统的硬件构成和实现的功能；

（4）掌握列车自动运行（ATO）系统的硬件构成和实现的功能；

（5）了解 CBTC 信号系统工作原理。

理论储备

一　列车自动控制系统概述

作为城市轨道交通系统中的核心部分——信号系统是保证列车安全运行、实现行车指挥和运行现代化、提高运输效率的关键设备。城市轨道交通信号系统通常由列车自动控制（ATC）系统组成，ATC 系统包括三个子系统：列车自动监控（ATS）系统、列车自动防护（ATP）系统、列车自动运行（ATO）系统。

ATS 系统根据列车时刻表自动监控列车运行，并实现列车运行自动调整。ATP 系统是保证列车运行的重要安全设备，自动控制列车运行间隔和进行超速防护。ATO 系统在 ATP 系统的基础上，实现列车自动驾驶，可优化列车运行曲线，并使列车在车站站台准确停车。计算机联锁系统是 ATP 系统的组成部分，保证列车进路上的道岔位置正确和运行安全。

二　列车自动监控系统

列车自动监控（ATS）系统在 ATP 系统、ATO 系统的支持下监控列车运行，按照列车运行时刻表（列车运行图）实现行车指挥自动化。ATS 系统是一个计算机化、网络化、模块化的自动监控系统。

ATS 系统硬件主要由冗余的控制中心主服务器、数据库服务器、调度员工作站、时刻表编辑器、管理服务器、通信服务器、网络打印机和车站远程终端单元等组成。部件与服务器之间通过冗余的以太网连接，控制中心与车站之间通过分布式光缆连接的容错网络进行通信。

控制中心设置大型显示屏，显示控制区内轨道线路布置及站名、进路开通及信号显示状态、列车运行位置跟踪信息、列车车次号及识别号、ATC 系统设备工作状况、故障报警等信息。

ATS 系统主要实现如下功能。

1. 自动排列进路

ATS 系统有不同的控制等级（控制中心自动或者人工控制模式、车站自动或者人工控制模式），在自动模式下列车可根据当天列车运行时刻表确定列车进路命令，当列车占用进路的出发点后，车站远程终端将进路控制命令传给计算机联锁系统，完成进路的自动排列。

2. 自动列车调整

ATS 系统自动监控列车位置和运行，以确定列车是否按当天的时刻表运行。列车运行调整软件按当天列车运行时刻表自动调整，当列车早点或晚点到达车站时，用改变列车停站时间方式；当列车延误或提前发车时，用改变站间行车时间方式。

3. 时刻表管理

时刻表定义了一整天的运行计划，不同运营时间（如工作日、节假日等）使用不同的列车运行时刻表。列车运行时刻表按照用途可分为基本时刻表、实施时刻表和实际时刻表三种。调度员使用专用时刻表工具软件管理在线或离线基本列车运行时刻表，可根据不同的运行要素编制基本时刻表，由计算机自动生成列车运行时刻表，并自动生成列车运行图。每天运行开始前，调度员从系统内调出一个基本时刻表，经确认或修改，即成为当日实施时刻表。ATS 系统根据列车实际运行情况，生成实际时刻表（运行列车图），由系统保存，需要时可打印输出。

4. 列车识别号跟踪、传递和显示

每列车开始运营前，采用列车识别号来标示。列车识别号由列车表号、车次号、编组号、目的地号组成。列车识别号可由调度员人工输入或计算机按照实施运行图自动生成，经调度员确认生效。系统提供允许人工输入、删除、替换和移动列车识别号的操作功能。ATS 系统可以自动完成控制区内和车辆段的列车识别号实时跟踪。

5. 监督及报警

当列车运行或信号设备发生异常时，中心计算机自动将有关信息在调度员工作站报警窗口中显示，对重要的报警采用声光报警，以引起调度员的注意。

6. 系统数据管理

系统数据管理可实现系统模拟、回放、模拟表示盘管理等功能。系统模拟功能在培训工作站上模拟运营操作，利用备用计算机离线进行练习或培训。回放功能提工程师工作站具有回放功能，可进行搜集数据的回放，以便事后分析。模拟表示盘管理功能显示正线、停车线、车辆段等现场信号设备状态，以及列车运行及车次号信息，并通过网络不停地传送到表示盘计算机，将信息在表示盘上显示出来。

7. 统计和报告

系统对所有操作命令都加以收集和存储。系统收集的所有数据可应用于统计报告，以评价和分析信号设备的动作过程，有助于决定是否需要预防性维护。

系统自动生成的报告成信息表包括日常运行报告，所有列车每日运行结果的记录、计划报告、基本运行时刻表和实际运行时刻表的记录信息、人工控制命令报告、列车早晚点报告、准点率统计报告、兑现率报告、基础信号设备状态报告和与运营有关的统计报告。

三 列车自动防护系统

1. 系统构成及工作原理

列车自动防护（ATP）系统是保证城市轨道交通行车安全，缩短列车行车间隔的重要安全系统。ATP 系统硬件由地面设备和车载设备组成，由于采用的闭塞原理不同，其系统构成分为以下 3 类：

（1）基于固定闭塞速度码模式的 ATP 系统。该系统地面设备由无绝缘轨道电路、速度码发生器和计算机联锁编码逻辑组成。根据 ATP 速度码序的规定和列车前方轨道电路的空闲状态，生成相应的速度码信号向轨道电路发送。ATP 车载设备检测每个轨道电路区段的速度码，经译码将限制速度显示在司机显示器上。司机根据显示器上显示速度驾驶列车。当列车运行速度超过限制速度时，ATP 车载设备接通列车常用制动系统，将列车实际速度降低到限制速度以下。如果未达到减速的要求，ATP 系统对列车实施紧急制动停车，实现列车超速防护。为了进一步保证列车的安全，速度码模式停车地点前方应设置一个闭塞分区，即保护区段。

（2）基于数字轨道电路目标距离模式的 ATP 系统。该系统由数字无绝缘轨道电路和车载设备组成。数字无绝缘轨道电路有 72 位数字信息，其中包括前置码、应用数据码、CRC 码。其中应用数据码用于控制列车速度和运行相关位数，即线路允许速度、目标速度、目标距离、数字无绝缘轨道电路数据（包括线路坡道信息）、道岔位置、运行方向和信号显示。ATP 车载设备根据以上数据生成“速度 - 距离”曲线，列车遵照速度曲线行车。列车运行速度超过这条曲线将产生常用制动或紧急制动。

（3）基于无线传输目标距离模式的 ATP 系统。该系统地面设备由移频无绝缘轨道电路、位置应答器（PR）、固定闭塞处理器（FBP）和无线通信（漏泄同轴电缆）设备组成。固定闭塞处理器（FBP）按照其配置的区域，根据计算机联锁系统提供的列车检测数据、信号及道岔数据，初步计算出列车位置，确定列车移动授权权限（LMA），并通过无线传输系统将 LMA 数据发送给 ATP 车载控制器。ATP 车载控制器接收固定闭塞处理器（FBP）信息和车载 APR（地面位置应答器）读数器读出的位置数据，根据速度和距离传感器（测速电机和多普勒雷达仪）输入的速度信号，计算出列车已行驶的距离，连续不断地确定列车位置。如果列车超过 ATP 控制器计算出的速度曲线和列车运行权限，ATP 系统对列车实施紧急制动。

2. 系统功能

ATP 系统的主要功能包括：ATP 轨旁功能、ATP 传输功能、ATP 车载功能。

（1）ATP 轨旁功能负责列车安全间隔和生成报文，完成对列车安全运行授权许可的发布和报文的准备。

（2）ATP 传输功能负责发出报文信号，包括报文和 ATP 车载设备所需要的其他数据。音频轨道电路电流以二进制编码顺序调制。当音频轨道电路显示轨道区段空闲，二进制编码顺序为音频轨道电路设备内预设的顺序。当音频轨道电路显示轨道区段占用，二进制编码顺序为ATP报文产生功能生成的顺序。

（3）ATP车载功能负责列车安全运行，并提供信号系统和司机间的接口。车载功能由下列子功能组成：ATP命令解码、ATP监督功能、ATP服务/自诊断功能，ATP状态功能、速度/距离功能，以及司机人机接口（MMI）功能。

四 列车自动运行系统

列车自动运行（ATO）系统是非安全系统，在ATP系统和ATS系统基础上工作，接收来自ATP的速度命令、ATS系统的列车运行信息。ATO系统硬件由地面设备和车载设备组成。

（1）地面设备。

①PAC。在车站设备室内设置站台ATO通信器（Platform ATO Communicator，简称PAC）。PAC内存储列车行驶至下两个停车点的站间距离、轨道电路数量及长度、线路坡度、曲线参数等信息，并于ATS系统车站远程终端单元接口得到ATS系统及联锁系统的惰行命令、扣车命令、运行方向、下一个车站列车通过命令、目的地等信息。以上PAC信息在列车停在站台期间，经联锁系统及轨道电路通过ATO地面环路发送给列车。

②环路。在各车站上下行站台以及列车折返线的轨道处设置环路。列车通过环路的位置及交叉点得到列车定位信息，启动定点停车程序，按定点停车曲线运行，实现车站定点停车。若列车停准，地面环路会收到车载天线发送的停稳信号，然后才能进行开关车门和站台屏蔽门的操作，并在列车停在环路上时实现“车-地”通信。

（2）车载设备。

ATO车载设备由ATO控制器、接收天线、发送天线组成。与车辆连接的系统主要包括列车牵引控制和制动控制系统。与司机显示单元连接的设备包括开关门指示灯、列车启动按钮、故障报警灯等。

ATO系统的主要功能是模拟最佳司机的驾驶，提高列车运行的舒适度，节省能源。ATO系统主要有以下功能：

①自动调整列车速度。ATO控制器根据列车实际速度与ATP给定的最大安全速度和目标速度、线路情况，自动控制列车的牵引及制动，使列车在区间内始终以ATP规定的最大安全速度运行。

在区间实现自动停止及停车后的再启动。ATO控制器一旦得到目标速度为“0”的速度信息后，自动控制列车在距离停车点10m左右的地点停车；当速度信息改为运行信息后，自动控制列车再次起动。

②自动在车站定点停车。列车进入车站ATO地面环路范围后，通过车-地通信，由ATO车载设备计算出列车与停车点的距离，并根据环路交叉点的信息变化修正停车距离，从而最终实现准确地定点停车。定点停车误差较小，为±0.25m。

③向司机显示车门、站台屏蔽门状态、人工控制车门信息及车站发车信息。

④自动实现列车惰行控制及下一个车站自动通过的控制，节省能源并实现列车运行调整。

⑤自动进行运行记录信息、系统信息自诊断及报警，便于维修人员判断、分析运行中的故障情况。

五 CBTC 信号系统介绍

CBTC 信号系统不依靠轨道电路向列车控制车载设备传递信息，而是利用通信技术实现“车-地通信”并实时传递“列车定位”信息。通过车载设备、轨旁通信设备实现列车与车站或控制中心之间的信息交换，完成速度控制。系统通过建立车地之间连续、双向、高速的通信，使列车命令和状态可以在车辆和地面之间进行实时、可靠的交换，并确定列车的准确位置及列车间的相对距离，保证列车的安全间隔。

1. CBTC 信号系统原理

CBTC 利用通信技术实时传递的列车位置和移动闭塞技术生成的移动授权来实现列车运行控制。如图 2-17 所示。移动闭塞技术是通过车载设备和轨旁设备不间断的双向通信来实现的。列车不间断向控制中心传输其标识、位置、方向、速度等信息，控制中心可以根据列车实时的速度和位置动态计算列车的最大制动距离。列车的长度加上最大制动距离并在列车后方加上一定的防护距离，便组成了一个与列车同步移动的虚拟分区。由于保证了列车前后的安全距离，两个相邻的移动闭塞分区就能以很小的间隔同时前进，这使列车能以较高的速度和较小的间隔运行，从而提高运营效率。地铁 CBTC 信号系统速度-距离曲线如图 2-18 所示。

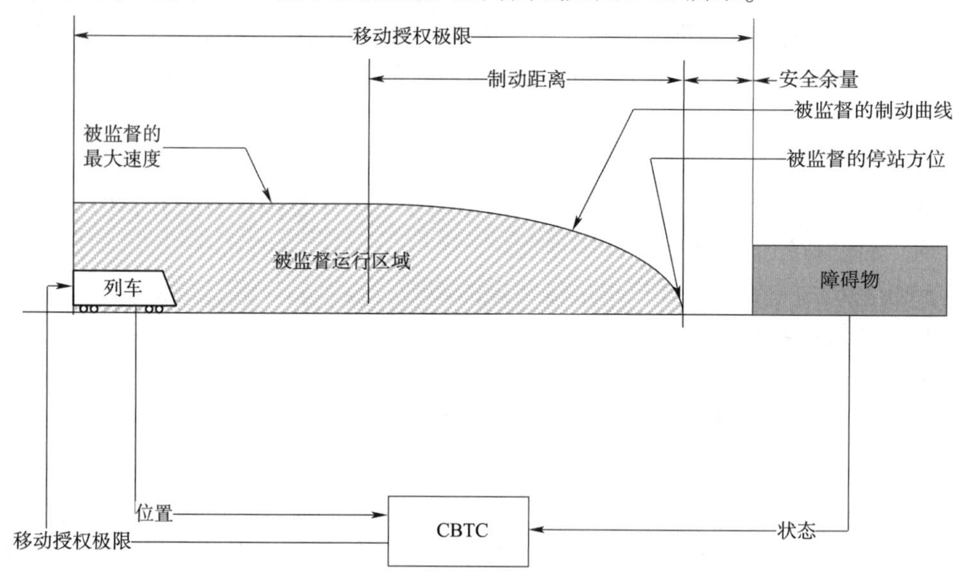

图 2-17 CBTC 级移动授权下的移动闭塞列车分离

CBTC 信号系统应用了以下技术。

(1) 交叉感应环线技术。

以敷设在钢轨间的交叉感应环线作为传输媒介的 CBTC 信号系统，在城市轨道交通系统中已经应用了较长时间。交叉感应环线的缺点为环线需要安装在钢轨中间，安装困难且不方便工务部门对钢轨的日常维修，“车-地”通信的速率低。但由于环线具有成熟的使用经验、使用寿命长以及投资少等优点，目前仍继续得到应用。交叉感应环线技术示意图如图 2-19 所示。

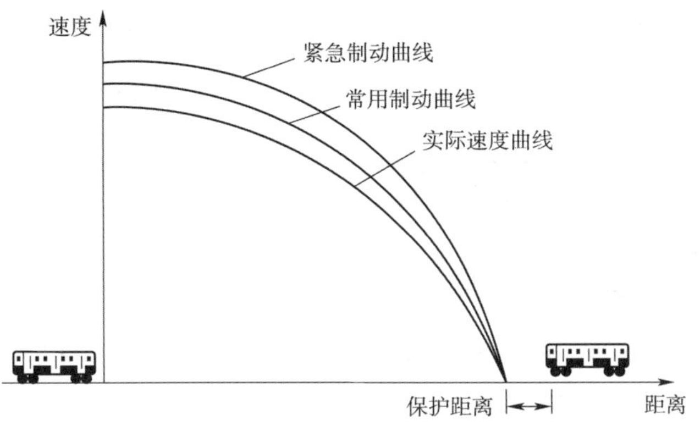

图 2-18 地铁 CBTC 信号系统速度-距离曲线

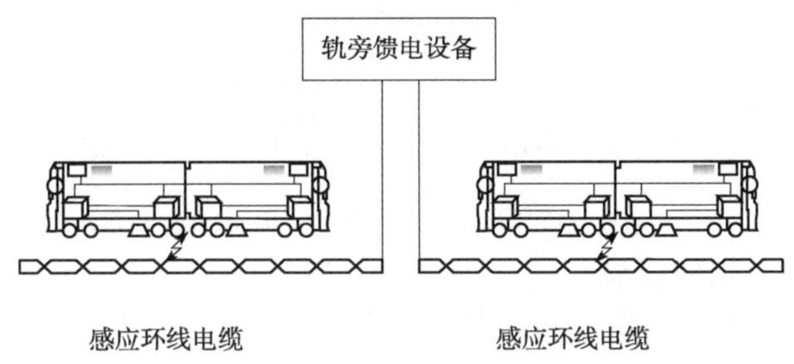

图 2-19 基于交叉感应环线技术的 CBTC 信号系统示意图

（2）无线电台通信技术。

随着无线通信技术的发展，基于自由空间传输的无线电台通信技术在 CBTC 信号系统中得到了应用。无线电台通信技术一般采用 2.4GHz 或 5.8GHz 频段，采用接入点（Access Point，简称 AP）天线作为和列车进行通信的媒介。自由空间传输的无线通信信号，对于车载通信设备的安装位置限制少；传输速率高；可实现空间的重叠覆盖，单个接入设备故障不影响系统的正常工作；轨旁设备少，安装与钢轨无关，具有方便安装及维护的特点。

基于无线电台通信传输方式的 CBTC 信号系统，已经在北京地铁 10 号线成功应用。

（3）漏泄电缆无线传输技术。

CBTC 信号系统在需要的时候也可采用漏泄电缆无线传输方式，而新研发的系统采用的不多。漏泄电缆的优点是场强覆盖较好、可控，抗干扰能力强。单点 AP 的控制距离通常达 800m（每侧漏泄电缆长度 400m），缺点是漏泄电缆价格较高。基于漏泄电缆无线传输技术的 CBTC 信号系统示意图如图 2-20 所示。

（4）裂缝波导管无线传输技术。

基于裂缝波导管无线传输技术的 CBTC 信号系统采用波导系统作为车地双向传输的媒介，即采用沿线铺设的裂缝波导管及与波导管连接的无线接入点作为轨旁与列车的双向传输通道。该系统具有通信容量大、可在隧道及弯曲通道中传输、干扰及衰耗小、无其他车辆引起的传输反射、可在密集城区传输，传输速率大，可以满足列车控制系统的需要的优点；也具有安装困难，需全线沿线路安装波导管，安装、维护复杂，造价高的缺点。北京地铁 2 号线、机场专线均采用裂缝波导管无线传输技术。基于裂缝波导管无线传输技术的 CBTC 信号系统示意图如图 2-21 所示。

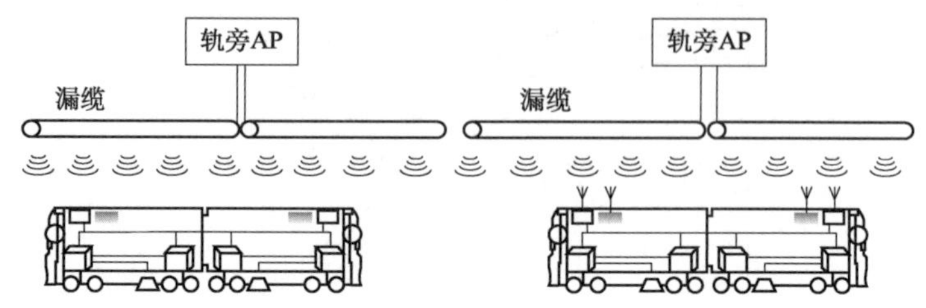

图 2-20　基于漏泄电缆无线传输技术的 CBTC 信号系统示意图

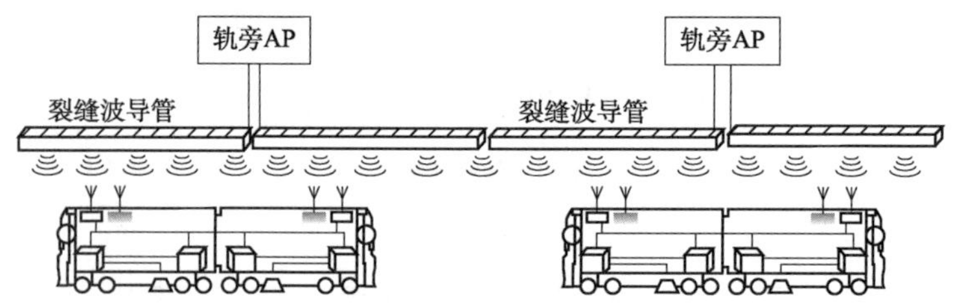

图 2-21　基于裂缝波导管无线传输技术的 CBTC 信号系统示意图

2. CBTC 信号系统的优点

CBTC 信号系统采用了先进的通信和计算机技术，可以连续控制、监测列车运行。它不需要使用轨道电路判别闭塞分区的占用，突破了固定（或准移动）闭塞需要固定的区间分区的局限性，较以往系统具有更大的技术优越性，其优点如下：

①可实现车载设备与轨旁设备间的实时双向通信，且信息量大。

②便于缩短列车编组，加大列车运行密度，提高服务质量，并可以缩短站台长度和终端站尾轨长度，降低土建工程投资。

③可实现线路列车双向运行而不增加地面设备，有利于线路故障或特殊需要时的反向运行控制。

④可减少轨旁设备，便于安装、维修，有利于紧急状态下利用线路作为人员疏散的通道，有利于降低系统全生命周期内的运营成本。

⑤可适应各种类型、各种车速的列车，由于 CBTC 信号系统移动闭塞制式基本克服了准移动闭塞和固定闭塞系统“地-车”信息跳变的缺点，所以 CBTC 信号系统可增强列车运行的平稳性，提升乘客的舒适度。

⑥可实现节能控制、优化列车运行统计处理、缩短运行时分等多目标控制。

⑦系统不依靠轨道电路检测列车位置、向车载设备传递信息，有利于旧线系统的升级、改造的实施，即有利于在不影响既有线正常运营的前提下，对系统进行升级、改造，将对运营的影响降 CBTC 信号系统到最低。

⑧CBTC 信号系统移动闭塞制式，尤其是采用高速数据传输方式的 CBTC 信号系统移动闭塞制式，将带来信息利用的增值和功能的扩展，有利于现代化水平的提高。

任务实施与评价

相关实训工单见本项目后任务 2-3 实施与评价。

项目2　实 训 工 单

任务2-1　实施与评价

工作单	行车信号基础认知		
实训目标	1. 能够看懂各类行车信号的含义。 2. 能够画出正线和车辆段常见行车信号标识牌的位置示意图。 3. 能够读懂常见的行车手信号，并能在正确的时机借助信号旗、移动信号灯或徒手准确地表示手信号		
班级		姓名	
学习小组		工作时间	
知识认知			

1. 视觉信号的基本颜色有哪四种？分别代表什么含义？

2. 查阅资料，弄清列车在地铁中哪些地方会设置信号机，有何作用，并填写下表。

信号机名称	设置的位置	作用

3. 写出下表中的行车信号标识牌含义。

图例	含义、作用、设置位置	图例	含义、作用、设置位置
		车陂南站	
一度停车			

续上表

图例	含义、作用、设置位置	图例	含义、作用、设置位置
		358	

能力训练

1. 课前观看手信号教学示范片并进行练习，组建小组团队，完成“你做动作我来猜”的游戏，游戏规则：选择3名同学作为评审团和记分员，其他同学分成若干组，轮流派代表抽卡纸，卡纸上写明需要同学显示的手信号指令，在抽到指令后，交给评审团，并正确显示手信号，另外一组派代表应战，在评审团判定动作显示正确后，猜出其表达的行车指令。手信号动作不规范扣1分，动作正确加1分；猜错动作扣1分，正确加1分。总分最高的小组获胜。

2. 用彩色卡纸制作信号旗，并借助信号旗，制作个人手信号显示的小视频，要求至少包括10种行车指令。

学习效果评价

评价指标	自我评价	教师评价
1. 知识学习效果		
2. 能力目标达成度		
3. 素质提升效果		

本学习任务最终评价：

教师签名：　　　　　　　年　　月　　日

个人学习感悟

任务 2-2 实施与评价

工作单	联锁设备认知		
实训目标	1. 理解联锁的原理和联锁关系。 2. 了解联锁设备的功能和进路控制方法。 3. 理解继电集中联锁和计算机联锁的优缺点		
班级		姓名	
学习小组		工作时间	
知识认知			
1. 根据联锁关系的内容，描述联锁系统在确保列车运行安全方面是如何发挥作用的。 2. 联锁设备能实现哪些功能？ 3. 计算机联锁和继电集中联锁各自优势体现在哪里？			
能力训练			
图 2-22 为上海地铁某车站计算机联锁系统 LOW 工作界面，请根据图示回答问题。 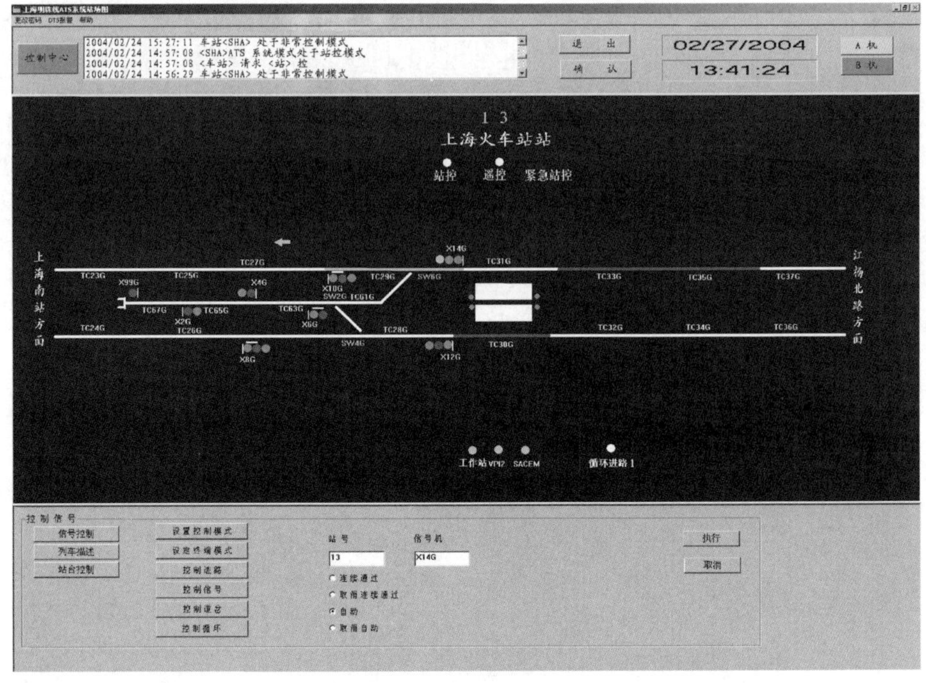 图 2-22　LOW 工作界面			

续上表

(1) 红色、绿色光带分别表示什么?

(2) 如何才能在系统中开通一条绿色光带?有哪些操作步骤?

(3) 上图中还包括哪些元素?请查阅资料并列举出来。

学习效果评价

评价指标	自我评价	教师评价
1. 知识学习效果		
2. 能力目标达成度		
3. 素质提升效果		

本学习任务最终评价:

教师签名:　　　　　　年　　月　　日

个人学习感悟

任务2-3 实施与评价

<table>
<tr><td>工作单</td><td colspan="3">列车自动控制系统认知</td></tr>
<tr><td>实训目标</td><td colspan="3">1. 了解列车自动控制系统的构成和各子系统之间的关系。
2. 理解 ATS、ATP、ATO 三个子系统的硬件构成和实现的功能。
3. 了解 CBTC 信号系统工作原理</td></tr>
<tr><td>班级</td><td></td><td>姓名</td><td></td></tr>
<tr><td>学习小组</td><td></td><td>工作时间</td><td></td></tr>
<tr><td colspan="4">知识认知</td></tr>
<tr><td colspan="4">1. 某日，你在乘坐地铁的时候，刚好听见两个乘客在讨论地铁安全问题，其中一个乘客表示，地铁运行的安全都掌握在列车司机手上，司机稍有不慎就会引发列车追尾事故，作为地铁工作人员的你，此时如何向乘客解释？

2. 有人认为，乘坐地铁不应该使用手机网络，否则会干扰地铁列车信号传输，影响列车运行安全，你怎么看？请结合 CBTC 的工作原理进行解释。

3. 作为行车调度员，我们能通过 ATS 子系统开展哪些工作？</td></tr>
<tr><td colspan="4">能力训练</td></tr>
<tr><td colspan="4">1. 当前，我国各地铁公司采用的列车自动控制系统种类较多，甚至同一个地铁公司的不同线路采用的种类也不一样，请查阅相关资料，分析目前我国地铁列车自动控制系统应用现状，有哪些设备供应商，各自的市场份额、产品优势和核心技术等，并谈谈列车自动控制系统的国产化应用情况。以小组为单位，开展讨论并制作汇报 PPT 进行成果展示。</td></tr>
</table>

2. 当前，我国华为的5G技术在世界处于领先地位，5G技术主要可用于列车自动控制系统的哪些方面？请查阅资料，并介绍是否已经有成功应用案例。

学习效果评价

评价指标	自我评价	教师评价
1. 知识学习效果		
2. 能力目标达成度		
3. 素质提升效果		

本学习任务最终评价：

教师签名：　　　　年　　月　　日

个人学习感悟

项目3

行车调度工作

项目描述

城市轨道交通运营调度是城市轨道交通日常运输组织的指挥中枢，以提供安全、准点、舒适、快捷的运营服务为宗旨，按照列车运行图的要求，满足安全运送乘客、设备维护的需要。各单位、各部门必须在集中领导、统一指挥的原则下，紧密配合、协调动作，确保行车和乘客的安全，完成各项工作任务。

本项目旨在让学生在熟悉行车调度相关工作制度的基础上，掌握日常行车调度组织流程、主要行车调度方法的应用和行车调度命令的发布。

学习目标

1. 知识目标和能力目标

(1) 了解行车调度日常工作制度、安全管理制度、业务培训制度、填写书面报告制度等；

(2) 掌握列车运营前检查流程、列车出车辆段行车组织、列车正线运营组织、列车入车辆段行车组织以及常用的行车调度方法；

(3) 掌握行车调度命令的发布要求。

2. 素质目标

(1) 培养学生遵守规章制度的意识和严谨的工作态度；

(2) 培养学生解决突发问题的能力；

(3) 培养学生沟通、协调的能力。

知识体系

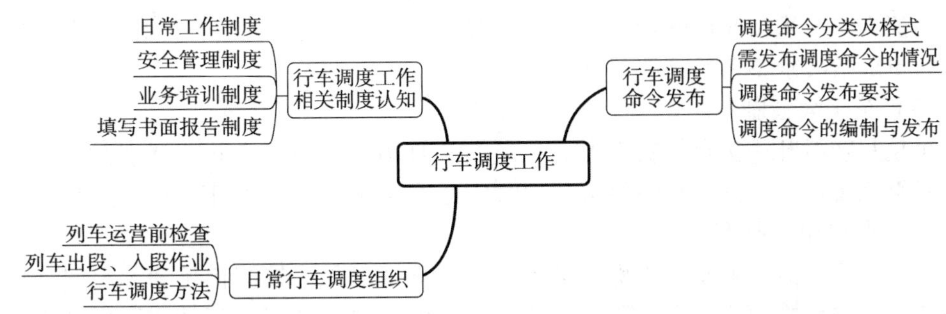

建议学时

6 学时。

任务 3-1 行车调度工作相关制度认知

案例导入

新入职的行车调度员，需要熟悉行车调度工作相关制度，以便更快地适应工作岗位。假设你是从其他岗位新调到运营控制中心的行车调度员，为更好地开展工作，你拿到了相关制度文件学习，请根据这些制度文件，总结一天工作的关键事项。

知识和技能点

（1）了解行车调度日常工作制度；

（2）了解行车调度安全管理制度；

（3）了解行车调度业务培训制度；

（4）了解填写行车调度相关书面报告制度。

理论储备

为了保证调度工作任务能较好地得到完成，就必须坚持标准化作业，按各项规章制度办事。我国许多城市轨道交通系统根据自身的特点，制订了完整的调度工作制度，可以归纳为以下方面。

一 日常工作制度

日常工作制度包括交接班制度、文件传阅制度、员工大会制度、调班申请制度等。

（1）交接班制度。

交接班会在调度工作中具有承上启下的作用，当班的调度人员必须提前 10min 到岗，全面了解上一班需要跟进的工作和本班的生产任务。接班值班主任主持召开交接班会，听取各岗位的汇报，布置本班的工作重点，分配工作任务，并制订具体的工作措施。

（2）文件传阅制度。

当值人员必须按时传阅最新文件，学习、贯彻文件的相关精神。在传阅文件后，当值人员应按要求签名并注明日期。

（3）员工大会制度。

每月月初召开一次全体员工大会，总结上月的工作情况，并布置本月的工作任务，对重点工作内容提出具体要求，同时传达上级（公司或部门）会议精神。

（4）调班申请制度。

调度岗位轮值必须按照排班表进行，遇特殊情况无法按照排班表上班时，应与相同岗位的同事协商，双方一致同意调班后，由申请人填写调度员调班申请表，经双方值班主任同意后调班。

二 安全管理制度

安全管理制度包括安全例会制度、安全检查制度、安全演练制度、事故分析制度。

（1）安全例会制度。

每月月初召开一次安全例会，总结上月的安全工作情况，对上月发生的故障、事件和事故处理进行分析和学习，同时布置本月的安全工作任务，对安全工作的重点内容提出具体要求，同时传达上级（公司或部门）安全会议的精神。

（2）安全检查制度。

该制度含运营前检查、每周一查、非正班检查、消防日查以及安全大检查制度。

①运营前检查制度。

行车调度员在每天运营开始前30min，检查各车站的运营准备情况，填写运营前准备工作检查记录表，并进行一次多媒体交互系统（Multi Media Interface，简称MMI）操作功能检查，发现设备设施故障或其他异常情况时，应做好记录，并及时通知设修调度员处理。

②每周一查制度。

安全员每周检查安全培训记录，设备运行的安全、调度日志（兼交接班簿），调度命令，线路施工作业记录，故障及延误报告的填写等，发现问题及时提出整改。

③非正班检查制度。

在非正班时间段，控制中心或上级部门领导不定期对控制中心进行突击抽查，检查各班组的“两纪一化”（作业纪律、劳动纪律、标准化作业）和安全运作情况。

④消防日查制度。

部分城市轨道交通系统的消防设施采取自查形式，大多数城市轨道交通系统的消防设施委托物业管理检查。

⑤安全大检查制度。

逢元旦、春节等大型节日时，在节前安排进行一次安全大检查，检查内容除了日常的安全检查内容外，还包括节假日的运营组织方案、运作命令等。

（3）安全演练制度。

为使调度员熟练掌握各种应急方案，提高调度指挥水平，各班组每月至少进行一次桌面演练。此外，各班组还需参加上级部门组织的突击演练。

（4）事故分析制度。

发生事故后，当值班组要进行全面分析，分析不足，总结经验，写出事故处理报告，由控制中心上报部门安全网络；控制中心视情况召开全体成员的分析会，对事故的责任进行内部分析，制订防范措施，教育广大员工，防止出现同类事故。

典型案例

行车调度安全演练相关规定

《城市轨道交通运营突发事件应急演练管理办法》（交运规〔2019〕9号）中对

行车调度安全演练的相关规定如下。

第八条　运营单位现场处置方案应根据不同运营突发事件类型，针对具体的场所、设施设备等明确现场作业人员的应急处置流程、处置措施、安全注意事项等内容。关键岗位的现场处置方案应至少涵盖以下重点内容，并开展经常性演练：

（一）行车调度员：列车事故/故障、列车降级运行、列车区间阻塞、设施设备故障清客、火灾、临时调整行车交路、线路运营调整及故障抢修、道岔失表等。

（二）电力调度员、环控调度员：大面积停电、供电区段失电、电力监控系统离线、区间火灾、区间积水等。

（三）列车驾驶员：列车事故/故障、列车降级运行、区间乘客疏散、列车连挂救援、非正常交路行车等。

（四）行车值班员：非正常情况下的行车进路办理、列车接发作业、道岔失表、车站乘客疏散、抢修作业办理、火灾、客伤等。

（五）车站服务人员：大客流组织、乘客应急疏散、火灾、客伤、站台门故障等。

（六）设施设备维护人员：土建结构、轨道线路、车辆、供电、通信、信号等关键设施设备故障抢修。

第十一条　运营单位应根据岗位特点和运营需要，有针对性地加强重点岗位、重点内容的演练，磨合和检验作业人员现场处置能力。现场处置方案演练应纳入日常工作常态化开展，每个班组每年应将有关的现场处置方案至少全部演练一次，不同现场处置方案的演练可合并开展。

鼓励在收车阶段开展列车降级运行演练；在运营结束后开展列车区间阻塞、列车火灾、车站火灾、站台门及车门故障等演练。

能力提升　坚持底线思维和风险防范意识是对行车调度工作的基本要求，只有在平时加强各种突发事件的应急演练，才能在关键的时候发挥行车调度员这一“总指挥”的作用。

三　业务培训制度

业务培训制度包括班组学习制度、每日一问制度。

（1）班组学习制度。所有调度员必须参加培训部门组织的班组学习。学习内容包括规章文件、运营方案和各种故障、事故处理案例。

（2）每日一问制度。为了检查员工对近期重点工作内容和安全关键点的掌握，值班主任每班抽问调度员，了解班组成员的掌握情况，发现不熟练时要进行针对性的培训。

四　填写书面报告制度

（1）运营日报。值班主任每日下午 7 时前编写运营日报，报告前一天上午 6 时至当日下午 6 时运营计划完成情况。运营日报主要内容包括：

①列车服务情况，包括事故、故障和列车延误及处理等；

②当日完成运送客运量、列车开行情况、兑现率及正点率；

③列车晚点、清客、下线、抽线、救援、加开等情况；

④当日施工计划件数及截至下午6时的施工完成件数，有关工程车、试验列车运行方面的信息；

⑤耗电量（总耗电与牵引耗电）和车站温湿情况；

⑥接待情况说明；

⑦派班员上报的当日运营列车运营里程、空驶里程、载客里程。

（2）故障和延误报告。

行车调度员应在行车设备发生故障及造成列车延误时，及时填写故障和延误报告。故障和延误报告作为编写运营日报原始资料的一部分，主要包括如下内容：

①发生故障的时间、地点、列车编组、报告人员、概况（故障现象）等；

②发生故障导致行车延误（直接延误、本列延误）、影响情况；

③所采用的调整列车运行措施；

④恢复正常运作的时间。

任务实施与评价

相关实训工单见本项目后任务3-1实施与评价。

任务3-2 日常行车调度组织

案例导入

行车调度员需要熟悉日常行车调度组织工作，能够开展运营前检查、列车出入段行车组织，并运用常用的列车调度方法解决行车过程中的问题。某日，某次列车出现延误，比正常发车时刻延迟了10min，作为行车调度员，此时你应采取哪些调度措施尽快使列车恢复正点？请通过行车调度相关仿真软件、设备或者系统演示行车调度员工作情景。

知识和技能点

（1）能够开展列车运营前检查；

（2）能够组织列车出段、入段作业；

（3）能够根据突发情况采取合适的行车调度方法。

理论储备

一 列车运营前检查

在每日运营开始之前，行车调度员应于车站、车辆段进行运营前检查，可以使安全关口前移，将故障、隐患控制在运营服务之前，保障正常的行车组织工作开展，并为行车调度员在系统出现故障、隐患的情况下，主动介入处理争取了充分的时间和空间。

1. 流程

（1）行车调度员根据施工情况控制表检查所有当晚施工作业是否已经销点完毕。

（2）行车调度员通过检查送电通知单等方式，确认正线接触轨已经送电。

（3）行车调度员组织车站对联锁设备、车站安全门设备进行测试。

（4）行车调度员检查各中央设备情况和报警信息，确认设备正常，正线相关道岔锁定在正确位置，相关信号机按运营要求设置；核对当天时刻表装载正确。

（5）行车调度员确认各车站和车辆段运营前的检查工作。各车站行车值班员（值班站长）、车场调度员向行车调度员汇报以下内容：

①运营线路空闲、施工结束、线路出清。

②车站联锁设备、安全门测试情况。

③当日使用客车、备用客车安排及司机配备情况。

④车站人员到位情况。

行车调度员及时在运营前准备工作检查表上对汇报情况做好记录，确认车站、车辆段符合运营条件之后，交当班值班主任签名确认。

（6）行车调度员组织排列首趟出段列车的运行进路，并确认进路、道岔、信号显示正确。

（7）行车调度员按照列车运行图组织运营列车进入正线。

2. 注意事项

（1）行车调度员应注意防止出现施工作业未销点、运营线路未出清就组织运营客车进入正线，导致人车冲突等事件发生并影响运营服务。

（2）在施工作业期间，对于需要停电的施工作业，行车调度员应注意防止出现正线接触轨未及时正确送电，导致运营电客车进入无电区。

（3）经过晚上的施工作业，行车调度员应注意防止车站、车辆段的运营设备故障、不齐全，人员、运营客车没有及时到位。

（4）行车调度员应注意防止信号设备故障、报警无人确认，联锁设备的设置没有达到运营要求，耽误运营客车的运行。

（5）行车调度员应注意防止时刻表未正确装载或装载错误，影响运营秩序。

（6）行车调度员应注意防止车站、车辆段没有按要求对所辖的运营设备、人员进行安全检查或者检查存在遗漏，影响运营安全。

二 列车出段行车组织

行车调度员需要按照列车运行图的要求，在高峰和平峰转换（简称转换）期间或者运营开始时，组织列车按时从车辆段进入正线投入运营，并需要对车站、司机、车辆段进行相关的布置，以统筹整个运营系统做出相应的组织工作。

1. 流程

（1）与信号楼确认正线具备接列车的条件。

（2）组织排列首趟出段列车的进路。

（3）与当天的首趟出段列车司机测试调度电台，并通知司机注意确认运营线路的出清情况和接触轨（网）带电状态。

(4) 按照列车运行图组织运营列车进入正线。

2. 注意事项

(1) 通过车载电台或手持台告知第一趟进入正线的列车司机接触轨（网）带电及进路情况，并确认电台通话质量。

(2) 通知信号楼正线可以接车。

(3) 首趟列车的运行进路原则上由行车调度员提前排列好。

(4) 运营期间穿插列车出段时，必须提前一个站扣停相关列车，并严格按照列车运行图及时排列出段进路，不能影响正线的客车运营。

(5) 需组织列车变更出段进路时，应提前通知车辆段及相关车站。

三 列车入段行车组织

行车调度员需要按照列车运行图的要求，在转峰期间或者运营结束时，组织列车按时回到车辆段进行检修、试验。而在发生故障、异常的情况下，行车调度员也需要组织部分正线运营的列车退出服务回到车辆段。行车调度员需要对车站、司机、车辆段进行相关的布置，以统筹整个运营系统做出相应的组织工作。

1. 流程

(1) 与信号楼确认车辆段具备接电客车条件。

(2) 确认回段列车的表号、目的地号、车组号、回段进路正确。

(3) 按照列车运行图组织列车回段。

2. 注意事项

(1) 组织列车回段前，必须与信号楼确认线路空闲、接触轨（网）带电，满足接车条件。

(2) 确认回段列车表号、目的地号、车组号正确，并监控好列车回段进路。

(3) 列车因故障需临时调整回段或计划回段列车有变更时，须提前通知车站、车辆段及司机，并视情况更改回段列车表号及目的地号。

(4) 列车穿插回段时，必须将与回段列车产生冲突的列车提前扣停在相关车站。

四 常用行车调度方法

城市轨道交通运营组织中，行车调度员应严格按照列车运行图指挥行车。当列车不能按列车运行图行车而需要进行调整时，必须考虑列车运行的安全以及可能受到的影响，做到恢复正点运营和行车安全兼顾。主要的调度方法有以下几种：

1. 列车停运、下线

对有故障并影响服务的列车，要组织停运或下线，使该列车退出服务。该方法主要在始发站、终点站使用。对中途运行的列车也可组织进入中间站存车线或回段检修。此种调度方法在列车运行图上的表示即为“抽线”，就是实际运行图的列车运行线条比计划运行图的少。

2. 列车加开、替开

由于客流的增加或故障列车下线的影响，可以组织加开列车，一般使用备用车或出段列车。对在终点站退出服务的列车，可以使用备用列车替开，仍按原交路运行。加开、替开的目的是保证列车服务的数量，即运能满足运量。

3. 列车在车站扣车及区间临时停车

当前方列车或车站设备发生故障时，要对后续列车进行扣车或区间临时停车。扣车是将列车扣停在后方车站，基本原则是“谁扣谁放”。区间临时停车是通知司机将列车临时停在区间，司机必须做好乘客安抚工作。扣车及区间临时停车是调度调整的重要手段之一，目的是保证前方列车或车站有充分的时间处理故障。

4. 列车减速运行并增加停站时间

为了保证故障列车或车站有充足的处理时间，使行车间隔均匀，应该对相关列车进行限速并增加停站时间，控制运营节奏。

5. 列车越站通过或加速运行

为了使晚点列车正点终到，可以要求司机加速运行，也可以组织列车不停站通过，即越站（也称跳停）。采取越站方式时，必须充分考虑对乘客的影响，相关车站及司机必须做好服务工作。原则上客流较大车站及首末班车不安排越站。还要避免一列列车连续越站及多列列车在同一车站连续越站。列车客流拥挤或前方站出现意外情况时，也可以采用此方法。

6. 列车救援

列车在运行中发生故障，运行极其缓慢或停滞，势必会造成线路堵塞，给全线列车的正常运行带来严重影响。此时可根据情况，组织前方或后方列车清客后进行救援，将故障列车送至存车线或回段检修。对因供电系统故障造成的救援应当使用内燃工程列车。

7. 列车反向运行

城市轨道交通线路通常是按上、下行分别设计的，在同一线路上列车的运行方向是一致的。当一个方向列车密度较大，而另一个方向列车密度较小时，为恢复列车正点运行，可利用有岔站的渡线，将列车转到密度较小的线路上反向运行；当一个方向由于列车故障等可能造成较大间隔时，也可利用渡线将列车转到另一线路上反向运行，以缩小行车间隔。

8. 列车小交路运行

当某一线路拥堵时，由于列车无法及时在终点站折返，势必会导致另一线路的运用列车数量减少，甚至在相当长时间内某些车站及区段无列车通过，造成滞留车站人数增加。为了减少这种影响，最有效的一种方法就是组织列车小交路运行，即组织拥堵线路的列车在中间站清客后，经渡线折返到另一线路运行。在客流量较大而运用列车数量不足时，也可以采用此方法。

9. 列车单线双向运行

单线双向运行，也称“拉风箱”，就是在一条固定进路同一时间内只有一列车往返运行。当一条线路上某个区段堵塞时，可以在另一线路上的相同区段采用此行车方法，但是两端车站必须控制好列车进路，否则会引起列车冲突。另外，如果两端车站距离过长，则该区段内乘客的等待时间会增加。

10. 列车折返

列车在终点站折返时，通常采用站后折返方法。此种方法有利于确保行车安全，车站接发车采用平行作业，不存在进路交叉，同时也避免了上、下车客流汇合，但折返时间较长。为了缩短折返时间，可以采用站前折返方法，此种方法有利于缩短列车走行距离，但列车折返会占用区间线路，影响后续列车闭塞，同时导致上、下车客流汇合，需要车站及司机做好乘客引导工作。

11. 始发站提前或推迟发车

始发站的存车线数量相对较多，调整余地较大，因此，在始发站组织提前或延迟发车，可以有效地调整运营间隔。

12. 加速车站作业，压缩停站时间

需要晚点列车赶点时，可以要求车站做好客流组织，加速车站作业；并通过通知司机提前发车等方式压缩停站时间。

13. 在始发站更改车次

当列车终到时间晚点太多时，可以折返后将原车次抽线，更改为后续列车的车次。这种调整方式的目的是使实际运行图与计划运行图更接近。

城市轨道交通调度措施应尽告知义务

《城市轨道交通运营管理规定》（交通运输部令 2018 年第 8 号）第五十一条规定，轨道交通运营企业采取限流、甩站、封站、暂停运营等措施，未及时告知公众或者封站、暂停运营等措施未向城市轨道交通运营主管部门报告，由城市轨道交通运营主管部门责令限期改正；逾期未改正的，处以 1 万元以下的罚款。

知识提升 乘客对城市轨道交通运营情况有基本的知情权，当企业调整运营计划时应及时告知乘客，以免引发乘客恐慌，造成乘客不满和投诉。

任务实施与评价

相关实训工单见本项目后任务 3-2 实施与评价。

任务 3-3 行车调度命令发布

案例导入

行车调度员能独立判定列车、车站、车辆段各种情况下调度命令的发布过程，包括现场情况的了解、调度命令种类的确定、调度命令标准格式、命令下达的程序、安排并组织列车运行等，并能依据规章规定说明理由。某日，1001 次列车在 C 站到 D 站区间发生故障被迫停车，并向行车调度员请求救援，行车调度员命令在 A 站至 B 站区间运行的 1003 次列车担任救援列车，将故障列车送回车辆段。现场情况如图 3-1 所示。行车调度员需要发布几条调度命令，各调度命令的格式是怎样的？

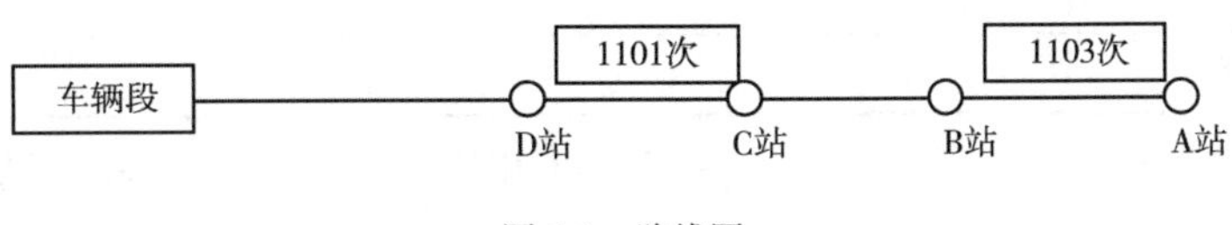

图 3-1 路线图

知识和技能点

（1）理解调度命令分类及格式；

（2）了解需发布调度命令的情况；

（3）掌握调度命令发布要求；

（4）熟悉调度命令的编制与下达。

理论储备

在组织列车运行的过程中，行车调度员按规定在进行某些行车作业时需要发布调度命令，即行车调度员在指挥列车运行过程中发出的具有严肃性和强制性的指令，有关行车人员接到调度命令后，必须严格执行。

一 调度命令分类及格式

调度命令格式

调度命令是指行车调度员在调度指挥过程中对行车有关人员发出的要求，并强制其配合完成的指令。

调度命令有口头命令和书面命令两种。口头命令与书面命令虽然形式不同，但具有相同的严肃性，均须做到规范发令、严格执行。

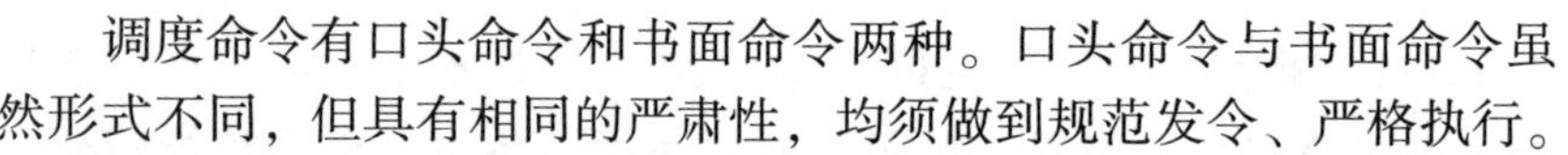

调度命令的类型

①口头命令：一般是对单个受令对象（一般为列车司机）直接发布的短期性指令。在无线录音设备处于正常状态时，行车调度员发布的行车调度命令均以口头命令下达。其包含的内容有命令号、受令人处所、受令人、受令内容、发布日期及时间、发令人姓名及复诵人姓名。

②书面命令：一般至少有两个受令对象。有时还需送达司机，较长时间影响行车的命令一般为书面命令。书面命令必须填写调度命令登记簿，如表 3-1 所示。

调度命令登记簿　　表 3-1

发令日期	命令				复诵人姓名	受令人签名	行车调度员姓名	阅读时间
	发令时间	命令号	受令人处所	受令内容				

在无线录音设备发生故障停用时，遇救援列车、反方向行车及 ATP 切除运行均需发布书面命令。命令内容同上。

调度命令格式如表 3-2 所示。

调 度 命 令 格 式　　表 3-2

受令处所		命令号码	行车调度员姓名
命令内容			

行车专用章＿＿＿＿＿＿车站行车值班员＿＿＿＿＿

注：规格 110mm × 150mm

二 需发布调度命令的情况

各个地区由于运营体系不同，在需要发布口头命令和书面命令的条件不完全一致，下面以某地铁公司为例说明两种调度命令的使用范围。

1. 发布口头命令的情况

①临时加开或停开列车（包括客车、工程车及救援列车）。

②客车推进运行、退行，工程车退行。

③停站列车临时通过。

④改变列车驾驶模式。

⑤线路临时限速（当日当次有效）或取消临时限速。

⑥变更基本进路。

⑦客车清客。

2. 需发布书面调度命令的情况

①线路限速或取消限速（临时限速除外）。

②封锁开通线路。

③URM 模式下反方向运行。

④行车调度员认为有必要记录的命令。

可先用口头命令，事后补发书面命令。

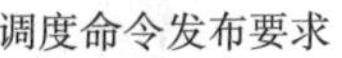
调度命令发布要求

三 调度命令发布要求

①调度命令须由行车调度员发布。

②发布前应详细了解现场情况，听取有关人员意见。

③命令内容应一事一令。先拟后发，书写调度命令应简明扼要、用语标准，遇有不正确的字应圈掉后重新书写，对涉及相邻调度区段的重要调度命令，应取得调度主任同意后发出，发令时应口齿清晰、语速中等。

④受令处所若为沿线各站及转运站，应根据标准填写车站全称或采用标准缩写站名。

⑤发令人、受令人、复诵人、复核人必须填写全名。

⑥命令中空缺的内容应正确填写，做到不随意涂改。如调度命令内容与固定格式中虚体字内容相吻合，应及时描实，不需要的虚体字内容用横线划掉。

⑦下达命令时，命令号每天按 1～100 顺序循环使用，每个循环不得漏号、跳号、重号使用，发令日期、发令时间按实际发令时间填写，并如实记录在调度命令登记簿上，不能随意涂改。如有涂改，应由发布命令的行车调度员盖章确认，发布调度命令后，应及时将调度命令按照顺序号装订成册，做到不遗漏、不颠倒顺序。

⑧在日常执行中如无法及时把调度命令交付司机，应适时完成补交手续。

⑨调度电话、无线调度电话用于行车工作联系，须使用标准用语，数字发音标准如表 3-3 所示。

数字发音标准　　表 3-3

1	2	3	4	5	6	7	8	9	0
yao	liang	san	si	wu	liu	guai	ba	gou	dong
幺	两	三	四	五	六	拐	八	九	洞

⑩行车调度员应掌握工程列车的运行，了解装卸作业进度，检查工程列车进出作业区域的情况，确保安全。

历史知识

调度命令中的数字发音有讲究

行车用语可不能随便说哦，每一个字都很关键。在交流数字时，双方是如何做到精准识别的呢？在正常普通话发音中，大家有没有发觉 1 和 7 的读音特别相似，所以行车用语中为了方便区分，把 1 读作幺（yāo）、把 7 读作拐（guǎi），而 2 和 0 我们也读成两（liǎng）和洞（dòng）。因为像“洞，拐，两”这些读法都是开口音，发音更容易，发出的声音也会更响亮。在嘈杂的环境下，这种念法也更容易听得清。据了解，这样的读数方式最初是出现在中国人民解放军的军队里。

知识提升 口头调度命令要确保信息传递的准确性，一旦产生歧义和误解，就会对列车运行指挥造成重大失误。

四 调度命令的编制与下达

1. 调度命令号码的编制

调度命令号码的编制应按不同工种分别编号，行车调度命令号码按日循环，其他工种调度命令号码按月循环。调度命令日期的划分以 0：00 为界。各级调度命令的保存期限一般为 1 年。

为了使行车调度命令发布规范化、用语标准化，调度命令内容更加准确、简练、清晰、完整，从而提高工作效率，确保安全生产，各轨道交通企业均对常用的行车调度命令格式和用语进行统一，目的是强化发布调度命令的标准化作业，保证行车安全。

2. 口头命令的标准格式及内容编制

口头命令可不签阅，发令时应用语规范、口齿清晰、语速适中。

（1）列车清客。

“命令号________，准________站（至________站）上/下行________次________号车，________站清客。”

（2）载客通过。

“命令号________，准________站（至________站）上/下行________次________号车，________站（至________站）上/下行载客通过。”

（3）列车退行。

“命令号________，准________站（至________站）上/下行________次________号车，退行至________处/站（上下客）。”

3. 书面命令的标准格式及内容编制

某地铁公司调度命令标准格式如表 3-4 所示。

（1）限速命令（受令处所：××站至××站，××运转）。

“自________时________分起，________站至________站（百米标________至百米标________处）上/下行线列车限速________公里/小时运行。”

某地铁公司调度命令标准格式示例　　表 3-4

命令号码：				年　月　日　时　分		
命令处所		调度员姓名		复诵人姓名	受令人姓名	阅读时间
内容						

（2）取消限速命令（受令处所：××站至××站，××运转）。

“自________时________分起，取消________站至________站（百米标________至百米标________处）上/下行线列车限速________公里/小时运行。”

（3）封锁区间命令（受令处所：××站至××站，××站交司机）。

“自________时________分起，________站至________站上/下行（不含________站台/折返线/存车线）封锁，准________站上/下行________次凭令及施工号进入封锁区间施工。”

（4）开通区间（受令处所：××站至××站，××站交司机）。

“自________时________分起，________站至________站上/下行（不含________站台/折返线/存车线）封锁解除。”

（5）其他命令（格式自拟）。

运行指挥中，如遇其他特殊情况（即命令内容超出现有标准格式），应由列车调度员将命令内容写在调度命令登记簿中。

4. 调度命令的下达

行车调度员采用计算机发布调度命令时，必须严格遵守“一拟、二审核（按规定需监控人审核的）、三签（按规定需领导、值班主任签发的）、四发布、五确认签收”的发布程序。受令人必须认真核对命令内容并及时签收。采用电话发布调度命令时，必须严格遵守“一拟、二审核（按规定需监控人审核的）、三签（按规定需领导、值班主任签发的）、四发布、五复诵核对、六下达命令号码和时间”的发布程序。

行车调度员向司机发布调度命令时，当司机未离车辆段/停车场前，应发给车辆段/停车场运转值班室，由其负责转达。当列车已出车辆段/停车场，应由行车调度员向司机直接发布。

行车调度员应使用无线通信系统向司机、行车值班员发布调度命令或口头指示（在通信记录装置发生故障时，只可以使用调度命令），有关人员必须复诵正确调度命令内容，可执行的条件具备后，行车调度员才可发布授权执行命令。

调度命令管理混乱引发大事故

2008 年 4 月 28 日凌晨，胶济铁路山东淄博路段发生列车脱轨、相撞的特别重大交通事故，造成72人死亡、416人受伤。这是一起由于违章违规、超速行驶导致的责任事故，37名事故责任人受到责任追究。事故调查后发现，造成此次事故的其中一个重要原因就是调度命令管理混乱。据悉，当时列车调度员在接到有关列车司机反映现场临时限速与运行监控器数据不符时，于当日4时02分补发了该段限速每小时80km的调度命令，但该命令没有发给T195次机车乘务员，漏发了调度命令。而王村站值班员对最新临时限速命令未与T195次司机进行确认，也未认真执行车机联控。与此同时，机车乘务员没有认真瞭望，失去了防止事故的最后时机。在本应限速每小时80km的路段，北京至青岛的T195次列车实际时速居然达到了每小时131km。28日凌晨，这列车第9节至17节车厢在铁路弯道处脱轨，冲向上行线路基外侧。此时，正常运行的烟台至徐州5034次列车以每小时70km的速度与脱轨车辆发生撞击。

能力提升 调度命令的发布应严格遵守规章，尤其当调度命令发生变化时，应及时传达到相关命令接受人员和处所。调度命令是严肃的，其本身就是指挥棒，是通行证，一旦管理和运营不善，其后果不堪想象。

任务实施与评价

相关实训工单见本项目后任务3-3实施与评价。

任务3-4 全自动运行系统的行车组织

案例导入

2017年底，北京地铁燕房线正式运营。该线路是国内首条采用自主化全自动运行技术的线路，是全自动运行系统自主创新示范工程。该线路以无人值守的自动运行（UTO）标准完成建设，以有人值守的自动运行（DTO）模式开通初期运营，是国内第一条以DTO模式开通载客运营的线路，并于2021年底实现UTO模式运行。请你在完成本次任务的学习后，提高对全自动运行系统的认知，初步了解正常情况下全自动运行线路行车作业流程以及非正常情况下全自动运行线路应急处理。

知识和技能点

（1）理解全自动运行系统特点；
（2）了解全自动运行线路与非全自动运行线路行车组织主要差异；
（3）熟悉正常情况下全自动运行系统行车作业流程；
（4）熟悉非正常情况下全自动运行线路的应急处理。

理论储备

随着城市轨道交通的快速发展，全自动运行系统逐渐成为国内外城市轨道交通建设的发展趋势。全自动运行系统设备自动化功能较强，RAMS［即可靠性（Reliability）、可用性（Availability）、可维修性（Maintainability）、安全性（Safety）］性能达到较高水平。全自动运行线路与非全自动运行线路的行车组织存在较大差异。非全自动运行线路由人工完成的工作，特别是司机完成的作业，在全自动运行线路中由设备取代。全自动运行线路设备智能化和故障自愈功能较高，控制中心行车组织重要性日益突出。

由于全自动运行线路自动化程度高，其对非正常情况下的行车应急处理提出了更高的要求。全自动运行系统涉及信号、车辆、通信、机电、供电等专业，行车组织人员的配置、职责以及运营场景较非全自动运行线路存在较大差异。

一 全自动运行系统概念和特点

1. 全自动运行系统概念

城市轨道交通全自动运行（Fully Automatic Operation，FAO）系统是基于现代计算机、通信、自动控制等综合技术，实现系统运行全过程自动化的技术体系，其以行车为核心，深度集成通信、信号、车辆、综合监控等多个子系统，实现列车指挥与运行的自动化。国际公共交通协会（UITP）将城市轨道交通自动化等级分为5个等级，分别是GOA0、GOA1、GOA2、GOA3、GOA4。

（1）GOA0：目视下列车运行。在GOA0的自动化等级下，列车运行由司机全部负责，系统无法实现自动监控和防护，线路上的道岔和轨道区段由系统控制。

（2）GOA1：非自动列车运行（NTO）。在GOA1的自动化等级下，司机在列车驾驶室里，观察线路轨道情况并在紧急情况下停车，司机遵循轨旁信号或车载信号来控制列车的牵引和制动。信号系统监督司机的操作，这种非连续或连续的监督只能在特定位置实现，特别是信号显示和速度控制。列车关闭车门，安全从站台出发，均由司机操作。

（3）GOA2：半自动列车运行（STO）。在GOA2的自动化等级下，司机在列车驾驶室里，观察线路轨道情况并在紧急情况下停车。系统自动监控列车的牵引和制动，提供连续的速度距离曲线。列车安全从站台出发，由司机操作。列车车门可自动关闭。

（4）GOA3：有人值守下列车自动运行（DTO）。在GOA3的自动化等级下，由于没有司机在列车驾驶室观察线路轨道情况和在紧急情况下停车，因此相较于GOA2级，系统必须增加辅助的检测装置。在GOA3的自动化等级下，需要一名运营人员在列车上。列车关闭车门，安全从站台出发，可自动控制，也可人工控制。

（5）GOA4：无人值守下的列车自动运行（UTO）。在GOA4的自动化等级下，由于没有运营人员在列车上，因此相较于GOA3级，系统必须增加辅助的检测装置。列车关闭车门，从站台出发，均为自动控制。系统支持危险情况和紧急情况的检测和处理，例如乘客疏散等。其他的危险情况和紧急情况，例如列车脱轨或检测到烟雾或者火灾，则需要运营人员介入处理。

2. 全自动运行系统行车组织特点

从行车组织的角度分析，全自动运行系统主要有以下几个突出特征：

（1）行车指挥、列车运行自动化水平较高。FAO系统的外在首要特征是实现了无人驾驶（或有人监控的自动驾驶），从功能需求层面取消了常备司机，列车运行指挥统一集中到控制中心，正常运营条件下控制中心自动监控并调整列车运行。

(2）系统装备可靠性较强。FAO系统实现了全自动驾驶，车内可不设司机或乘务员，要求全系统提供更为可靠的运行环境，尤其与列车运行直接相关的车辆、信号及综合监控等子系统，故障率需控制在极低的水平，并具备一般故障的自行处置功能。

(3）列车运行灵活性较高。FAO系统解除了司机与列车的“绑定关系”，列车可远程唤醒与休眠，自行到达目标位置，可瞬时换向，在控制中心的指挥下可更快速而直接地实现调度人员意图，如停在正线停车线中的备用车，可无需等待司机就位而直接投放，效率将进一步提高。

(4）系统降级、应急处理难度较大。FAO系统现场不设司机时，当出现系统不能自行处置的故障、事故，需紧急派临时司机或其他工作人员到现场处置。事故发生在区间时，应急处理时间会较长、难度会较大。

二 全自动运行线路与非全自动运行线路行车组织主要差异

1. 组织机构差异

为保障全自动运行线路的日常运营，提高设备故障状况下的运营保障，全自动运行线路的行车组织机构较非全自动运行线路增加了车辆调度员、乘客调度员、维修调度员、监察厅值班人员及站台综合值班员等职能岗位。

2. 主要行车组织人员职责差异

全自动运行线路增加的行车组织人员按全自动新增任务分配相应职责，其他行车人员相关职能范围扩大，增加了相关全自动列车运行状况下的行车管理职能。

行车调度员除履行非全自动运行线路职责外，还要履行设置全自动运行模式、人工远程折返换端、远程清客、启动蠕动模式、远程火灾处理、远程紧急制动、雨雪模式控制等职责。

乘客调度员的岗位职责包括远程监督列车内乘客情况、紧急情况下与乘客远程对话、安抚和指导乘客、远程广播、组织乘客疏散等协调解决列车内与乘客有关的问题。

车辆调度员正常情况下对正线运行车辆运行状况和列车运行数据进行实时监督和控制，监督并人工处理车辆的休眠、唤醒等职能；当车辆故障时，实施远程复位、故障恢复等操作，并将故障情况及时通知行车调度员。

维修调度员负责设备维修报警，分配维修作业单，管理、组织、协调不同维护单位间的工作，保证设备的正常工作。

车站行车值班员除负责非全自动运行线路监控设备的正常工作、办理车站级行车组织等工作职责外，还担负全自动运行状况下的人员防护职责。

监察厅值班员负责观察站台乘客和设备状况、监督列车运行情况、紧急情况下按压紧急停车按钮、防止意外状况发生等。

站台综合值班员在车站站台上监控站台设备和列车运行状况，负责站台清客和按压再关门按钮，必要时上车处理车内突发状况，负责紧急或故障状况下的列车运行。

3. 主要运营场景差异

运营场景是城市轨道交通系统设备和运营人员保证列车运行需要的环境及状况，

城市轨道交通全自动运行线路与非全自动运行线路运营场景主要差异详见表3-5。

全自动运行线路与非全自动运行线路运营场景主要差异　　表3-5

序号	运营场景	全自动运行线路	非全自动运行线路
1	休眠、唤醒	系统自动休眠，并为整列车断电；唤醒时自动上电自检、静态测试及动态测试，成功后允许列车出库	无
2	出库及车辆基地内运行	根据计划自动出库，并控制列车在车辆基地内自动运行	司机驾驶列车出库及车辆基地内运行
3	进入正线服务	完全由设备控制列车正线运行	由司机与设备共同控制列车在正线运行
4	进站停车	系统自动控制列车定点精确停车，开、闭站台门，能够采用自动跳跃方式自动对标停车	司机人工或自动控制列车精确停车，自动或人工开、闭站台门
5	站台发车	发车条件满足，系统自动控制列车出站	司机人工按压列车自动控制系统（ATO）启动按钮出站
6	折返换端	系统自动控制列车进入折返轨、自动换端并控制列车驶入站台或中心远程换端	人工换端或在人工办理后自动折返
7	停止正线服务	系统根据服务工况自动停止正线运营	人工停止正线服务
8	回库	系统根据指令自动控制列车回库	司机驾驶列车回库
9	清扫	清扫人员配合系统清扫工况完成清扫工作	完全由人工完成清扫工作
10	洗车	系统根据洗车计划，自动与洗车机联动完成洗车作业。	司机驾驶列车，人工配合完成洗车作业

4. 运营应急处理策略

全自动运行线路一般均按GOA4等级进行建设，即按正常运营不配置司机进行设备配置。行车组织方案中针对列车、设备的故障状况及线路的突发状况须具备相应有效的应对措施，制定具体的处置策略和解决方案，保证异常情况下全自动运行线路的运营安全。全自动运行线路与非全自动运行线路异常状况下的运营场景应急处理详见表3-6。

全自动运行线路与非全自动运行线路运营场景应急处理对比　　表3-6

序号	运营场景	全自动运行线路	非全自动运行线路
1	清客	在列车自动监控（ATS）系统上设置清客功能，列车车门和站台门不关闭，乘客信息系统（PIS）应能实现车辆清客提示功能；清客完成后按压再关门按钮，列车车门和站台门关闭，联动完成清客作业	人工清客、无联动功能
2	故障复位控制	配备远程切除和远程复位功能，可解决部分设备故障	本地人工处理
3	再关门控制	当车门夹人，车辆开闭车门3次后仍未关闭时，在接收再关门指令后自动关门	司机人工关门

续上表

序号	运营场景	全自动运行线路	非全自动运行线路
4	紧急制动缓解人工缓解	控制中心调度员远程人工缓解或设备自动缓解	本地人工缓解
5	乘客疏散	控制中心远程通过广播、视频、对讲设备等引导乘客速散	本地人工疏散
6	紧急手柄	能够实现紧急手柄触发报警，车载 PIS 系统联动，由调度人员远程通过紧急对讲装置指导车内乘客进行应急事件处理	本地人工处理，无远程处理功能
7	远程紧急制动	在地震、火灾等特殊情况下，中心对单列或所有列车进行远程紧急制动	无此功能
8	车辆火灾	自动上报控制中心，车载 PIS 系统联动，调度人员远程处理	本地人工处理
9	蠕动模式	列车故障时，通过蠕动模式使列车自动运行到站台停车	无此功能
10	站台门、车门故障	具备车门或站台门故障的自动隔离功能，PIS、广播系统联动，并自动向乘客广播	本地人工处理
11	雨雪模式下运行	在恶劣天气时，系统自动提示列车运行状况，列车在中心远程设置的雨雪模式下运行	本地人工降速运行
12	远程广播	控制中心远程控制车辆广播，广播内容为人工广播或选播提前录制的信息	本地广播
13	车站火灾	当车站发生火灾时，车站火灾救援系统（FAS）触发车站火灾联动。同时通信、信号系统联动，中心调度远程处理	无车站火灾联动功能
14	障碍物/脱轨监测	列车碰撞障碍物或脱轨时，系统紧急制动停车并联动地面设备进行安全防护	无此功能，司机瞭望并负责应急处理

三　正常情况下全自动运行线路行车作业流程

正常情况下全自动运行线路行车作业流程主要包括：列车休眠与唤醒、过冲回退、重新开关门、自动出入库、自动洗车、车辆管理与工程车管理。

1. 列车休眠与唤醒

（1）列车休眠。

DTO 模式下的操作流程：每天运营结束列车退出正线服务后，当列车进入车辆段停车库内的存车列位停稳，列车工作人员将对列车实现人工休眠，列车工作人员手动操作控制。

UTO 模式下的操作流程：每天运营结束列车退出正线服务后，当列车进入车辆段停车库内的存车列位停稳，系统将对列车实现自动或人工休眠。自动休眠通过 ATS 系统时刻表按计划完成，人工休眠则需控制中心调度员通过命令操作控制。

（2）列车唤醒。

DTO模式下的操作流程：每天运营开始前或根据需要列车上线服务时，列车工作人员根据派班计划，在停车列检库登乘列车，通过本地操作，对列车实施唤醒。

UTO模式下的操作流程：每天运营开始前或根据需要列车上线服务时，系统根据ATS系统运行时刻表的用车计划，对列车实施唤醒。

2. 过冲回退

（1）DTO模式下的操作流程。

全自动运行线路的列车在车站出现过冲时，应能实现自动回退功能。系统通过信号系统判断列车过冲距离，由列车工作人员启动跳跃（JOG）模式（低速小距离运行的模式）控制列车回退和前移，列车位置满足系统要求后退出低速回退模式；若经过若干次调整失败后，系统上报控制中心，列车工作人员控制列车进站停车。

（2）UTO模式下的操作流程。

全自动运行线路的列车在车站出现过冲时，应能实现自动回退功能。系统通过信号系统判断列车过冲距离，启动跳跃（JOG）模式（低速小距离运行的模式）控制列车回退和前移，列车位置满足系统要求后退出低速回退模式；若经过若干次调整失败后，系统上报控制中心，控制中心调度员操作远程开门或跳停。

3. 重新开关门

DTO模式下，列车在车站停站时间结束后，信号系统将联动车门和站台门开始关闭，当信号系统检测到车门或站台门无法按计划关闭时，列车上的司乘人员控制重新尝试关门（UTO模式，系统应能自动重新尝试关门，或由控制中心调度员远程控制重新尝试关门）。

列车重新开关门是UTO模式的必备功能，而DTO模式可以选择自动实现或由车上乘务人员处理。

4. 自动出入库

自动化车辆段和停车场应配置正线相同的基于通信的列车自动控制（CBTC）设备，支持车载信号系统控制列车以全自动模式停入或驶出停车库。

停车库内列车自动停靠受到库线长度的限制，不满足通常意义的最不利工况下安全距离要求，信号系统需要进行特殊处理，并要求车辆车钩和车档能够承受在极端情况下才会发生的一定速度的碰撞。

5. 自动洗车

在UTO模式下，根据预先排好的列车洗车计划，信号系统完成列车至洗车库的自动进路，并在洗车库前停车等待（DTO模式下，列车工作人员控制列车，按照信号系统控制运行）；在系统自动或调度员人工控制与洗车机协调进入洗车模式后，控制列车进行自动洗车（DTO模式下，列车工作人员控制列车）。在自动洗车完成后，再自动或人工关闭洗车机；并控制列车退出洗车库（DTO模式下，列车工作人员控制列车）。

6. 车辆管理

按照运营需求，车载信号系统可以控制列车（出入场段、在转换轨停车）完成弓网转换、打开或关闭车上空调和照明设备等，以及在正线通过无电区。车载信号系统可以控制列车（在库内动车或出入库时）鸣笛、闪亮头尾大灯。

在车辆需要进行紧急制动动态性能检测（可以在车辆段指定位置进行）时，系统将列车运行至指定位置，在指定初速度下命令检测开始，制动距离用来评估紧急制动性能。

车载信号系统可以接受来自控制中心远程命令或车辆维护人员的命令控制列车驻车。列车管理是UTO功能，而DTO线路可以选择自动实现或由车上乘务人员进行列车管理。列车需要信号、车辆、供电等专业联动。

7. 工程车管理

在全自动运行线路中，工程车可以安装车载控制器（VOBC），提供列车自动保护（ATP）功能。工程车装备了VOBC后，系统能够跟踪车辆，提供更高的运行速度，节省进入和退出正线的时间，同时也更加安全。工程车进入自动化区域应符合操作流程。UTO模式可自动实现工程车管理，DTO线路可以选择自动实现或由人工处理。列车需要信号、车辆等专业联动。

四 非正常情况下全自动运行线路的应急处理

全自动运行线路的应急处理主要包括：牵引制动故障应急处理、车门及站台门故障应急处理、远程复位处理、列车蠕动模式、列车救援等。

1. 牵引制动故障应急处理

在DTO模式下，当车辆制动力损失时，车辆通过通信网络将常用制动损失程度（损失的转向架个数）告知车辆维护中心和司机室控制台（UTO模式下只告知车辆维护中心）。列车值守人员根据车辆调度与列车行调的调度命令（UTO模式下，车辆维护中心调度与列车行调依据故障的严重等级协调处理），根据不同比例的损失程度，有列车值守人员采取的防护措施包括限制最高速度和紧急制动等（在UTO模式下，则可以采取的防护措施包括通过远程命令限制最高速度和紧急制动等，如果列车无法移动，则需要工作人员进入救援）。

2. 车门及站台门故障应急处理

在UTO模式下，车门关好及锁闭状态通过车辆硬线进行监督，车辆还应通过网络报告单个车门故障状态。当单扇车门故障时，车载信号系统命令（通过TCMS）对故障车门进行隔离，车门保持关闭状态，并在停靠站台时隔离对位的站台门（ATS与站台门设置通信接口）。

轨旁站台门的关好及锁闭状态由轨旁信号系统进行监督，门控器将单扇站台门的故障通过网络汇报给信号系统，信号系统在有列车停靠时隔离对位的列车门。

在DTO模式下，可以选择自动实现或由车上乘务人员处理车门故障，站台门故障由站务人员进行处理。

3. 远程复位处理

在DTO和UTO模式下，列车上的设备考虑热备冗余配置，单套冗余设备的故障不影响运营。单套冗余设备故障后，设备应能自动进行复位以尝试清除故障。

对于无法实现热备冗余的设备，需要在车上设备故障状态通过TCMS与车载信号设备接口报告给控制中心和司机室控制台（UTO模式只报给控制中心），中心调度可指挥列车值守人员对故障设备进行复位（DTO模式下），或直接操作控制命令对故障设备进行复位（UTO模式下）。

4. 列车蠕动模式

蠕动模式类似于现有车辆的紧急牵引模式，是在牵引制动系统故障无法自动恢复时进入的特殊控制模式。

DTO 模式下，由列车值守人员（UTO 模式下则由中心调度控制）控制进入列车蠕动模式，信号系统认为任何通过 TCMS 网络发出的数据是不可靠的，信号系统将通过硬线固定限速的方式控制线路上的车辆运行，蠕动模式下列车以小于 25km/h 的速度运行。

DTO 模式下，蠕动模式也可以用于在车载冗余信号设备完全故障时使用，列车值守人员人工控制车辆实施信号复位（UTO 模式下，中心调度可以通过通信通道命令车辆实施信号复位），复位后由于车载信号没有列车位置和运行方向，但车载信号可与轨旁 ATP 设备建立通信（由轨旁 ATP 设备依照中心命令发起），车载信号进入蠕动模式，轨旁进行防护。

5. 列车救援

DTO 和 UTO 模式下，当列车在区间运行中出现故障无法移动时，需要控制中心调度员命令后续的救援列车对故障列车进行救援。

DTO 模式下，列车值守人员控制救援列车驶近故障列车，控制救援列车从故障列车前方或后方低速控制列车连挂，监督连挂车钩状态和列车完整性状态，并重新配置列车参数，然后列车值守人员控制救援列车以新的参数控制列车运行至安全位置。

UTO 模式下，中心调度员通过通信通道命令故障列车关闭信号设备，然后通过 ATS 命令救援列车驶近故障列车，远程控制救援列车从故障列车前方或后方低速控制列车连挂，救援列车监督连挂车钩状态和列车完整性状态，并重新配置列车参数，然后救援列车以新的参数控制列车运行至安全位置。

任务实施与评价

相关实训工单见本项目后任务 3-4 实施与评价。

项目3 实训工单

任务3-1 实施与评价

<table>
<tr><td>工作单</td><td colspan="3">行车调度工作相关制度认知</td></tr>
<tr><td>实训目标</td><td colspan="3">1. 理解行车调度各项制度的重要性和具体内容。
2. 掌握根据行车组织规章制度开展日常行车组织工作</td></tr>
<tr><td>班级</td><td></td><td>姓名</td><td></td></tr>
<tr><td>学习小组</td><td></td><td>工作时间</td><td></td></tr>
<tr><td colspan="4">知识认知</td></tr>
<tr><td colspan="4">1. 规章制度对轨道交通行车组织具有重要作用，请查阅资料，列举在铁路和地铁中有哪些相关制度。

2. 行车调度员需要经常填写各类报表，请列举4种以上报表名称。

3. 学习最新发布的《城市轨道交通行车组织管理办法》（交运规〔2019〕14号），简要说明其包括哪几个部分内容。</td></tr>
<tr><td colspan="4">能力训练</td></tr>
<tr><td colspan="4">1. 请根据行车调度相关制度的内容和要求，为某运营控制中心设计一条20字以内的标语，要求体现行车调度工作要求且容易记忆。</td></tr>
</table>

2. 根据行车调度相关制度文件，画出行车调度员每日工作思维导图。

学习效果评价

评价指标	自我评价	教师评价
1. 知识学习效果		
2. 能力目标达成度		
3. 素质提升效果		

本学习任务最终评价：

教师签名：　　　　年　　月　　日

个人学习感悟

任务 3-2 实施与评价

<table>
<tr><td>工作单</td><td colspan="3">日常行车调度组织</td></tr>
<tr><td>实训目标</td><td colspan="3">1. 能够开展列车运营前检查。
2. 能够组织列车出段、入段作业。
3. 能够根据突发情况采取合适的行车调度方法</td></tr>
<tr><td>班级</td><td></td><td>姓名</td><td></td></tr>
<tr><td>学习小组</td><td></td><td>工作时间</td><td></td></tr>
<tr><td colspan="4">知识认知</td></tr>
<tr><td colspan="4">1. 列车运营前行车调度员需要开展哪些检查工作?

2. 行车调度员需要组织列车出段、入段、正线作业，请画出上述作业的流程图。

3. 常用的行车调度方法有哪些?</td></tr>
<tr><td colspan="4">能力训练</td></tr>
<tr><td colspan="4">1. 运用行车调度虚拟仿真软件或虚拟仿真动画，分岗位模拟列车每日运营前检查、列车出段、列车入段作业，并将关键步骤、注意事项或安全防控点写下来。</td></tr>
</table>

2. 一日，一条地铁线路因某车站出现乘客翻越屏蔽门进入轨行区事件，造成列车延误10min，作为行车调度员，你将采取哪些调度措施，使地铁运营尽快恢复正点？

学习效果评价

评价指标	自我评价	教师评价
1. 知识学习效果		
2. 能力目标达成度		
3. 素质提升效果		

本学习任务最终评价：

教师签名：　　　　　　年　　月　　日

个人学习感悟

任务 3-3 实施与评价

<table>
<tr><td>工作单</td><td colspan="3">行车调度命令发布</td></tr>
<tr><td>实训目标</td><td colspan="3">1. 掌握口头和书面调度命令的格式和适用情景。
2. 掌握调度命令发布要求，能够根据现场情况正确编制与下达调度命令</td></tr>
<tr><td>班级</td><td></td><td>姓名</td><td></td></tr>
<tr><td>学习小组</td><td></td><td>工作时间</td><td></td></tr>
<tr><td colspan="4">知识认知</td></tr>
<tr><td colspan="4">1. 哪些情景可以发布口头调度命令？哪些情景需要发布书面调度命令？

2. 在编制调度命令时，有哪些具体要求？

3. 调度命令登记簿应填写哪些信息？请画出表格并模拟填写。</td></tr>
<tr><td colspan="4">能力训练</td></tr>
<tr><td colspan="4">1. 某日，行车调度员通过视频监控并结合车站报告，发现 A 车站客流过于拥挤，决定后续下行方向的 1105 次列车在该站载客通过，以缓解该站压力，请拟写一条口头调度命令（命令号为 001 号）给 1105 次列车司机。</td></tr>
</table>

2. 某日，1001 次列车在 C 站到 D 站 10km＋500m 处发生故障被迫停车，并向行车调度员请求救援，行车调度员利用在 A 站至 B 站区间运行的 1003 次列车担任救援列车，将故障列车送回车辆段。现场情况如下所示。需要发布几条调度命令？各调度命令的格式是怎样的？

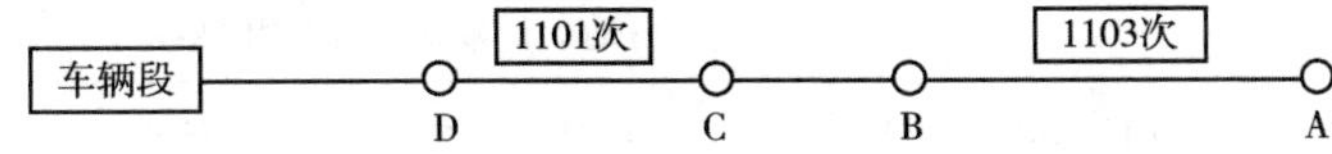

学习效果评价

评价指标	自我评价	教师评价
1. 知识学习效果		
2. 能力目标达成度		
3. 素质提升效果		

本学习任务最终评价：

教师签名：　　　　　　年　　月　　日

个人学习感悟

任务3-4 实施与评价

<table>
<tr><td>实训工单</td><td colspan="3">全自动运行系统的行车组织</td></tr>
<tr><td>实训目录</td><td colspan="3">（1）熟悉正常情况下全自动运行系统线路行车作业流程；
（2）熟悉非正常情况下全自动运行线路的应急处理。</td></tr>
<tr><td>班　级</td><td></td><td>姓　名</td><td></td></tr>
<tr><td>学习小组</td><td></td><td>工作时间</td><td></td></tr>
<tr><td colspan="4">知识认知</td></tr>
<tr><td colspan="4">1. 什么是全自动运行系统？

2. 城市轨道交通自动化等级划分为哪几个等级，分别有什么特征？

3. 从行车组织的角度分析，全自动运行系统主要有哪些突出特征？</td></tr>
<tr><td colspan="4">能力训练</td></tr>
<tr><td colspan="4">1. 画出全自动运行系统线路中列车休眠与唤醒流程的思维导图。

2. 非正常情况下全自动运行线路列车故障救援与非全自动运行线路有何不同？画出其救援流程。

3. 非正常情况下全自动运行线路车门及站台门故障的处理流程与非全自动运行线路有何不同？画出其处理流程。</td></tr>
<tr><td colspan="4">实训小结</td></tr>
<tr><td colspan="4"></td></tr>
</table>

续上表

成绩评定
1. 学生评价

评价等级	A-优	B-良	C-中	D-及格	E-不及格
学生自评					
组内互评					
他组互评					

2. 教师评价

评价等级	A-优	B-良	C-中	D-及格	E-不及格
专业能力					
方法能力					
社会能力					

3. 综合评价

评价等级	A-优	B-良	C-中	D-及格	E-不及格
评价结果					

注：按照学生自评占10%、组内互评10%、他组互评20%、教师评价60%比例计分，其中：A-100分、B-85分、C-75分、D-60分、E-50分。

4. 评价量规

等级	行为表现描述
A	能圆满高效地完成实训任务的全部内容
B	能顺利完成实训任务的全部内容
C	能完成实训任务的全部内容，但需要一些帮助和指导
D	自己只能完成实训任务的部分内容，但在现场的指导下，能完成任务的全部内容
E	不能完成实训任务的全部内容

任务学习其他说明或建议：

指导老师评语：

任务完成人签字：　　　　日期：　年　月　日

指导老师签字：　　　　日期：　年　月　日

项目4

车站行车作业组织

项目描述

在城市轨道交通行车组织中，车站行车作业起着极为重要的作用。车站是线路上供列车到发、通过的分界点，某些车站还具有折返、停产检修、临时待避等功能；车站是客流集散的场所，是乘客出行乘坐列车的始发、终到及换乘地点，也是运营企业与服务对象的主要联系场所；车站还是城市轨道交通各工种联合协作的生产基地。车站行车作业包括正常情况下的接发列车作业、非正常情况下的电话闭塞法接发列车等，车站从事行车作业的岗位主要包括站台站务员和行车值班员、值班站长。

本项目旨在培养学生掌握车站行车业务办理的关键能力，包括认识和使用车站行车技术设备，正确办理车站接发车作业。

学习目标

1. 知识目标和能力目标

（1）认识和使用车站行车技术设备，如线路、道岔、信号设备等；

（2）正确办理车站接发列车作业，包括正常情况下接发列车、非正常情况下电话闭塞法接发列车作业。

2. 素质目标

（1）培养学生遵守规章制度的意识和严谨的工作态度；

（2）培养学生多岗位协同作业能力。

知识体系

车站行车作业组织
- 车站行车设施、设备和报表认知
  - 线路的分类和设计、认识线路限界
  - 道岔的组成、道岔的操作、道岔的维护与保养方法
  - 其他区间行车设备，信号、联锁与通信设备的作用
  - 行车凭证及行车报表
- 车站行车作业办理
  - 正常情况下接发列车作业
  - 非正常情况下电话闭塞法接发列车作业

10 学时。

任务 4-1 车站行车设施、设备和报表认知

案例导入

某日，行车值班员小 D 接到行车调度员命令，由于信号系统故障，该车站进站道岔不能自动转换，需要手摇道岔人工排列进路。小 D 心想，手摇道岔多简单啊，带着手摇把就准备下线路，还好值班站长及时阻止并告诉他注意事项。安全无小事，请你替值班站长说说手摇道岔应该注意些什么。

知识和技能点

（1）了解线路的分类，认识线路限界；

（2）掌握道岔的组成、道岔的使用、道岔的维护与保养方法；

（3）了解其他区间行车设备，以及信号、联锁与通信设备的作用；

（4）认识并会填写行车凭证及行车报表。

理论储备

一 车站线路

1. 车站线路的分类

车站线路包括正线、配线和辅助线。正线是列车在站内到发、通过及停留的线路；配线是供列车待避、越行的线路，为了降低工程投资，城市轨道交通车站较少设置配线；辅助线是为保证正线正常运营，合理调度列车而配置的线路，辅助线的长度一般按远期列车长度加 30m 设计，包括渡线、折返线、存车线等，其中渡线是将上行线、下行线及折返线连接起来的线路；折返线是供列车折返的线路，折返线的布置应尽可能保证线路最大通过能力的实现；存车线是临时停放列车的线路，存车线的设置应兼顾运营功能需要与车站造价控制。各类线路的定义和特点如表 4-1 所示。

不同类型的线路及特点　　表 4-1

主分类	定义或特点	细分类	定义或特点
正线	贯穿或直股深入车站，为载客运营的线路	无	行车速度快、密度大，线路标准要求高。要求以每米质量达到 50kg/m 以上钢轨铺设
配线	供列车待避、越行的线路	列车避让线、列车越行线	在需要开行快慢车的线路设置，以便列车越行

续上表

主分类	定义或特点	细　分　类	定义或特点
辅助线	为保证正线正常运营，合理调度列车而配置的线路，其最高运行速度一般限制在35km/h以下	渡线	用道岔将上行线、下行线及折返线连接起来的线路，又分为单渡线和交叉渡线
		折返线	为供运营列车往返运行时调头转线及夜间存车而设置的线路
		存（停）车线	为使故障列车能尽快退出正线运营，每隔3～5个车站应设置存车线，供故障列车临时存放或检修

地下车站的线路通常采用“高站位、低区间”设计，如图4-1所示。列车在进站前上坡缓行、出站后下坡加速。这种凸形纵断面设计对行车安全、节约电能、减少加减速时间、降低乘客出入站升降高度、降低造价和缩短工期都是有利的。

图4-1　高站位、低区间

地下车站的线路坡度，考虑排水因素与防止列车溜逸，一般设计为0.2%。地面车站与高架车站的线路一般设置在平道上。

此外，地铁正线线路往往还划分为若干联锁区，图4-2为广州地铁1号线正线联锁区划分示意图。

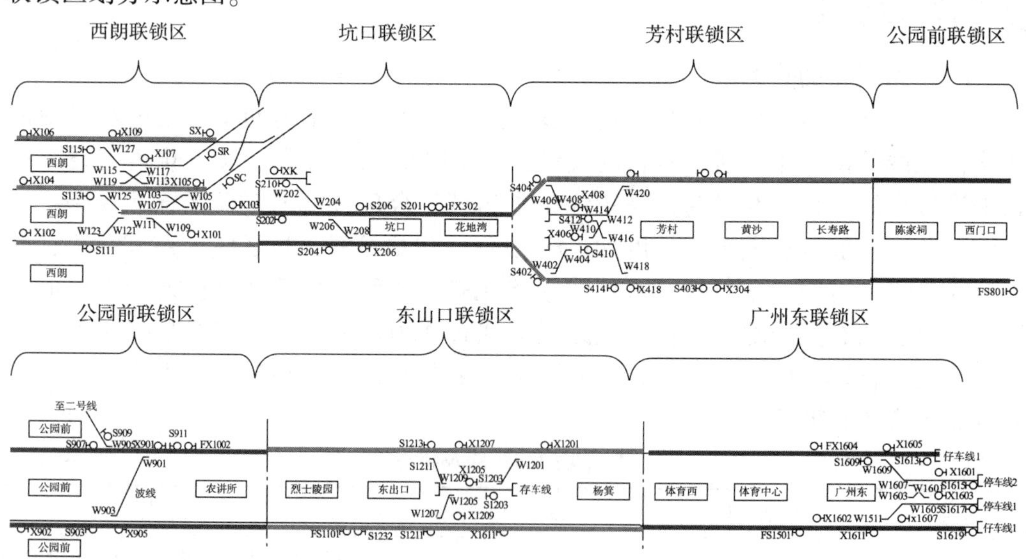

图4-2　广州地铁1号线正线联锁区划分示意图

注：图中字母和数字代表线路、信号设备编号。

2. 线路限界

为了确保机车车辆在线路上安全运行，防止机车车辆撞击邻近线路的建筑物和设备，而对机车车辆和接近线路的建筑物、设备所规定的不允许超越的轮廓尺寸线，称为线路限界，某地铁线路限界如图 4-3 所示。线路限界分车辆限界、设备限界和建筑限界 3 种，是工程建设、管线和设备安装等的依据。

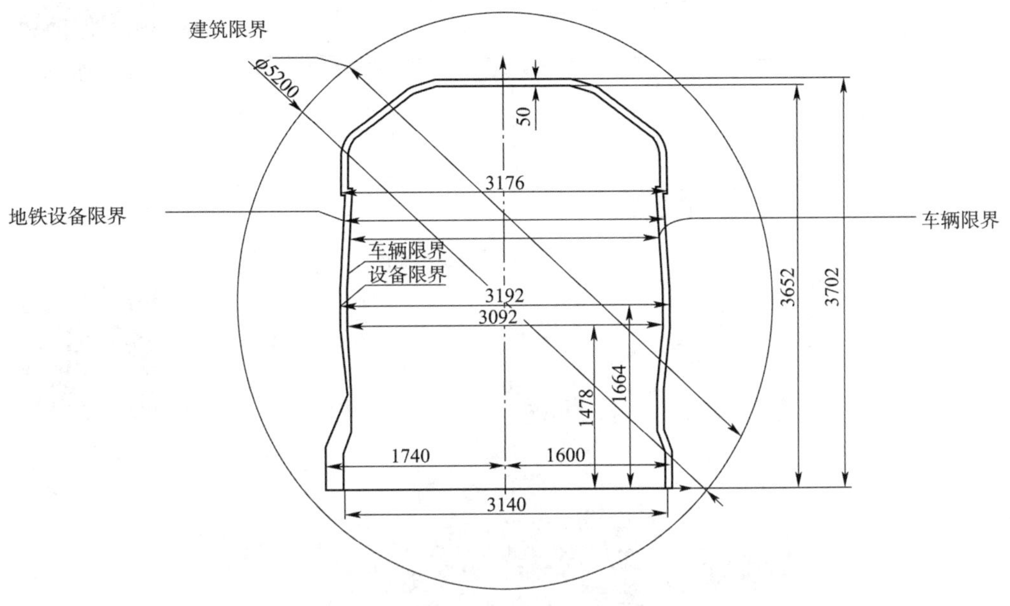

图 4-3　某地铁线路限界（尺寸单位：mm）

（1）车辆限界。

车辆限界是指车辆最外轮廓线的限界尺寸，应根据车辆的轮廓尺寸和技术参数，并参考静态和动态情况下所能达到的横向和竖向偏移量，按可能产生的最不利情况进行组合确定。

（2）设备限界。

设备限界是为保证轨道交通系统的列车等移动设备在运营过程中的安全所需要的限界。设备限界要在车辆限界的基础上，考虑轨道出现不良状态而引起的车辆偏移和倾斜；此外，还要考虑适当的安全预留量。

（3）建筑限界。

建筑限界是指在行车隧道和高架桥等结构物的最小横断面所形成的有效内轮廓线基础上，再考虑其施工误差、测量误差、结构变形等因素，为满足固定设备和管线安装的需要而必需的限界。

二　道岔设备

1. 道岔的组成

道岔是使列车由一条线路转入另一条线路的连接设备，通常设置在车站上和车辆段内，是轨道的组成部分。道岔有单开道岔、双开道岔、交分道岔等类型，其中单开道岔是最常用的道岔，如图 4-4、图 4-5 所示。

道岔号数以辙叉号数 N 表示（$N=\cot\alpha$），辙叉角 α 越小，辙叉号数 N 越大，列车通过道岔速度，尤其是侧向通过道岔速度也越快。城市轨道交通正线和辅助线一般采用 9 号道岔，车辆段线路一般采用 7 号道岔。

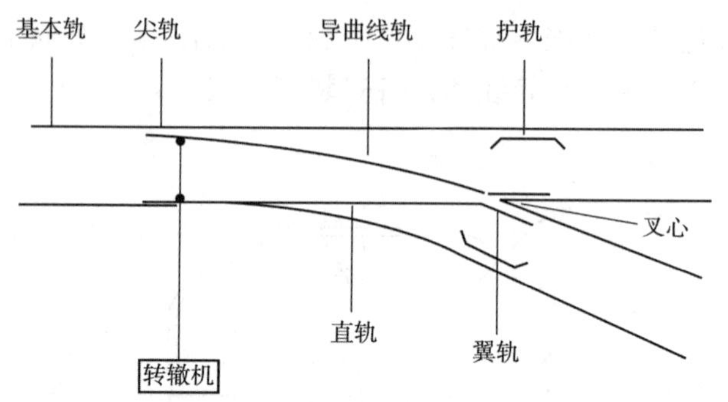

道岔的类型和结构

图 4-4　普通单开道岔示意图

道岔的号数和工作原理

图 4-5　单开道岔

单开道岔基本情况见表 4-2。

单开道岔基本情况表　　表 4-2

钢轨类型	道岔号数	辙叉角	导曲线半径（m）	辙叉全长（m）	道岔全长（m）
P50	7 号	8°07′48″	150	3.441	23.627
P60	9 号	6°20′25″	180	4.309	29.569
	12 号	4°45′49″	350	5.992	37.800

2. 道岔开通方向的判断

（1）站立于轨道中央，面对尖轨（人距尖轨不超过 1m）。

（2）开通左位时，右侧尖轨密贴基本轨，左侧尖轨与基本轨有空隙（图 4-6）。

（3）开通右位时，左侧尖轨密贴基本轨，右侧尖轨与基本轨有空隙（图 4-7）。

3. 道岔的操作

1）道岔的远程控制操作。

（1）电气集中模式下道岔的操纵。

电气集中（或计算机联锁）道岔、信号的操纵是按列车或调车运行方向，顺序按压进路的始端、终端按钮，即道岔自动转换、锁闭进路，同时信号自动开放。操纵按钮时，严格执行“眼看、手指、口呼”制度。眼看：看准应操纵的按钮。手（笔）

指：中、食指并拢成“剑指”，指向应确认的按钮。口呼：规定用语，吐字清楚。

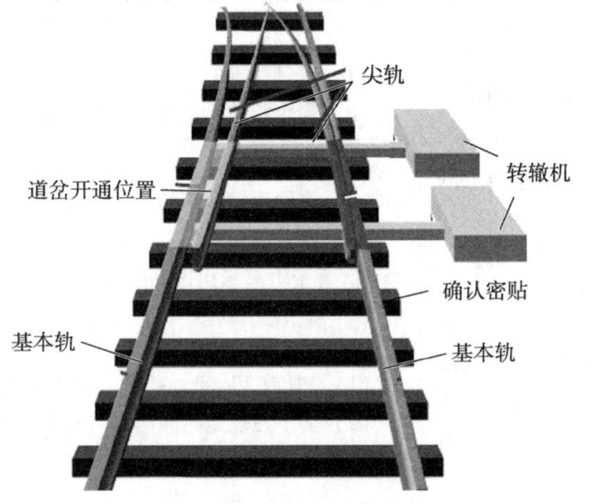

图4-6 开通左位道岔示意图

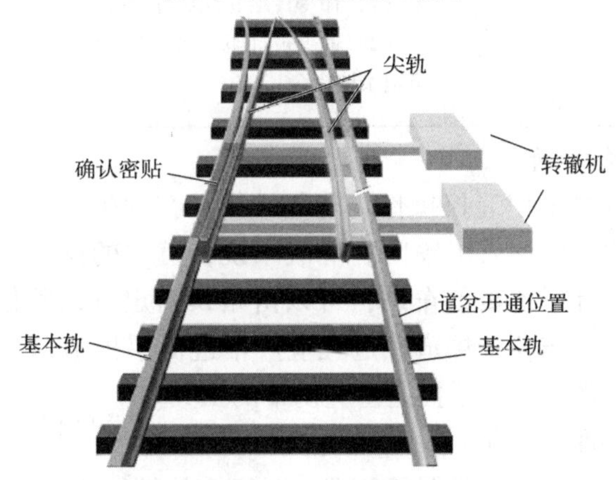

图4-7 开通右位道岔示意图

(2) 信号系统软件操作强行转岔。

如果某一区段被占用或出现故障，用强行转换道岔命令即可转换道岔。

①使用强行转换道岔命令的条件：

a. 道岔区段逻辑占用。

b. 道岔没有挤岔。

c. 记录了转岔命令。

该操作为安全相关操作，操作员在操作前必须明确列车没有在故障区域或者不在道岔尖轨上并且人员在安全区域，否则将有可能造成安全事故。LOW 将记录该项操作。

②操作步骤，见表4-3。

强行转换道岔的操作步骤 表4-3

序号	步 骤	现 象
1	用鼠标左键点击要选择的对应道岔元件	(1) 道岔元件的选择背景变为淡蓝色； (2) 对话窗口的控制按键将自动重新排列； (3) 命令行中显示已选择的道岔元件

序号	步　骤	现　象
2	点击要执行的控制命令	（1）控制按键的背景色改变； （2）命令行中显示完整命令解释
3	确认显示的命令与意图一致，点击“执行”按键，查看显示现象，否则点击“取消”按键	（1）选择的道岔元件以红色背景显示； （2）联锁反馈回来的命令在主窗口的左下角以红色字符显示； （3）在对话窗口左下方中间会弹出一个安全相关操作的对话画面，在上方显示出选择的元件及命令的解释，左右两边有“释放1”“释放2”按键，过几秒后，“释放1”变为实体
4	确认显示的命令与意图一致，且显示现象正确后，点击“释放1”按键，否则点击“取消”按键	（1）“释放2”变为实体，其他现象同步骤3的现象； （2）如不在规定时间内点“释放”按键，系统就会自动中断命令执行
5	确认显示的命令与意图一致，且显示现象正确后，点击“释放2”按键，否则点击“取消”按键	（1）命令传给联锁执行，结果在LOW上显示； （2）命令被打印，如果没有打印好，系统自动显示要求操作员记录该命令

2）道岔人工现场操作

手摇道岔标准程序示范

正常情况下，道岔采用遥控操作、电气锁闭。在发生故障的情况下，道岔采用现地手摇、人工锁闭。一般来说，道岔的操作由扳道员专人负责，在没有扳道员的车站，可以由站长指定可以胜任该工作的其他人员进行操作，手摇道岔过程应严格遵循手摇道岔“六部曲”的工作标准。图4-8为手摇道岔应携带的工具。

手摇道岔“六部曲”如下：

（1）一看：看道岔开通位置是否正确，是否有钩锁器，是否需要改变位置。

看的时候要面向尖轨，看道岔开通哪个位置，也就是列车将会向哪个方向运行，从而判断该道岔位置是不是进路中所需的位置，如果是就直接加锁；如果不是则需手摇到正确位置后再加锁。摇动前需先检查该道岔是否已经加锁；检查尖轨与基本轨间是否存在异物，如果是则需解除钩锁器，清理完异物后方可进行下一步操作，如图4-9所示。

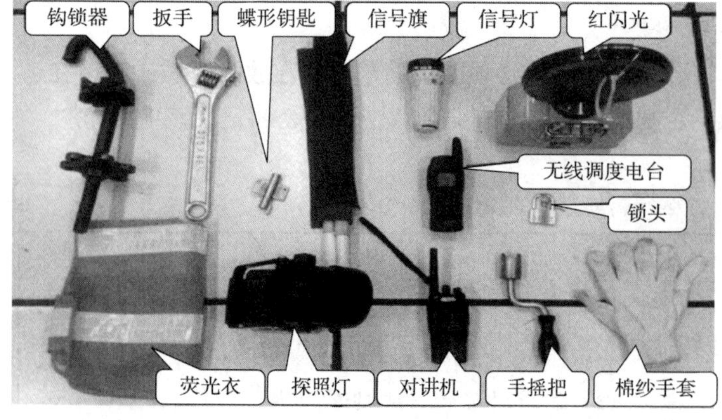

图4-8　手摇道岔工具

图4-9　一看

（2）二开：打开转辙机盖孔板。

以广州地铁为例：1 号线用转辙机钥匙打开盖孔板；2 号线用蝶形钥匙将转辙机断电后，打开盖孔板，然后打开道岔盖孔板锁，拆下钩锁器，如图 4-10 所示。

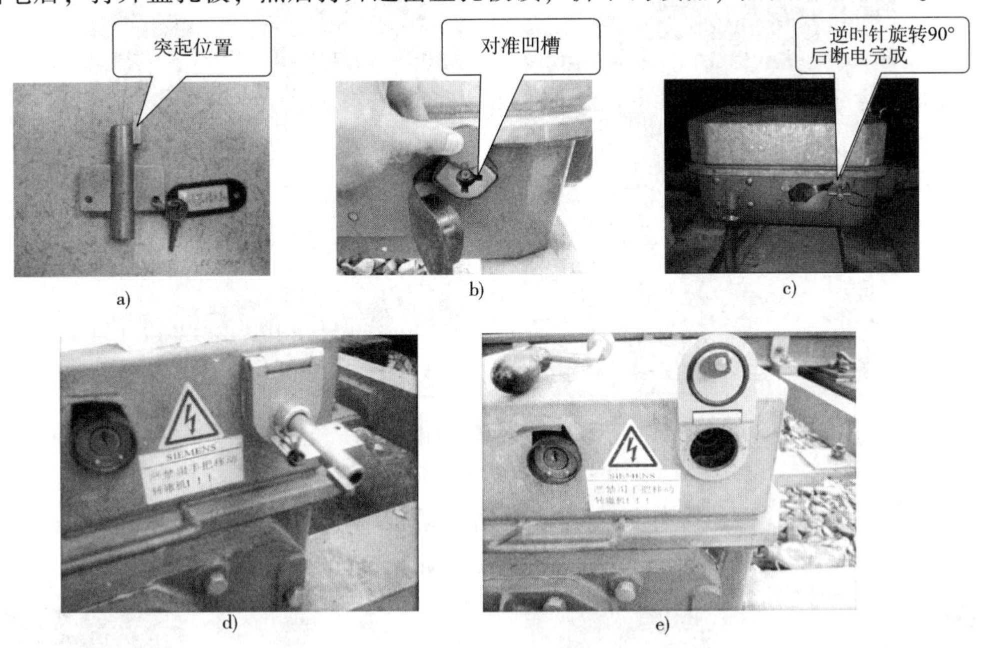

图 4-10　打开转辙机盖孔板

（3）三摇：摇动道岔。

摇动道岔转向所需的位置，在听到转辙机“咔嚓”落槽声后停止（双转辙机时需听到两台转辙机的落槽声才停止），如图 4-11 所示。

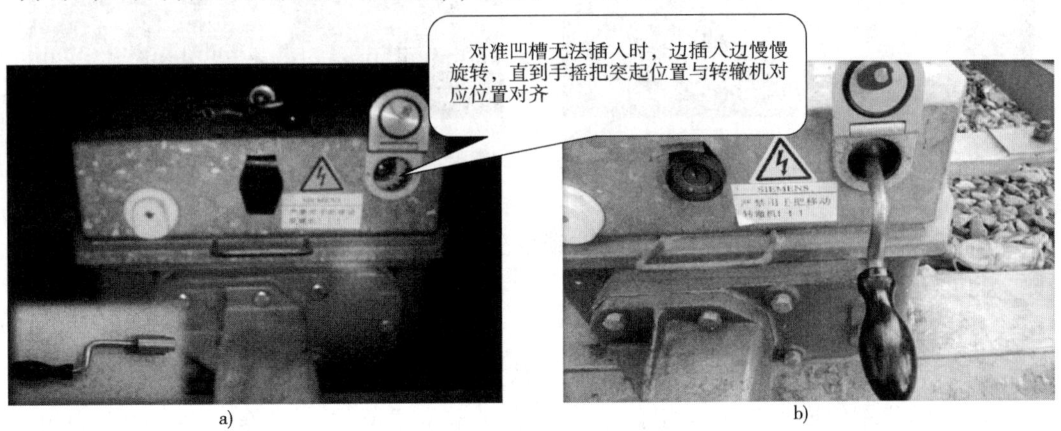

图 4-11　摇道岔

摇动道岔时必须确认道岔已断电，钩锁器已解除。手摇把不能够正常插入时，可在插入手摇把时慢慢转动手摇把。逆时针转动手摇把，道岔开通左位；顺时针转动手摇把，道岔开通右位。一般情况下，手摇把按正确方向转动比按错误方向转动省力。对于双转辙机牵拉，两个人应保持同向转动手摇把，不得反向转动。以尖轨处的 A、B 双转辙机为例，尖轨处的 A 转辙机由于扳动时行程比 B 转辙机大，所以摇 A 转辙机的操作员要比 B 转辙机的操作员稍快。但摇 B 转辙机比摇 A 转辙机费力。

（4）四确认：确认尖轨密贴。

手指尖轨呼："开通左/右位，尖轨密贴。"另一人复诵确认，如图 4-12 所示。

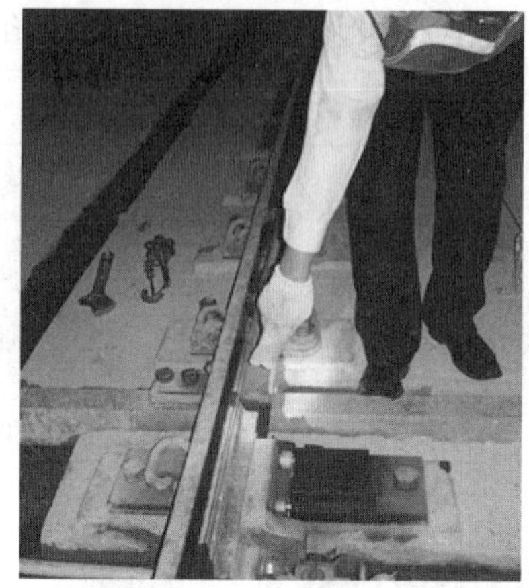

图 4-12　确认尖轨密贴

（5）五加锁。

对于双转辙机，两位操作员在确认道岔开通正确位置后，在 A、B 转辙机附近用钩锁器锁定道岔尖轨。加锁时必须使用扳手锁紧，如图 4-13 所示。

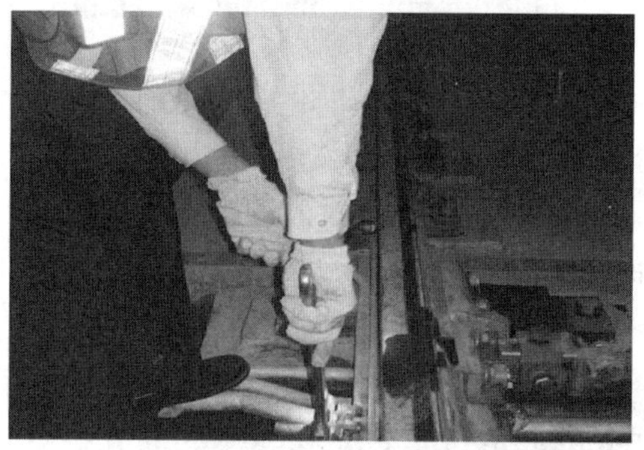

图 4-13　加锁

（6）汇报。

向车控室汇报该道岔开通位置及钩锁情况："×××道岔开通左/右位，尖轨密贴，已加双锁。"

4. 道岔的维护与保养

（1）车站内道岔由行车值班员在运营结束后负责清洁保养，正常情况下，每个夜班当班的行车值班员都要对所包干的道岔（定位或反位）保养一次。如遇雨雪、冰冻天气，视情况及时擦拭道岔并上油，确保正常运转。

（2）行车值班员擦拭道岔必须在运营结束后，经当班行车调度员同意，得到允许擦拭的施工信号后方可进行。首先应在操纵台对待擦拭道岔进行单锁，确认所携带的对讲机与行车调度员通话正常后方可离开车控室，擦拭工作务必在行车调度员给定的时间内完成，不得影响其他施工作业。如遇夜间施工、调试任务较忙，行车调度员一时难以安排时，可在巡道时间内完成，但不得影响巡道人员的正常登记与注销。

(3) 道岔擦拭完毕后，行车值班员应对所擦拭道岔检测一次，确认正常后方可向行车调度员申请注销，将站控权上交，每次擦拭完毕应做好记录备查，因故不能擦拭或只能擦拭某一状态（定位或反位），均应在登记本上注明。在日常检查保养中，发现道岔有不同程度的损坏或其他异常情况时，行车值班员应立即向有关部门报修。

(4) 车站要制订道岔清扫制度，对站内所有道岔落实包干，确保道岔（定位或反位）至少每周上油一次，每半月擦拭一次。

道岔清扫保养及检查操作见表4-4。

道岔清扫保养及检查操作 表4-4

序　号	操作要求		备　注
1	联系行车调度员		站控（放权）
2	确认道岔		定（反）位锁闭
3	现场作业	顺序	物品（备品）
		(1) 垫木	木块
		(2) 铲油污	铲刀
		(3) 擦清滑板	棉纱
		(4) 磨锈斑	铁砂皮
		(5) 擦清滑板	棉纱
		(6) 涂油	机油
		(7) 整理清扫工具	清点物品
		(8) 按规定检查道岔状态	—
4	确认道岔位置		定（反）位解锁
5	试排进路（单操）		道岔定（反）位
6	汇报行车调度员		遥控（收权）
要求：道岔滑板光亮无锈斑，面板有油			

前沿技术

扳道员的坚守

曾广德是南宁车务段白鹤隘站的一名扳道员，也是南宁车务段仅剩的4名扳道员之一。15年前，曾广德来到南宁车务段合山站成为一名扳道员，后因合山站扳道员工种被取消，调到白鹤隘站工作。白鹤隘站始建于1938年，站点所处的来合线是一条轨距1m的窄轨轻便支线铁路。曾广德日常工作的场所是一间不足10平方米的扳道房。在白鹤隘站的7年里，无论刮风下雨，曾广德都在这间小屋里坚守着，只要有列车进出，他就要及时操作，为列车安排准确的进出路。如今，随着铁路技术发展，集中联锁技术普及，道岔不再需要人工扳动，扳道员也在逐步退出历史舞台。“只要我还担任扳道员一天，那就要认真把工作做好。”曾广德说。

摘编自新华网（2020年8月29日）

素质提升 随着技术的进步，有些岗位逐步退出历史舞台，然而平凡的岗位也可以造就不平凡的人生，最难得的是数十年如一日的坚守。随着社会分工越来越明确，更多的技术会取代人工操作，但是只要在岗位一天，就应把本职工作做到完美、极致。

三 其他区间行车设备

1. 疏散平台

①疏散平台的定义。疏散平台是指列车在隧道内出现紧急情况时，疏散乘客的专用通道。疏散平台在经过防淹门、人防门和辅助线时断开，中间有楼梯连接，经过区间泵房门时是连续的，中间没有隔断。

②疏散平台的铺设。地下线路疏散平台主要铺设于列车运行方向左侧。高架线路疏散平台铺设于上下行线路中央。广州地铁 3 号线正线，直线段疏散平台宽度为 700mm。直线段平台边至线路中心线限界为 1600mm。

疏散平台的规定

地铁设计防火标准（GB 51298—2018）中关于疏散平台的规定如下。

地下区间纵向疏散平台上应设置疏散指示标志和与疏散出口的距离标识。疏散指示标志和疏散出口的距离标识应设置在疏散平台的侧墙上，不应侵占疏散平台宽度，间距不宜大于 15m。

知识提升 疏散平台作为地铁区间运行安全的重要设施，在发生火灾等突发情况时可以有效、及时地疏散乘客，避免产生重大后果。

2. 联络通道

联络通道是指设置在两个隧道之间的一条通道。若一条隧道整体出现问题，行人可通过联络通道转移到另外一条隧道。

3. 区间泵房

区间泵房设置在两个隧道之间的联络通道里面，主要负责抽取相应区间的积水，避免区间高水位，从而影响地铁运营。

4. 防淹门

①防淹门定义。防淹门是指根据《地铁设计规范》（GB 50157—2013）及《轨道交通工程人民防空设计规范》（RFJ 02—2009）要求，对于穿河流或湖泊等水域的地铁工程，应在进出水域的隧道两端适当位置设防淹门。防淹门设置在地铁隧道内，用于防止因意外事故使水进入隧道和车站，以有效保护地下设备和人身安全。

②防淹门组成。防淹门主要由机械系统和控制系统两部分组成。防淹门机械系统主要包括闸门门叶、门槽、启闭设备、锁定装置等部件；控制系统由隧道液位传感器、现场控制装置、控制柜、报警设备、控制电缆，以及信号系统、控制系统之

间的通信接口设备组成。

③防淹门系统功能。防淹门系统功能主要包括隧道水位监视和报警、门体状态监控等。

5. 消防/冷冻水管

消防水管主要分布在地铁线路旁，是用于地铁火灾消防的管道，管道内有消防用水。发生火灾时，可以直接接通消防水管的消防水进行灭火救灾。

冷冻水管主要安装在地铁隧道壁及车站，用于输送冷冻水进行供冷，水管外面包裹较厚的保温棉。

6. 人防门

人防门属于民防防护设备，是民防防护工程出入口的门。其主要用于防空袭，抗灾救灾，防范和减轻灾害危害。

四 信号、联锁与通信设备

为保证行车作业安全和提高行车作业效率，车站需设置信号设备、联锁设备和通信设备。

①信号设备。车站信号设备通常有出站信号机、发车表示器、防护信号机、阻挡信号机等。

②联锁设备。车站联锁设备在道岔、信号机、进路之间建立起一种相互制约的联锁关系，是保证列车站内运行或折返作业安全的设备。联锁设备一般设置在有道岔车站，分为电气集中联锁设备和计算机联锁设备两种类型。

③通信设备。用于车站行车作业的通信设备主要有站间行车电话、集中电话、无线调度电话等。

在采用列车自动控制（ATC）系统的情况下，车站还设置 ATC 系统有关设备，如车站列车自动监控（ATS）系统设备等。

五 行车凭证及行车报表

1. 行车凭证

行车凭证及报表

行车凭证是指列车进入区间或闭塞分区的凭证。行车凭证分为两大类：采用基本闭塞法时的行车凭证为自动闭塞的列车速度码及出站信号机的显示；当基本闭塞法停止使用后采用代用闭塞法，即电话闭塞法时的行车凭证为路票或特殊情况下使用的调度命令（书面命令、口头命令等）。

（1）路票。

路票是在电话闭塞法行车时，根据区间空闲相邻两站所承认闭塞的电话记录号码而填发的行车凭证。

路票的要素包括电话记录号码、车次、列车运行方向、车站行车专用章、行车值班签名、日期。路票样式如图 4-14 所示。电话记录以每站一组 100 个号码，自每日 0 时起至 24 时止，按日循环编号；相邻车站不能使用相同号码；每个号码在一次循环中只准使用一次号码，一经发出，无论生效与否，均不得重发使用。

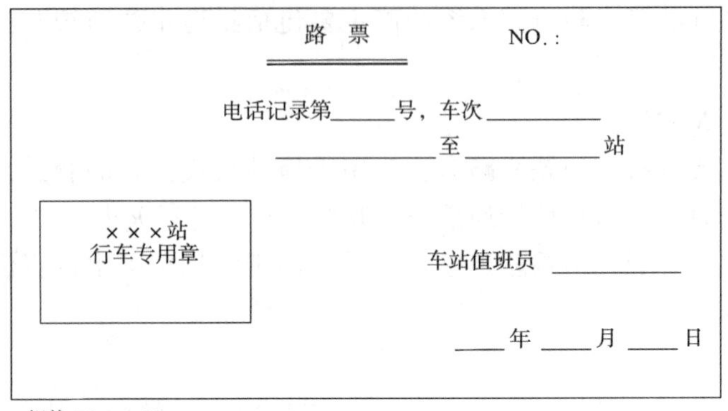
路 票　　　　NO.:

电话记录第_____号，车次__________

__________至__________站

×××站
行车专用章

车站值班员 __________

____年 ____月 ____日

规格 74mm×88mm

图 4-14　路票

填写路票注意事项：值班员签名必须由当班值班员手写，不能使用值班员印章；路票日期以零点为界，按邻站给予确认闭塞的电话记录号码时间为准；路票作为一种行车凭证，具有一定的严肃性，不得做任何涂改，一经涂改应立即作废。

（2）调度命令。

调度命令是指在按规定进行某些行车作业时，向行车值班员、司机发布的作业指示，有严肃性、授权性和强制性。调度命令只能由当班行车调度员发布，且一事一令，先拟后发。接调度命令后，行车值班员栏须由当班行车值班员手写，无本站行车专用章的调度命令单不能作为行车凭证使用；调度命令单的填写必须符合标准。调度命令单见图 4-15。

调　度　命　令

表号：　　　　　　　　　　　____年____月____日____时____分

受令处所		命令号码	行调姓名
命令内容			

行车专用章________　　车站值班站长________

注：规格110mm×160mm

图 4-15　调度命令单

2. 行车报表

行车报表是指在列车运行及设备保养等活动中，行车人员及相关人员根据现场实际情况而记录下来的原始资料。行车报表的种类有车站生产日志、调度命令登记簿（表 4-5）、设备故障检修（施工）登记簿等。各类行车簿册都应由行车值班员及时、认真填写，做到填写正确，字迹清晰。

调度命令登记簿 表4-5

日期	发令时间	号码	受令处所	命令内容	复诵人姓名（代码）	接令人姓名（代码）	行调姓名（代码）	备注

任务实施与评价

相关实训工单见本项目后任务4-1实施与评价。

任务4-2 车站行车作业办理

案例导入

车站行车值班员需要在行车调度员的指挥下，组织车站接发列车作业，并填写行车报表。某日，你作为车站行车值班员正在车控室监控列车运行，接到行车调度员调度命令，由于中央ATS系统故障，现由车站接收控制权，并启用电话闭塞法接发列车。请借助信号仿真系统、行车电话、信号旗等工具，通过角色扮演的方式完成两个车站之间的接车和发车作业。

知识和技能点

（1）掌握正常情况下的站台接发列车作业；

（2）掌握非正常情况下的电话闭塞法接发列车作业。

理论储备

一 行车作业基本要求

车站行车作业包括行车接发作业、列车折返作业等。车站行车作业应按照列车运行图要求，不间断地接发列车与折返列车，确保行车安全与乘客安全。对车站行车作业的基本要求如下：

①执行命令，听从指挥。严格执行单一指挥制，车站行车作业由车站值班员统一指挥。列车在车站时，列车司机应在车站值班员指挥下进行工作。车站值班员应认真执行行车调度员的命令和上级领导的指示。

②遵章守纪，按图行车。认真执行行车规章制度，遵守各项劳动纪律。办理作业正确、及时，严防错办和忘办，严禁违章作业。当班必须精神集中，服装整洁、佩戴标志，保证车站安全、不间断地按列车运行图接发列车。

③作业联系，及时准确。联系各种行车事宜时，必须程序正确、用语规范、内容完整、简明清楚，严防误听、误解和臆测行事。

④接发列车，目迎目送。接发列车严肃认真，姿势端正。认真做好看、听、闻，确保列车安全运行。

⑤行车报表，填写齐全。行车报表包括各种行车凭证、行车日志和各种登记簿。行车凭证有路票、绿色许可证、调度命令等，登记簿有调度命令登记簿、检修施工登记簿、交接班登记簿等。应按规定内容、格式，认真填写各种行车报表，保持报表完整、整洁。

二 车站接发列车作业

由于国内城市轨道交通信号系统普遍应用列车自动监控（ATS）系统，列车实行自动驾驶运行，城市轨道交通车站原则上不办理接发列车作业。车站对列车运行情况进行监视，负责向行车调度员报点，各站间相互报点。当发生意外事件时，向行车调度员请示，经同意后暂不报点；站台岗站务员按有关规定迎送列车。

1. 正常情况下的站台岗站务员接发列车作业标准

正常情况下，站台岗站务员日常工作重点主要有：监控乘客候车动态，防止乘客越出黄色安全线，同时引导乘客在人较少的地方候车；监控站台屏蔽门状态，发现屏蔽门异常动作等危及行车安全的情况时，立即按压紧停按钮并上报。日常工作中应遵循如下接发车“五部曲”作业标准：

（1）列车进站前。

站台岗站务员在扶梯口或楼梯口等人较多的地方，引导乘客往人较少的地方按标志候车；见车头灯时，站台岗站务员报告车控室“××方向列车进站”，车控室立即播放接车广播。

（2）列车停稳开门时。

站台岗站务员在扶梯口或楼梯口等人较多的地方，引导乘客按秩序先下后上。

（3）列车关门时。

站台岗站务员站在活动门的一侧，面向车头方向，单手臂伸直做拦截状，手掌与地面垂直，另一手臂自然下垂，双手五指并拢，并告知乘客：“列车关门，请等候下趟车！”

（4）列车关好门后。

站台岗站务员面向列车，观察站台屏蔽门关好，列车车门没有夹人夹物后，走到站台紧停处（紧急停车处），发现危及行车或乘客人身安全情况时，立即按压紧停按钮，同时紧急呼叫司机“××方向司机不要动车、××方向司机不要动车”，如过程中列车开始启动则紧急呼叫“××方向司机停车、××方向司机停车”。司机回应后告诉司机列车夹物需要处理，同时报车控室情况，必要时请求支援。

（5）列车出站时。

站台岗站务员站在站台紧停处，面向列车，观察站台屏蔽门是否关好，列车车门是否夹人、夹物，发现危及行车或乘客人身安全情况时，立即按压紧停按钮，同时紧急呼叫司机“××方向司机停车、××方向司机停车”。司机回应后告诉司机有列车夹物情况需要处理，同时报车控室情况请求支援。

2. 非正常情况下接发列车进路办理

只有在信号联锁故障，需人工排列进路组织列车运行及列车开到区间因故障要退回车站等特殊情况下须办理接发列车作业。

在采用区间闭塞设备时，行车闭塞法为双区间闭塞法；在停用自动闭塞设备时，行车闭塞法为电话闭塞法。在上述两种情形下，区间闭塞由车站值班员办理。

在区间闭塞由车站值班员办理的情况下，列车进路也由车站值班员排列。此外，如果仅当控制中心 ATS 系统的自动排列进路功能故障时，列车仍可按自动闭塞法行车，此时将控制权下放给集中站，由车站值班员在联锁工作站上排列进路，办理列车接发工作。

列车进路是指列车在车站到达、出发或通过所需占用的一段线路。列车进路的排列通常涉及道岔位置的转换，列车进路的防护则由设置在进路入口处的信号机负责。

①在采用电气集中联锁设备时，列车进路办理在行车控制台上进行。

在行车控制台上按下拟建立进路的始、终端按钮，只要该进路区段无车辆占用以及无敌对进路存在，与进路有关的所有道岔机会自动转换到规定位置并锁闭，即进路排列完成。

此时，在行车控制台的显示盘上，选出的进路从始端到终端呈现出一条白色光带，防护该进路的信号机也同时开放，信号复示器显示绿灯。

当列车驶入进路，防护信号机关闭，信号复示器显示红灯，白色光带随着列车运行逐段变为红色光带，表示该进路被占用。

列车出清进路后，光带由红色变为灭灯状态，表示该进路已经解锁。进路解锁可以是分段解锁，也可以是一次解锁。

②在采用计算机联锁设备时，列车进路办理在操作员工作站上进行。

在工作站显示器窗口的视窗上，用鼠标点击拟建立进路的始、终端要素（信号机），然后点击“排列进路”按钮，再点击“执行”按钮，计算机根据输入的操作命令，经过联锁系统自动建立进路、开放信号。

当列车驶入进路，防护信号机关闭，随着列车的运行，进路可逐段解锁。

③手摇道岔人工排列进路。

按照手摇道岔“六部曲”工作标准进行人工现场排列进路。

3. 非正常情况下电话闭塞法接发车作业程序

改用电话闭塞法行车时，必须有行车调度员命令。由于采用电话闭塞法行车时无设备控制，为了防止因疏忽向占用区间发车，造成同向列车追尾，要求车站值班员在接发列车作业过程中，严格按照规定的作业程序和要求进行，以确保接发列车作业安全。采用电话闭塞法行车时，车站值班员办理接发列车作业的内容、程序与办法如下：

电话闭塞法

①办理闭塞。发车站向接车站请求闭塞。接车站确认接车区间空闲，接车进路准备妥当后，向发车站发出承认某次列车闭塞的电话记录号码，并填写“行车日志”。

所谓进路准备妥当，是指接发列车进路空闲、有关道岔位置正确和影响接发列车进路的作业已经停止。闭塞办妥后，因故不能接车或发车时，应立即发出停车手信号进行防护，并由提出一方发出电话记录号码作为闭塞取消的依据。取消闭塞应及时向行车调度员报告。

电话闭塞法接发列车

②发出列车。发车站接到接车站承认闭塞的电话记录号码后，应填写路票交给司机，向司机显示发车手信号。列车出发后，发车站向接车站和行车调度员报点，并填写“行车日志”。

③接入列车。接车站在列车停车位置向司机显示停车手信号。列车整列到达停妥后，应向司机收取路票。

④闭塞解除。接车站在列车整列发出或进入折返线，以及接车进路准备妥当后，向发车站发出到达列车闭塞解除的电话记录号码。向行车调度员报点，并填写“行车日志”。

联锁站 LOW 正常时的接发车作业程序分别见表 4-6、表 4-7。

联锁站 LOW 正常时的接车作业程序 表 4-6

<table>
<tr><th rowspan="2">作业程序</th><th colspan="3">作业程序及用语</th><th rowspan="2">说明事项</th></tr>
<tr><th>值班站长</th><th>LOW 操作员（行车值班员）</th><th>站务员</th></tr>
<tr><td>一、听取预告</td><td>1. 根据行车日志和 LOW 工作站显示，确认接车线路空闲；
2. 听取发车站预告“××次预告”并复诵，通知 LOW 操作员“排列××次接车进路”</td><td>—</td><td>—</td><td>—</td></tr>
<tr><td>二、准备进路、开放信号</td><td>4. 确认接车进路防护信号开放正确后，复诵“进路防护信号好了”</td><td>3. 听取值班站长“排列××次接车进路”的命令后，在 LOW 工作站上排列列车进路，确认进路防护信号开放好后，口呼“进路防护信号好了”</td><td>—</td><td>—</td></tr>
<tr><td></td><td colspan="3">（办理发车作业程序）</td><td>（列车通过）</td></tr>
<tr><td rowspan="3">三、接车</td><td>5. 听取发车车站报点，复诵并填写行车日志</td><td>—</td><td>7. 站务员复诵“××开过来，准备接车”，并立岗接车</td><td>—</td></tr>
<tr><td>6. 通知站务员“××次开过来，准备接车”并听取回报</td><td>—</td><td>8. 监视列车到达（通过）及注意站台乘客安全</td><td>—</td></tr>
<tr><td>9. 监视列车到站</td><td>10. 监视列车到站（通过）</td><td>—</td><td>—</td></tr>
<tr><td>四、报点</td><td>11. 向发车站报点“××次（×点）×分×秒到（通过）并填写行车日志”</td><td>—</td><td>—</td><td>—</td></tr>
</table>

联锁站LOW正常时的发车作业程序 表4-7

作业程序	作业程序及用语			说明事项
	值班站长	行车值班员	站务员	
一、发车预告	1. 根据行车日志和LOW显示，确认发车线路空闲，向前一LOW工作站预告“××次预告”； 2. 填写行车日志	—	—	—
二、准备进路、开放信号	3. 听取前一发车站报点“××次×分×秒开”并复诵，接到接车站准备好接车进路的通知，列车进站后排列列车进路； 4. 通知LOW操作员“排列××次发车进路”； 6. 确认发车进路好后，复诵“进路防护信号好了”	5. 听取值班站长“排列××次发车进路”的命令后，排列发车进路。进路排列好后，口呼“进路防护信号好了”	—	—
三、发车	7. 通知站务员“××次发车进路好了”	—	8. 确认后三节车门关闭好后，向司机显示“车门关闭好了”的手信号	—
	11. 监视列车运行	10. 监视列车运行，直至列车出清联锁区	9. 监视列车运行并注意站台乘客安全	—
四、报点	12. 向接车站报点“××次（×点）×分×秒开”； 13. 填写行车日志	—	—	—
	14. 向行车调度员报点“××次（×点）×分×秒开”	—	—	—

联锁站LOW故障情况下需手摇道岔排列进路接发列车时的程序见表4-8、表4-9。

联锁站LOW故障情况下接车作业程序 表4-8

作业程序	作业程序及用语	
	值班站长	值班员（站务员）
一、办理闭塞	1. 根据行车日志确认区间线路空闲	—
	2. 向接车站请求“××次闭塞”	—
	3. 复诵接车站发出的电话记录：“电话记录××号，××分××秒同意××次闭塞”	—

续上表

<table>
<tr><th rowspan="2">作业程序</th><th colspan="2">作业程序及用语</th></tr>
<tr><th>值班站长</th><th>值班员（站务员）</th></tr>
<tr><td rowspan="2">二、准备发车进路</td><td>4. 布置值班员“准备××次发车进路”</td><td>5. 复诵“准备××次发车进路”</td></tr>
<tr><td>7. 听取汇报，复诵“××次××道发车进路好”</td><td>6. 将进路上的道岔及防护道岔开通正确位置并加锁。经确认正确后，向值班站长报告“××次××道发车进路好”</td></tr>
<tr><td>三、填写路票</td><td>8. 填写行车日志，对照行车日志填写路票</td><td>—</td></tr>
<tr><td rowspan="3">四、列车出发</td><td>9. 向值班员交付路票并共同核对</td><td rowspan="2">10. 接受路票并检查核对</td></tr>
<tr><td>11. 指示值班员发车</td></tr>
<tr><td>12. 列车出发后，向接车站行车调度员报点</td><td>—</td></tr>
<tr><td rowspan="2">五、开通区间</td><td>13. 复诵接车站列车到达时刻及号码“电话记录××次××分××秒到”</td><td rowspan="2">—</td></tr>
<tr><td>14. 填写行车日志，确认区间开通</td></tr>
</table>

联锁站LOW故障情况下发车作业程序 表4-9

<table>
<tr><th rowspan="2">作业程序</th><th colspan="2">作业程序及用语</th></tr>
<tr><th>值班站长</th><th>值班员（站务员）</th></tr>
<tr><td rowspan="3">一、办理闭塞</td><td>1. 听取发车闭塞请求，复诵“××次闭塞”</td><td>—</td></tr>
<tr><td>2. 根据行车日志和LOW确认区间空闲</td><td>—</td></tr>
<tr><td>3. 承认闭塞：“电话记录××号××点××分××秒同意××次闭塞”</td><td>—</td></tr>
<tr><td rowspan="2">二、准备进路</td><td>4. 布置值班员（站务员）“检查××道，准备××次××道接车进路”</td><td rowspan="2">5. 检查线路空闲将进路上的道岔及防护道岔开通正确位置并加锁。经确认正确，向值班站长报告“××次××道接车进路好了”</td></tr>
<tr><td>6. 听取汇报后，复诵“××次××道接车进路好了”</td></tr>
<tr><td rowspan="3">三、引导接车</td><td>7. 听取发车站发车通知，并填写行车日志</td><td>—</td></tr>
<tr><td rowspan="2">8. 布置值班员“××次开过来，引导接车”</td><td>9. 复诵“××次开过来，引导接车”</td></tr>
<tr><td>10. 显示引导信号，监视列车进站停车</td></tr>
<tr><td rowspan="2">四、开通区间</td><td>11. 填写行车日志，报发车站“电话记录××次×点×分×秒到”并向行车调度员报点</td><td>12. 向值班站长交回路票</td></tr>
<tr><td>13. 收回路票</td><td>—</td></tr>
</table>

注：必须指出，采用电话闭塞法发车时，应在发车进路准备好之后再填写路票。

三 行车用语规则

1. 呼叫规则

①通话发起者应表明自己身份以及信息接收者的身份。

②当通话发起者或信息接收者有两名及以上人员需要介入通话时，均应先表明当前介入通话者的身份，并确认对方明确当前的介入通话者身份后，介入通话者方可发布相关指令或提出相关建议。

③各行车岗位人员发起通话时呼叫用语规范表如表4-10所示。

呼叫用语规范表 表4-10

通话发起者	通话对象	呼叫用语	备注
行车调度员	车站	行调×呼叫××站	—
车站	行车调度员	××站呼叫行调	—
	司机	××站××（岗位）呼叫××（地点）××方向列车司机	—
	车站	××站（本站）呼叫××站（需要通话的车站）	—
	车场	××站（本站）呼叫××（车场名）车场××（岗位或处所）	岗位：车场调度；处所：信号楼，派班室
司机	车站	××地点××方向××次呼叫××站	—

2. 回应规则

①信息接收者在听到通话发起者的呼叫后，应及时进行完整回应。

②各行车岗位人员回应通话时回应用语规范表如表4-11所示。

回应规范表 表4-11

回应者	回应对象	回应用语	备注
行车调度员	司机	行调×有，××站请讲	—
车站	行车调度员	××站有，行调请讲	—
	司机	××站有，××地点××方向列车司机请讲	—
	车站	××站（被呼叫车站）有，××站（呼叫车站）请讲	—
司机	××地点××方向××次司机有，××站××（岗位）请讲		

3. 通话规则

①每一次通话的发起者确认信息接收者身份或信息接收者回应及确认发令内容时均需以“请回话”作为继续通话的确认，行车调度员及车站等相关行车岗位发布行车及相关安全指令时需以“请复诵”作为继续通话的确认，当信息接收不清时请以“请重复”要求信息发起者再次复述信息。

②正常情况下，必须待信息接收者回应之后再进行具体通话；发生紧急情况应使用紧急呼叫措施，可在信息接收者回应前直接发布对应紧急指令。

③当通话发起者需要同时向多个接收者发布信息时，应指定其中一个信息接收者

进行复诵，并确认所有信息接收者正确接收到指令后方可结束通话，避免信息遗漏。

④通话双方不能互相抢话，需待对方“请讲”“请回话”“请复诵”或“请重复”等需自己回应的指令发出后方可陈述自己的内容或复述对方的命令。

⑤如果因命令内容较多，需要分段发令时，在命令分段处用“请复诵”进行分段。

⑥当受令者听到发令者的呼叫或回应不是同一个人时，应加倍警觉，对前后命令的一致性加以辨别，有前后命令不一致情况时及时向发令者提出，待发令者确认后按最终确认后下发的命令执行。

⑦当受令者复诵信息有误时，发令者在回话中应先使用“错误”进行回应，并适当提高音量加以提醒，然后向受令者重述正确指令。

4. 复诵规则

①通话发起者和信息接收者必须互相复诵，以达到让对方审核自己听到的信息是否准确的目的。

②通话双方必须认真核对对方复诵内容，严禁使用“明白”“好的”等词语代替复诵。

四 列车折返作业组织

列车折返作业分为有司机监视的 ATO 折返、无司机监视的列车自动折返两种模式。

1. 有司机监视的 ATO 折返

该模式下，司机随列车进行折返，其流程如图 4-16 所示。

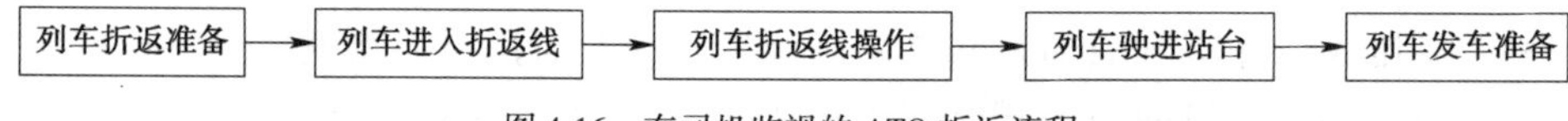

图 4-16 有司机监视的 ATO 折返流程

(1) 列车折返准备。

①ATS 系统确认列车身份，排列列车进入折返线的进路；

②换班的司机进入列车尾部驾驶室；

③当班的司机观察列车清客情况，关闭车门；

④车站值班员协助司机检查清客和关闭车门情况。

(2) 列车进入折返线。

①当班的司机检查列车显示，并启动 ATO 按钮；

②司机观察列车进入折返线的情况，若有异常则采取紧急措施；

③车站值班员通过 CCTV 系统显示器监视列车的运行；

④控制中心从车站获取折返列车状态资料，以便与运行计划进行核对。

(3) 列车折返线操作。

①当班司机关闭前驾驶室；

②换班司机启动后驾驶室；

③改变列车目的地指示；

④ATS 系统在适当的时机排列并开放进入另一侧的进路。

(4) 列车驶进站台。

①列车司机检查列车显示，并启动 ATO 按钮；

②司机观察列车驶出折返线的情况，若有异常则采取紧急措施；

③车站值班员通过 CCTV 系统显示器监视列车的运行；

④中央 ATS 系统从车站获取列车身份和到达时间参数，以便与运行计划进行核对。

（5）列车发车准备。

①车载 ATO 系统自动打开车门让乘客上车；

②ATS 系统改变列车车次信息；

③司机通过显示器监视列车状态，若有异常则通过无线设备与控制中心联系；

④车站值班员通过 CCTV 系统显示器监视乘客的上车情况。

2. 无司机监视的列车自动折返

无司机监视的列车自动折返的主要步骤如下：

（1）列车折返准备。

①ATS 系统确认列车身份，排列列车进入折返线的进路；

②换班的司机进入列车尾部驾驶室，更换列车尾部目的地标志并退出尾部驾驶室；

③当班的司机更换列车前端目的地标志，观察列车清客情况；

④当班的司机关闭车门、关停前端驾驶室，然后离开前端驾驶室来到站台；

⑤车站值班员协助司机检查清客和关闭车门的情况。

（2）列车折返。

①列车前端司机观察折返信号，按动站台上的列车自动折返按钮；

②前端司机观察列车进入折返线的运行状态，然后从站台前端走到站台尾端，准备作为下一列折返列车的换班司机；

③车站值班员和行车调度员通过 CCTV 系统显示器监视列车的折返状态；

④列车进入折返线后在折返线内自动停车；

⑤车站联锁系统自动排列列车出折返线的进路；

⑥列车两端驾驶室自动切换；

⑦中央 ATS 系统在适当的时机开放列车进入发车站台的进路，并将启动命令传递给列车；

⑧接到命令的列车自动启动行驶到车站发车站台并停车。

（3）列车发车准备。

①列车在停稳后自动打开车门；

②中央 ATS 系统确认列车车组号码并向列车传递车次和目的地号码；

③等候在站台端部的列车司机打开前驾驶室门进入驾驶室；

④司机启动前驾驶室，确认设备运转正常，若有问题则通过无线设备及时向控制中心报告；

⑤车站值班员通过 CCTV 系统显示器监视列车出站情况。

任务实施与评价

相关实训工单见本项目后任务 4-2 实施与评价。

项目4 实训工单

任务4-1 实施与评价

工作单	车站行车设施、设备和报表认知		
实训目标	1. 认识线路的类型和作用。 2. 认识道岔的结构、工作原理。 3. 掌握道岔的基本操作、手摇道岔“六部曲”工作流程		
班级		姓名	
学习小组		工作时间	
知识认知			

1. 如何判断道岔的开通方向？

2. 在联锁系统中如何远程控制道岔？可以对道岔进行哪些操作？

3. 请在下图中标出各线路类型的名称并说明其在行车中的作用。

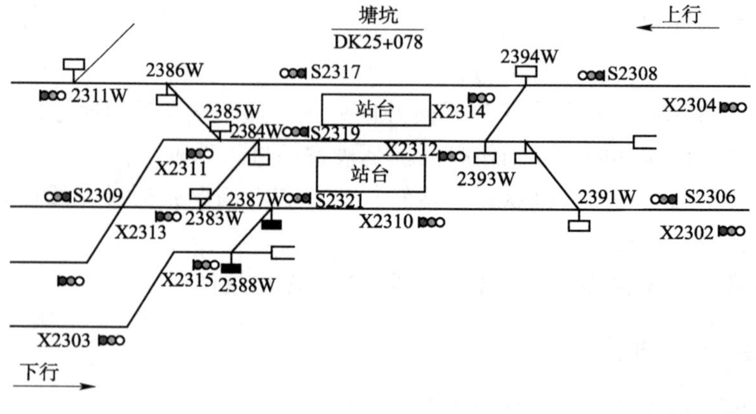

能力训练

1. 三人组成小组，借助道岔实训设备或道具，演示手摇道岔六部曲工作流程，要求严格按照操作规章执行，做到动作规范、语言标准。

2. 手画一个普通单开道岔的示意图，标注各组成部分的名称。

学习效果评价

评价指标	自我评价	教师评价
1. 知识学习效果		
2. 能力目标达成度		
3. 素质提升效果		

本学习任务最终评价：

教师签名：　　　　　　年　　月　　日

个人学习感悟

任务 4-2 实施与评价

<table>
<tr><td>工作单</td><td colspan="3">车站行车作业办理</td></tr>
<tr><td>实训目标</td><td colspan="3">1. 能按正常情况下车站站台接发列车的工作标准办理行车作业。
2. 能够在非正常情况下按要求办理列车进路。
3. 能够组织开展电话闭塞法接发列车</td></tr>
<tr><td>班级</td><td></td><td>姓名</td><td></td></tr>
<tr><td>学习小组</td><td></td><td>工作时间</td><td></td></tr>
<tr><td colspan="4">知识认知</td></tr>
<tr><td colspan="4">1. 在车站需要填写哪些与行车有关的报表？

2. 正常情况下车站站台接发列车的五部曲有哪些内容？

3. 根据接发列车作业流程表，梳理各岗位之间的关系，画出接发列车作业的流程图，注意标出岗位之间的先后顺序、关键动作。

</td></tr>
<tr><td colspan="4">能力训练</td></tr>
<tr><td colspan="4">1. 借助信号仿真系统、虚拟仿真动画课件或下图，模拟演示人工排列列车进路、取消列车进路的操作过程。
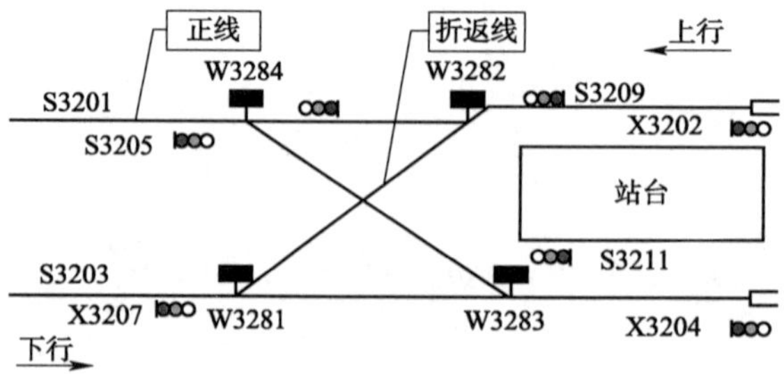
</td></tr>
</table>

2. 某日，你正在车控室监控列车运行，接到行车调度员调度命令，由于中央 ATS 系统出现故障，现由车站接受控制权，并启用电话闭塞法接发列车，请以小组为单位，借助信号仿真系统、行车电话、信号旗等工具，通过角色扮演的方式完成两个车站之间的接车和发车作业。

学习效果评价

评价指标	自我评价	教师评价
1. 知识学习效果		
2. 能力目标达成度		
3. 素质提升效果		

本学习任务最终评价：

教师签名：　　　　　　年　　月　　日

个人学习感悟

项目5

车辆基地作业组织

项目描述

城市轨道交通车辆基地主要由车辆段（停车场）、综合维修中心等构成，是城市轨道交通行车组织机构的重要组成部分。本书中关于车辆基地的内容主要围绕车辆段展开。列车从车辆段出段进入正线运行，最后又回到车辆段。车辆基地信号楼调度员、值班员、列车司机等岗位都需要掌握相关行车业务。

本项目旨在让学生在了解车辆基地构成、功能和技术设备的基础上，掌握车场内行车作业组织流程和调车作业组织。

学习目标

1. 知识目标和能力目标

（1）认识车辆基地的构成、功能和相关技术设备；

（2）熟悉列车运转流程，正确办理列车出段、正线运行、列车收车作业、列车整备以及车辆段接发列车作业等；

（3）熟悉调车作业流程，确保调车作业安全。

2. 素质目标

（1）培养学生岗位协同作业意识；

（2）培养学生标准化作业意识；

（3）培养学生安全意识。

知识体系

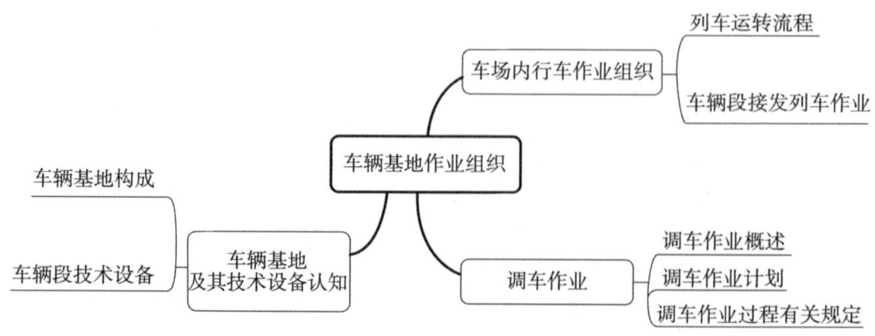

6 学时。

任务 5-1 车辆基地及其技术设备认知

案例导入

车辆基地调度员，需要对车辆基地有全面的认识，以便在需要的时候更好地调动资源，合理地进行出库计划、检修计划等各项计划的编制。某日，车辆段调度员小 C 负责对新入职的车辆段信号楼值班员、列车司机等进行车辆段认知培训，请结合图片等说明车辆段各部分的布局和功能。

知识和技能点

（1）了解车辆段的主要功能、车场控制中心指挥层次；

（2）了解停车场、综合维修中心、材料总库、培训中心的作用；

（3）理解车辆段线路、计算机联锁系统、检修库、工程车库、洗车设备等技术设备的布局和功能。

理论储备

《地铁设计规范》（GB 50157—2013）规定：车辆基地设计应包括车辆段（停车场）、综合维修中心、物资总库、培训中心和其他生产、生活、办公等配套设施。一般物资总库也称为材料总库。

车辆段是城市轨道交通车辆停放的基地，也称车场，主要承担城市轨道交通车辆的停放、检查、维修、清洁、整备等任务，以及负责乘务人员的组织管理、出乘、换班等业务工作。由于车辆段占地面积大、场地集中等，其一般都建成综合基地。除了承担上述任务外，车辆段还承担行车设备设施、机电设备的维护、检修，器材、材料、备品仓储保管和供应，组织和管理车辆段职工的技术教育以及培训等任务。

一般说来，一个完整的车辆段主要由一个运行系统和一个检修系统组成。运行系统主要担负列车的停放、到发、清洗和保养任务。检修系统主要担负列车的定期检查、定修、架修、大修的各级修理任务。在车辆段内两个系统既相对独立，又互相联系。车辆段有时也是线路各种设备、建筑物的维修基地。车辆段内设有工务、电务、机电等综合维修中心及材料总库等。

如果一个车辆段仅具有运行系统的线路、设备，则称为停车场，从目前我国已建成或在建的车辆段来看，上海新龙华车辆段和广州芳村车辆段都具有较完整的功能。北京已建的古城、太平湖车辆段不担当车辆的大修任务。国外的车辆段，以日本为例，分成车辆场和检车场，但其配置的设备和担当的作业在轨道交通网络中则有较大的不同。我国轨道交通网络车辆段，虽大致有车辆段、停车场之分，但也会因其在轨道交通网络中的作用、分工及地形条件的限制，在规模上有所不同。图5-1为常见的车辆段示意图。

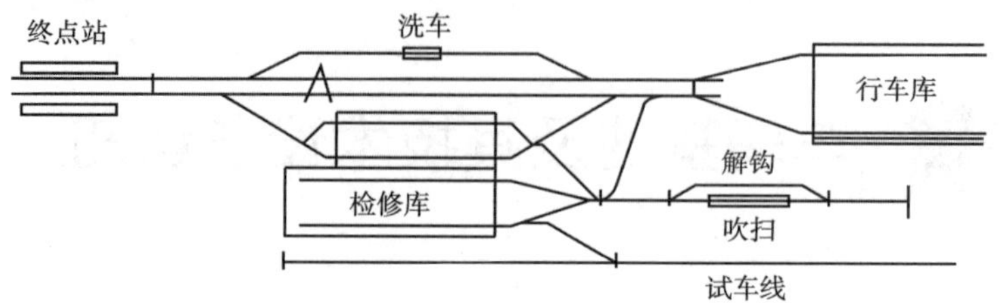

图5-1　车辆段示意图

地铁车辆段和停车场有何区别?

在地铁系统中，车辆段是指停放车辆以及承担车辆的运用管理、整备保养、检查工作和承担定修或架修车辆检修任务的基本生产单位。停车场是指停放配属车辆，以及承担车辆的运营管理、整备保养、检查工作的基本生产单位。

车辆段必须配备相应修程的各种检修设备和设施，包括检修库和各种检修线路、各种辅助生产车间和设备以及为车辆检修服务的各种设施设备，如试车线、镟轮线、给水设备、供电设备和污水处理设备等。停车场往往只配备停放车辆的股道和一般车辆维修整备设备，仅能完成车辆的运用管理、清洁整备、列车安全检查和月检等日常维修保养工作。一些简单的停车场也可不担负月检任务，其月检设施可设于相关车辆段内，在设计中应根据实际情况灵活运用。独立设置的停车场只是在线路太长或车辆段用地面积受限制，或运营的特殊需要等情况下才设置。为便于运营管理，独立设置的停车场一般隶属于相关车辆段。

知识提升　有些较长的线路会同时设置车辆段和停车场，未来车辆段和停车场还将被进一步整合。为了更好地实现资源共享，多线共用车辆段和停车场的措施将被逐步应用。

一　车辆基地构成

1. 车辆段

车辆段的主要功能包括：

不同类型的车辆段

①提供列车投入运营，确保所属线路列车运行图的实现。

②客车的停放、调车编组、日常检查、一般故障处理和清扫洗刷。

③客车的维修、临修、镟轮和定修、架修和厂修。

④工程机车车辆的停放、检修等。

⑤车辆段内通用设施及车辆维修设备的维护管理。

⑥乘务人员组织管理、出乘计划编制、备乘换班的业务工作。

⑦所属线路列车运行出现故障时的技术检查、处理和救援工作。

车辆段内行车指挥部门为车场控制中心（DCC），是辆段内行车组织、机车车辆（含客车车辆）及行车设备设施的检修/施工作业、调试作业和车辆清洁的管理中心。

车场控制中心（DCC）指挥层次如图5-2所示。

①车辆段调度员。

车辆段调度员统一指挥车场内的行车组织工作，全面负责组织实施客车、机车车辆转轨/取送/检查作业，组织实施调试作业、列车出入车场等工作，合理、科学地调配人员、机车车辆和协调、安排车辆段内行车设备、消防设备、库房等设备设施的检修与维护；向行车调度员通报运用客车及司机的配备情况，负责与车辆检修调度交接检修及运用客车、与出/退勤司机交接运营客车；协调与外部的工作接口问题等。

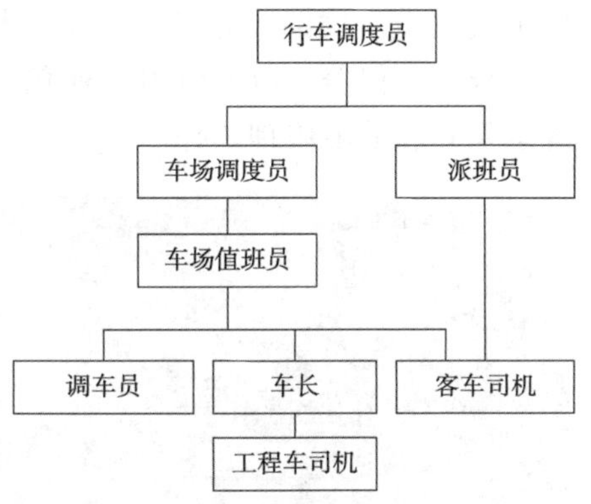

图5-2　车场控制中心指挥层次示意图

②车辆段值班员。

信号楼计算机联锁设备控制室设置两名车辆段值班员，一名负责操作计算机设备，实现计算机联锁设备的用途及功能；另一名负责办理接发列车、接收车辆段调度员的调车作业计划及与外界联系沟通等作业，并指挥、监督另一名操作值班员的排列列车进路作业。

③派班员。

派班员负责安排乘务员（一般城市轨道交通乘务员称为司机）的出/退勤作业，制订和组织实施司机的派班计划，遇突发事件及时调整交路、调配好司机的派班。协助乘务室主任管理司机日常事务，检查落实各项管理制度和作业安全规定。

④调车员。

车辆段调车作业时，调车员是负责机车车辆移动的现场指挥者，由工程车辆段段长（或副段长）担任。

⑤车长。

工程车开行时，车上需要有两名司机。一名负责驾驶列车；一名担任车长，负责指挥列车运行及检查监视车辆装载货物的安全，推进运行时负责引导瞭望。

2. 停车场

根据线路情况的不同，城市轨道交通系统可以另外设置仅用于停车和日常检查维修作业的停车场或检车区，其在管理上一般附属于主要车辆段，规模较小，其功能主要为列车的停放、调车编组、日常检查、一般故障处理和清扫，车辆的修理（月修与临修），可另设工区，管理司机出乘、备乘倒班。图5-3为某车辆段的停车场。

图5-3　车辆段的停车场

3. 综合维修中心

综合维修中心（简称维修中心）是指城市轨道交通系统中各种设备和设施的维修管理单位，如图 5-4 所示。它的业务范围较广，涉及城市轨道交通线路、路基、轨道、桥梁、涵洞、隧道、房屋建筑等设施的维护、保养，以及供电、通信、信号、机电设备和自动化设备的维修保养和故障修理工作。

维修中心

a)

b)

图 5-4 维修中心的移车台和转轨设备

（1）综合维修中心基本功能。

①承担全线轨道、道岔、隧道、路基等设施及设备的日常维护和定期检修任务。

②承担全线车站建筑、站内装饰、导向标志、出入口设施、风亭等的日常维护和定期检修任务。

③承担全线各种变电所、接触网、供电线路及设备的运营管理、日常维护和定期检修任务。

④承担全线各种机电系统及设备，（包括环控系统、给排水系统、电梯等设备）的运营管理、日常维护和定期检修任务。

⑤承担全线通信信号系统的运营管理、日常维护和定期检修任务。

⑥承担全线车站环境与设备监控系统（BAS）、火灾自动报警系统（FAS）、远动监控系统（SCADA）等的日常维护和定期检修工作。

（2）综合维修中心车间组成。

①机电车间：由供电工段和机电工段两部分组成。供电工段承担城市轨道交通供电系统的牵引变电所、降压变电所、电力监控设备、供电电缆等的日常巡检、保养和维护工作。其包括电器工班、继电器工班、远动工班、仪表计量工班、蓄电池工班、电缆工班。机电工段负责全线机电设备，如环控系统、自动售检票系统、给排水系统、动力照明系统、电梯及自动扶梯、站台屏蔽门、车站监控设备的日常巡检、保养和维护工作。其包括电机工班、环控工班、电梯工班、给水工班、站台屏蔽门工班、自控工班、自动售检票工班等。

综合维修中心车间组成

检修车间

②修建车间：由建筑工段和桥隧工段组成。建筑工段承担全线房屋建筑、车站建筑、站内外装饰、室内外上下水、出入口、风亭和其他地面设施的日常巡检、保养和维护工作。需要配备木工班、电工班、

建筑工班等。桥隧工段承担全线高架桥、隧道的日常巡检、维护和堵漏工作。其由隧道巡检工班和清扫工班组成。

③工务车间：承担线路的轨道、道岔及其设备的日常巡检、探伤和养护工作，根据工作量大小，由若干个养路工班组成。

④接触网工区：负责接触网或接触轨的日常维护、检修和事故抢险。需要配备轨道牵引车、接触网检测车、架放线车等，可存放于特种车库。

⑤通号车间：负责全线所有的通信信号系统和设备的运行维护、故障处理的工作。

4. 材料总库

材料总库承担城市轨道交通系统材料、配件、设备和机具，以及劳保用品等的采购、存放、发放和管理工作，为城市轨道交通工程各系统的建设、运营和维修所需材料、机电设备和配件等提供储存和供应服务，并负责材料的采购、保管和发放工作，在工程建设期间可用于工程材料、设备的临时存放。

材料总库由机电库、特殊配件库、材料库、易燃品库、卸料线、堆场等组成。存放量小时，也可将机电库、特殊配件库、材料库合并布置，形成综合材料库。有条件时，材料总库可采用自动化立体仓库。易燃品库用于存放氧气、乙炔、氢气、油脂、化学物品等，应单独设置并分成隔间。材料库的布置宜邻近卸料线和堆场。

5. 培训中心

培训中心负责组织和管理车辆段综合基地职工的技术教育以及培训。城市轨道交通系统一般宜共用一个培训中心。培训中心内应设有教室、设备室、教职员工办公室以及配套设施，如图5-5所示。培训中心应以城市轨道交通线网规划为依据，进行合理规划，根据功能和任务确定建设规模。

培训中心

图5-5　某培训中心室外培训设备

二　车辆段技术设备

1. 车辆段线路

车辆段线路与道岔

车辆段内线路标准轨距为1435mm，钢轨除试车线为60kg/m外，其余均为50kg/m，一般采用7号道岔。

车辆段线路最小平面曲线半径一般不小于150m，困难地段不得小于110m。

车辆段线路坡度一般为平道，出入段线的最大坡度不宜大于40‰。

车场线

车辆段线路按作业目的、功能可分为运用线，包括转换轨、停车线、双周检线、三月检线、洗车线、试车线、走行线、牵出线等；检修线，包括定修线、临修线、静调线、不落轮镟修线等；其他线，包括装卸线、工程车库线、材料总库线、调车机库线等，如图5-6、图5-7所示。

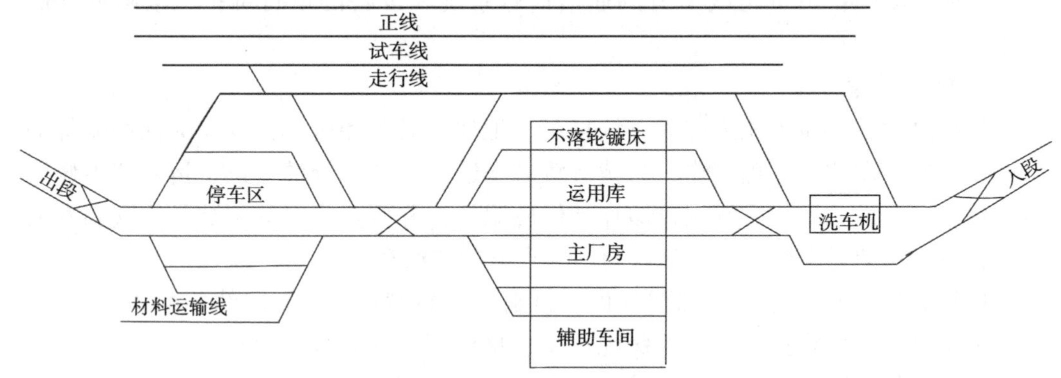

图5-6　车辆段线路类型

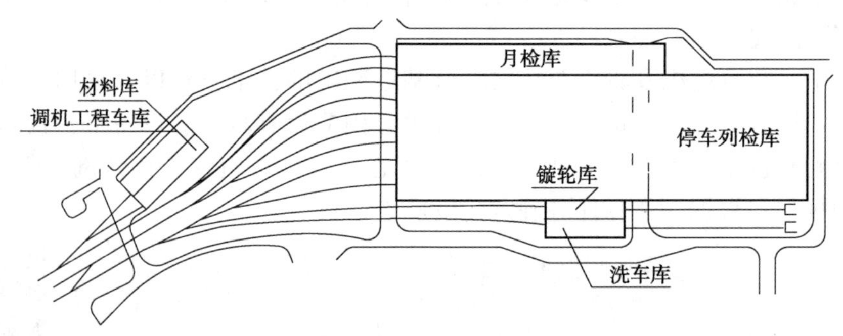

图5-7　车辆段线路类型2

车辆段咽喉区是指连接车库与正线的部分，由出入段线与道岔组成。咽喉区应有若干平行进路，具备一定的通过能力，应尽量缩短咽喉区长度，节约用地。

2. 计算机联锁系统

车辆段信号系统为计算机联锁系统，其设备设于车辆段信号楼，信号机和道岔由信号楼集中控制。计算机联锁系统主要功能如下。

①根据作业情况可办理列车进出车辆段、调车转线作业、引导接车或总锁闭接车等，可实现单独操纵道岔和单独锁闭道岔、“总取消”和“总人解”、信号机及道岔封锁和清封锁、破封检查等。

②向被占用线路上排列列车进路时，使信号机不能开放。

③监督是否挤岔，并于挤岔的同时，使防护该进路的信号机自动关闭。被挤道岔未恢复前，使有关信号机不能开放。

④在显示屏上应能监视线路与道岔区段是否被占用、进路开通及锁闭、复示地面信号机的显示状态。

⑤当道岔第一连接杆处的尖轨与基本轨间有4mm及以上间隙时，确保不能锁闭或开放信号机。

3. 检修库

检修库根据检修程度不同分为不同种类，其配套的设施设备也有所不同。如月检库、定修库、架修库、大修库等，其库内线路数量依据检修车数量和进行的检修修程来确定。

知识拓展

城市轨道交通车辆检修修程一般分为列检、月检、定修、架修、大修五个级别。

列检：每天收车后，在有检查坑的停车线上进行功能检查，主要对与乘客及行车安全相关的部分进行检查，查看车辆故障诊断系统，小故障及时修复，大故障转入临修模式。

月检：主要对影响行车安全的车辆重要部件（如转向架、制动机、电机悬挂部件、受电弓等）系统功能进行重点检查，查看故障诊断系统，对空调系统、主变流器和制动电阻进风口滤尘网进行清洗或更换。

定修：承接检查、检修的重要环节，在对列车进行全面检查的基础上，对车辆段部分部件和少部分重点单位部件进行分解、检查、修理和更换。

架修：对车辆段绝大部分重点部件进行分解、全面检查和修理，并更换部分部件，对车辆各系统进行全面的检测、调试和试验。

大修：基本上是进行全面的拆卸、维修、部件更换等的处理，达到整体翻修的目的。

4. 工程车库

工程车库主要用于停放内燃机车和其他类工程车，如轨道检测车、接触网检测车等，并对其进行维护、保养等作业。

5. 洗车设备

在车辆段内一般安装自动洗车机，用于车辆自动清洗，完成喷淋、去污、上蜡、吹干等洗车作业。为保持车厢内部以及难以自动清洗部位的清洁，还需设置专用的车辆人工清扫线。

洗车线

目前，地铁车辆段普遍采用自动化机械洗车机以提高洗车效率和清洗质量。设计车辆段时一般需要设置独立的洗车线（图5-8），图5-9为洗车线上的设备。洗车线布置受洗车工艺和用地条件的限制，虽然布置灵活，但不同的布置形式对洗车能力和效率影响很大，因此在车辆段设计中分析洗车能力、优化洗车线布置方案是一个重要的内容。

6. 其他设施设备。

（1）牵引供电设备。

车辆段变电所分为牵引降压混合变电所、跟随式降压变电所、跟随式集中冷站降压变电所。车辆段接触网由牵引降压混合变电所供电，段内动力、室内外照明、出入段线动力照明用电由牵引降压混合变电所低压部分和跟随式降压变电所供电。

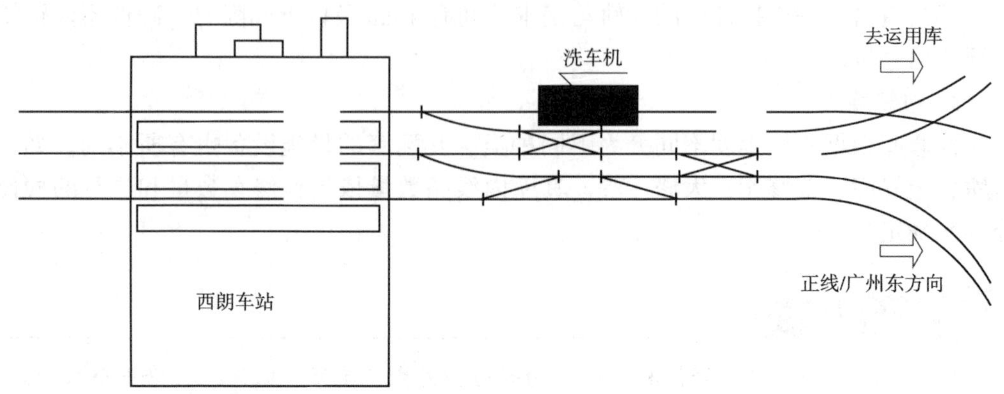

图 5-8　芳村车辆段洗车线平面布置示意图

图 5-9　洗车线上的设备

车辆段内负荷分级：通信、信号、变电所、清水离心泵、试车线信号房动力为一级负荷，与车辆运用直接有关的动力为二级负荷，车辆一般检修动力、各类通风设备动力为三级负荷。

（2）通信系统。

车辆段通信系统包括电话、无线通信和有线广播系统、无线调车系统。车辆段电话包括程控交换机电话（公务电话）、调度电话、站内及轨旁电话。信号楼和车辆检修库设有调度电话分机，具有录音功能，可实现车辆段值班员、派班员、车辆段调度员与行车调度员的直接通话。

车辆段有线广播系统分为派班室广播站和手动广播器，可向运用库区域进行广播。

车辆段无线调车系统属于调车通信系统，除有对讲功能外，还具备信号显示和辅助语音提示功能。无线调车设备由机车控制器、调车员（车长）手控机、连接员手控机（以下简称对手机）、调车区长台四部分组成。机车控制器具有信号显示和辅助语音功能，配属司机专用。调车员（车长）手控机具有对讲、控制信号显示功能（调车员或车长使用）。连接员手控机具有对讲和紧急停车功能（车场调度员及参与调车作业人员使用）。调车区长台为无线调车设备主要部分，具有通信发射、接收及对讲功能（固定安装信号楼控制室），由信号值班员控制使用。

（3）FAS 设备。

车辆段信号楼、运用库、检修库、材料总库和维修中心楼分别设置火灾报警控制盘，负责对各自保护范围进行火灾探测和报警控制。每套设备外围设备有烟感探测器、温感探测器、手拉报警器等，能独立完成火灾的监测及各种消防设备的监控。

运用库、检修库装设光束式烟感探测器和部分点式烟感探测器进行火灾探测，两侧安装消火栓和配置手提式干粉灭火器；设备房和办公室有烟感探测器；运用库、检修库、工程车库等四周墙壁每隔 30m 设有地址码手动报警器。

（4）运营管理用房。

根据运营管理模式的要求，多数运营单位在段内设有相应的办公室，包括乘务队办公室、运转值班室、信号值班室、乘务员备乘休息室、内燃机工程轨道车司机休息用房等。段内还应有设备维修车间，负责段内的动力设施及通用设备维修。

（5）其他设施。

机关办公楼与其他服务设施，如培训场地、消防设施、食堂、会议厅以及供处理火灾等紧急事务的专用通道等。

任务实施与评价

相关实训工单见本项目后任务 5-1 实施与评价。

任务 5-2 车场内行车作业组织

案例导入

电动列车司机需要能够按照列车运行图的时刻表，顺利完成一天的列车运营任务。某日，假设你调任电动列车司机岗位，请列出当天出勤工作的要点，并总结各个运营环节的注意事项。

此外，车辆段信号楼值班员小 E 需要与相邻的车站办理列车发车（车辆出库）和列车接车（车辆回库）作业。车辆段在按发车计划发车时，突然出现联锁系统故障，无法通过计算机联锁系统排列列车出库进路。请指导小 E 利用电话联系法与相邻车站组织接发列车。

知识和技能点

（1）熟悉列车运转流程；

（2）正确办理列车出段、列车正线运行、列车收车、列车整备以及车辆段接发列车作业。

理论储备

车辆段列车运转组织的主要对象为列车司机。根据城市轨道交通运营管理规范及各地铁公司的行车组织规则，列车必须由获得驾驶资格的司机驾驶、移动和操作，司机必须在列车的前端驾驶和操作列车。特殊情况下（如救援、测试等）经行车调度员授权才可以在后端驾驶室驾驶和操作列车。

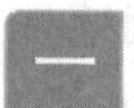

列车运转流程

列车运转流程指的是每日列车运用过程，包括四个环节，即列车出段、列车正线运行、列车收车、列车整备，如图 5-10 所示。这些作业由车辆运用部门各个岗位协同配合共同来完成。

1. 列车出段作业

列车出段作业包括编制发车计划、司机出乘、发车作业三部分，如图 5-11 所示。

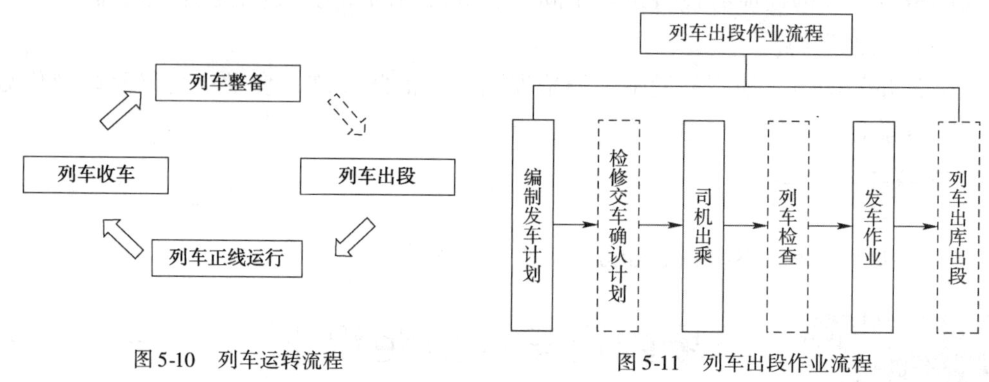

图 5-10 列车运转流程　　图 5-11 列车出段作业流程

（1）编制发车计划。

发车计划由运转值班员根据列车运行图、运营检修用车安排、车场线路存车情况等编制，内容包括列车车次、待发股道、运用车编号等。编制发车计划时，应注意避免交叉发车和保证列车出库顺序无误。发车计划编制完毕后，除应将计划下达给车辆段值班员外，运转值班员还应将计划中列车车次、车号、有无备车、备车车号上报给行车调度员。

编制发车计划后，安排交车确认发车计划。被编入的车辆应技术状态良好，投入运用的车辆应经车辆部车辆检修调度员签认方可投入使用。

（2）司机出乘。

司机应在充分休息的情况下出乘，按规定时间、地点办理出乘手续，领取相应物品。在办理出乘手续时，司机应查看行车告示牌上的行车命令、指示及安全注意事项，了解列车出库股道，并认真回答运转值班员的提问、听取运转值班员传达的有关事项。

办妥出勤手续后，司机应对安排值乘的列车按“突出重点、兼顾一般”的原则进行出车前检查，检查合格后方能发车。检查时发现车辆故障而不能担负列车任务时，应及时上报运转值班员并按其指示执行。运转值班员应立即通知检修部门检修故障列车，及时调整司机值乘列车的出车次序，并向车场值班员传达变更出车计划。

备用司机应与值乘司机同时出勤，完成备用列车检车程序后，备用司机应在车上待命。在发车工作结束后，方可回到司机休息室待命。

（3）发车作业。

列车起动前应确认信号开放与库门开启正常，并注意平交道口是否有人员、车辆穿越。在规定的出库时间已到而出库信号仍未开放时，司机应主动询问车辆段值班员，联系不上时可通过运转值班员询问。

正常情况下，列车经由出段线出段。列车出段凭防护信号机的显示，在出段线的有码区按人工 ATP 模式运行，在出段线的无码区按限速人工驾驶模式运行。在设备故障（咽喉道岔、道岔区轨道电路、牵引供电）或检修施工设施设备［车场线路、信联闭（信号、联锁、闭塞）设备、接触网］时，列车可以由入段线出段，但应得到行车调度员准许。车场值班员在办理列车发车作业时，应确认区间（出、入段线）空闲，停止影响发车进路的调车作业。

2. 列车正线运行作业

正线作业-高架站作业

从车辆运用角度，列车正线运行作业主要涉及列车运行交路作业、列车驾驶作业和正线交接班作业。

（1）列车运行交路作业。

列车正线运行的循环交路，以及列车在两端折返站的到、发时刻和出入段时间、顺序由车辆周转图规定，如图 5-12 所示。

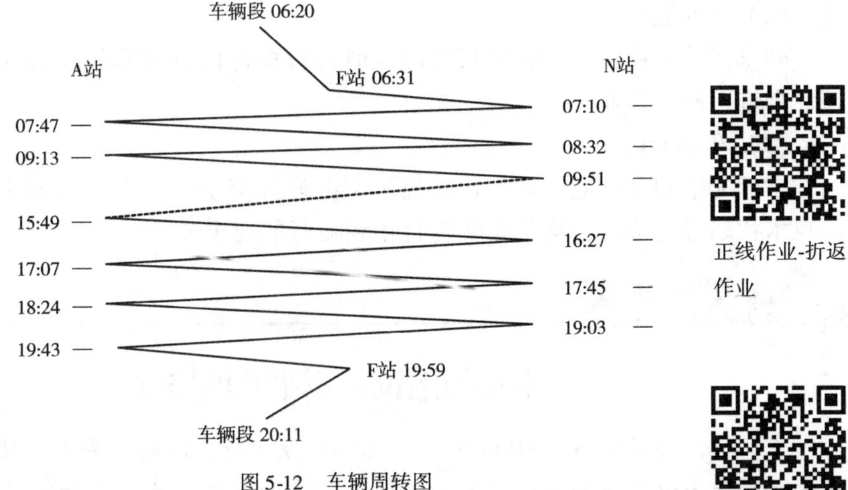

图 5-12 车辆周转图

正线作业-折返作业

正线作业-交接班

（2）列车驾驶作业。

司机在值乘中应注意力集中、严禁违章行车。在发现异常情况时，要及时采取措施排除故障和险情，确保行车安全和乘客安全。

（3）正线交接班作业。

在正线交接班时，接班司机应按要求出乘，交班司机应将列车技术状态、有关行车命令与注意事项交代清楚，并填写在司机报单上。如接班司机未能按时到达，交班司机应坚守岗位，及时报告行车调度员。

3. 列车收车作业

列车收车作业包括列车入段与入库、库内作业两部分。

（1）列车入段与入库。

正常情况下，列车由入库线回段。列车入段凭证为防护信号机的显示，在入库线的有码区按人工 ATP 模式运行，在入库线的无码区按限速人工驾驶模式运行。在设备故障或施工作业时，列车可以从出库线入段，但应取得行车调度员的准许。车场值班员在办理接车作业时，应确认接车线路空闲并停止影响接车进路的调车作业。

(2) 库内作业。

列车进入车库停稳后，司机应对列车进行检查，在确认列车无异常后携带列车钥匙、司机报单及其他相关物品办理退勤手续，然后向乘务组长汇报当日工作情况，听取次日工作安排与注意事项。

在发现列车技术状态不良时，司机应向运转值班员报告并做好记录。在发生列车晚点、清客、行车事故与救援时，运转值班员须组织当事人及有关人员填写情况报告并立即报有关部门处理。

4. 列车整备作业

列车整备作业分列车清洗、列车检修和车辆验收三部分。

(1) 列车清洗。

列车清洗包括内部清扫、清洁和车身清洗，列车清洗工作根据清洗计划进行。清洗时的动车工作按调车作业办理。

(2) 列车检修。

列车回库停稳后，运转值班员应及时与检修部门办理车辆交接手续，检修部门按计划进行检修作业。

(3) 车辆验收。

检修完毕的车辆应及时与运转值班室办理移交手续，运转值班室须派专人对车辆技术状态进行检查，确认车辆符合正线运行的要求。

平凡的岗位、不平凡的坚守

在北京，每天有超过1000万人次选择地铁出行，准时、安全、快速、便捷……这背后，是一群交通人一丝不苟、多年如一日的默默付出。作为北京市地铁运营有限公司三分公司回龙观乘务中心电客车司机，廖明在2016年创造了驾驶地铁列车安全行车100万公里无事故纪录，是目前国内保持地铁安全运营里程最长的人。

什么算安全行驶？北京地铁有着非常苛刻的标准：列车晚点5min以上算事故；某个车门未关严情况下列车启动算事故……要保证安全行车，必须做到万无一失，只要发生一次事故，不管什么原因，累计的安全里程就会被清零，从头来过。100万公里，对地铁司机来说，需要几十年的辛勤耕耘，而安全行车100万公里，应该算是一名地铁司机的最高职业荣誉。

从1985年算起，廖明走上地铁司机岗位已30多年，从1988年5月24日他第一次独立驾驶地铁列车，到2016年3月17日，他驾驶列车安全行驶超过2.5万小时。150万余分钟的安全驾驶、安全行车100万公里无事故的纪录，让他收获了“全国劳动模范”“全国五一劳动奖章”“首都劳动奖章”“国企楷模北京榜样”“全国十佳最美职工”“列车先锋”等多项荣誉。面对诸多成绩，廖明并没有骄傲，而是谦逊地说：“我只是众多地铁司机的一个缩影，我真的没做什么特别的事，保证乘客出行安全是我的责任。”

摘编自中国交通新闻网（2019年1月9日）

能力提升 其实不需做什么惊天动地的事，有时候我们把平凡的、简单重复的工作做到尽可能完美就够了。作为列车司机，保持安全行车，这其实就是其应有的职业道德和职业能力，但长时间坚持却并非易事。

二 车辆段接发列车作业

1. 接发列车作业概述

车辆段内运作工作，应认真贯彻安全生产的方针，坚持高度集中、统一指挥的原则，与行车有关部门应主动配合，紧密联系，协同动作，确保及时提供技术状态良好、数量足够的列车投入服务。

车辆段行车工作由车场调度员集中领导、统一指挥，车场值班员负责办理接发列车、排列列车进路和调车作业进路控制作业。车辆段内作业应以接发列车优先，其他作业不能影响列车出入车辆段。

（1）接发列车作业一般规定。

①接发列车应灵活运用股道，做到不间断接车，正点发车，减少转线作业，备用车应停放在运用库线路发车的一端，升起弓，随时准备出车辆段。

②当计算机联锁系统故障，采用应急台排列接发列车进路时应按压引导总锁闭，并现场确认进路开通，人工准备进路时使用钩锁器加锁进路上的对向道岔。

③采用应急台或人工准备接发列车进路办理接发列车作业时停止调车作业。

④联锁系统正常时，应在邻站开车或车辆段开车点提前5min停止影响列车进路的调车作业，准备接发车进路。

⑤原则上不得在非接发车线上办理列车接发作业。特殊情况应经车辆段调度员同意，得到行车调度员改变行车组织办法的命令后，采用排列调车进路锁定发车进路道岔（如联锁功能失效，人工加锁进路对向道岔）。列车凭行车调度员命令及车辆段调度员（或车辆段值班员）的发车信号出车辆段。

⑥列车进出检修库大门或通过平交道口前应停车确认安全后方可通过。

（2）列车占用转换轨凭证规定。

①当车辆段计算机联锁系统正常时，列车占用转换轨的凭证为出车辆段信号机的黄灯。

②当车辆段计算机联锁系统故障，开放不了出车辆段信号时，列车占用转换轨的凭证为出车辆段信号机的调车信号及车辆段值班员允许出车辆段的命令。

③当车辆段计算机联锁系统故障或邻站LOW工作站故障，开放不了出车辆段信号和调车信号时，改为电话联系（或区段闭塞）行车法组织行车，车辆段值班员得到行车调度员改变行车组织办法的命令，与邻站办理发车作业，列车占用转换轨的凭证为行车调度员命令（或路票）。

（3）列车停车规定。

①列车进车辆段后，应停于接车线信号机内方，列车头部不得越过防护信号机。如果列车尾部停在接车线信号机外方，车辆段值班员应通知司机往前移动到接车线信号机内方。

②列车在车辆段内运行时严禁其受电弓在分段绝缘器位置停车。

③列车停放运用库时不得压住平交道口。

（4）列车退行规定。

①列车自车辆段开车后，因故被迫停车需退行，尾部未越过入段信号机时，经车辆段值班员同意，换端（或车长引导）后退至发车股道出段信号机内方；尾部已越过入段信号机时，经车辆段调度员同意确定接车股道后，车辆段值班员按接入列车办理，通知司机凭入段信号退行入段。

②车辆段值班员接到列车需退行报告时，应立即向车辆段调度员汇报，确认接车股道空闲及延续段的列车或机车车辆停稳后方可同意退行。

③车辆段调度员接到列车退行报告后，应立即组织人员对故障设备进行抢修，组织其他列车绕道出段，必要时配合司机退行，确保减少对正线运营的影响。

车辆段接车作业

2. 接车作业程序

某地铁公司车辆段正常情况下接车作业程序见表5-1，联锁设备故障时的接车作业程序见表5-2。

某地铁公司车辆段正常情况下接车作业程序 表5-1

项目	作业程序		说明
	车辆段值班员	车辆段值班员（操作）	
1. 听取发车预告	（1）听取××站开车预告并复诵“××次预告”		列车正常入车辆段此项可简化
	（2）确认入段线、转换轨空线。征得车辆段调度员的同意，确定该列车接入×道，填写行车日志，并通知操作员	（1）填写占线簿，在停放股道上输入车次号	如进L-17～L-19道需通知护卫人员开启大门
2. 准备接车进路开放信号	（3）听取××站开车报点并复诵“××次×分开”	（2）复诵“××次×分开”	
	（4）填写行车日志		
	（5）指示操作员开放信号“××次×道停车，开放信号”，听取复诵无误后命令“执行”	（3）复诵“××次×道停车，开放信号”，听到“执行”后操作	应确认转换轨哪一道入车场。如果从转换轨2道入车场，应向操作员讲明进路

续上表

项　　目	作业程序		说　　明
	车辆段值班员	车辆段值班员（操作）	
3. 接车	（6）复检监视显示屏、确认信号正确。回答：“×道接车信号好”	（4）开放进车场信号时，手指、口呼“进车场”，点压始端信号机按钮；手指、口呼“×道”，点压进路终端信号机按钮。确认光带、信号显示正确后，报告：“×道接车信号好”	
		（5）监视列车进车场情况	
	（7）回答“好”	（6）通过控制显示屏确认列车整列进入接车线后，口呼“××次到达”	
4. 列车到达	（8）向发车站发出“××次×分到”		
	（9）填写行车日志		
	（10）通知车辆段调度员列车到达，向行车调度员报点		列车正常入车场，向行车调度员报点可简化

某地铁公司车辆段联锁设备故障时接车作业程序　　表5-2

项　　目	作业程序			说　　明
	车辆段值班员	接车人员	引导员	
1. 听取邻站闭塞预告	（1）听取××站请求闭塞“××次闭塞”			确认从哪条转换轨进入车辆段
	（2）根据行车日志、各种行车标志牌确认转换轨、出入车场线空闲			
	（3）根据列车时刻表、施工行车通告和临时调度指示，核对车次、时刻			

续上表

项　目	作业程序			说　明
	车辆段值班员	接车人员	引导员	
2. 承认闭塞	（4）发出电话记录“×号×分同意××次闭塞”			
	（5）听取复诵无误，填写行车日志			
	（6）在线路模拟屏上揭挂出入车辆段线占用牌			
3. 准备接车进路	（7）通知车辆段调度员，确定接车线			
	（8）布置接车人员检查线路“××次进车辆段检查×道”	（1）复诵“××次进车场检查×道”。填写占线簿		
	（9）听取汇报后，回答“×道空闲”	（2）现场检查，确认接车线，进路空闲后向车辆段值班员汇报“×道空闲”		
	（10）布置接车人员“××次从×道进场×道停车，准备进路”，并听取复诵无误后命令“执行”	（3）复诵“××次从×道进场×道停车，准备进路”，听到命令“执行”后，现场准备进路		
		（4）准备进路，确认进路正确，对向道岔已加锁后，站在进路一端手指、口呼“×道往×道开通”		准备进路时，通过对讲机与信号楼核对道岔位置
	（11）听取汇报后回答“好”	（5）向值班员报告“×道接车进路好”		
	（12）指示引导员“检查×道接车进路”，并听取复诵无误后命令“执行”		（1）复诵“检查×道接车进路”，现场确认	
			（2）按准备接车进路程序再次确认进路正确	

续上表

项目	作业程序			说明
	车辆段值班员	接车人员	引导员	
3. 准备接车进路	（13）听取汇报后回答“好”		（3）向值班员报告“×道接车进路确认好”	
4. 引导接车	（14）听取发车站开车通知，复诵“××次×分开”			
	（15）填写行车日志			
	（16）指示引导人员“××次×分开过来，引导接车”		（4）复诵“××次×分开过来，引导接车”	
	（17）通知接车人员“××次开过来，×道接车”	（6）复诵“××次开过来，×道接车”		
		（7）再次确认接车线路空闲。站在规定地点立岗接车	（5）站在规定地点显示引导手信号	
5. 列车到达开通区间	（18）接到“××次到达”，回答“好”。向发车站发出“×号××次×分到”	（8）列车进入停车线后，向车辆段值班员汇报“××次到达”		
	（19）填写行车日志	（9）列车停妥，向司机收回路票，并打“×”作废		
	（20）摘下出入车场线占用牌	（10）交回路票给车辆段调度员保管		
	（21）揭挂股道占用牌	（11）将道岔解锁		
	（22）向行车调度员报点			
说明：接车人员、引导员由调车人员、车辆段值班员、车辆段调度员担任。如应急台能使用则在应急台排列进路，引导员现场确认进路正确后开放机械引导信号接车				

3. 发车作业程序

车辆段发车作业

某地铁公司车辆段正常情况下发车作业程序见表5-3，联锁设备故障时的发车作业程序见表5-4。

某地铁公司车辆段正常情况下发车作业程序　　表5-3

项　目	作业程序		说　明
	车辆段值班员	车辆段值班员（操作）	
1. 发车预告	（1）根据运营时刻表、施工行车通告或行车调度员、车辆段调度员命令，确认出场线、转换轨空线、入车场箭头无显示。向接车站预告“××次预告”，并听取复诵		列车正常出车场，此项可简化
	（2）填写行车日志		
2. 准备发车进路，开放出段信号	（3）指示操作员：“××次×道发车，开放信号”，听取复诵无误后命令“执行”	（1）复诵：“××次×道发车，开放信号”，听到“执行”后操作	如果从转换轨1道出车场，应向操作员讲明进路
	（4）通过显示屏确认信号正确，回答：“×道发车信号好”	（2）开放出车场信号时，手指、口呼“×道”，点压始端信号机按钮；“出车场”，按压进路终端信号机按钮，确认光带、信号正确后，报告：“×道发车信号好”	
3. 指示发车	（5）通知司机“××次×道信号好，开车”		
	（6）确认列车起动，通知接车站“××次×分开”		
	（7）填写行车日志	（3）监视列车出场情况	
	（8）答：“好”	（4）通过控制显示屏确认列车整列出车场，口呼“××次出车场”；注销占线簿和股道车次	
4. 报点	（9）向行车调度员报点		列车正常出车辆段，向行车调度员报点可简化
	（10）复诵接车站报点“××次×分到”		
	（11）填写行车日志		

某地铁公司车辆段联锁设备故障时发车作业程序 表 5-4

<table>
<tr><th rowspan="2">项　目</th><th colspan="2">作业程序</th><th rowspan="2">说　明</th></tr>
<tr><th>车辆段值班员</th><th>发车人员</th></tr>
<tr><td rowspan="3">1. 预告闭塞</td><td>（1）根据行车日志及各种行车信号标志牌，确认转换轨、出入段线空闲。按行车调度员命令或运营时刻表、施工行车通告确认开行车次</td><td></td><td></td></tr>
<tr><td>（2）向接车站请求闭塞“××次闭塞”</td><td></td><td>向××站办理闭塞，讲明出车场线路</td></tr>
<tr><td>（3）填写行车日志</td><td></td><td></td></tr>
<tr><td rowspan="5">2. 准备发车进路</td><td>（4）发车人员布置“××次×道往×道发车，准备进路”，并听取复诵无误后命令“执行”</td><td>（1）复诵“××次×道往×道发车，准备进路”，听到“执行”命令后现场作业</td><td></td></tr>
<tr><td></td><td>（2）准备进路，确认进路正确，对向道岔已加锁后，站在进路一端手指、口呼“×道往×道开通”</td><td>准备进路时，通过对讲机与信号楼核对道岔位置</td></tr>
<tr><td>（5）听取汇报后回答“好”</td><td>（3）向值班员报告“×道往×道发车进路好”</td><td></td></tr>
<tr><td>（6）再次指示发车人员“确认×道往×道发车进路”</td><td>（4）复诵“确认×道往×道发车进路”</td><td></td></tr>
<tr><td>（7）听取汇报后回答“好”</td><td>（5）按准备进路程序再次确认正确后，向值班员报告“×道往×道发车进路确认好”</td><td></td></tr>
<tr><td rowspan="2">3. 办理路票</td><td>（8）听取接车站承认闭塞的电话记录号码，复诵“××号×分同意××次闭塞”</td><td></td><td></td></tr>
<tr><td>（9）填写行车日志，在线路模拟屏上挂出入段线占用标志牌</td><td></td><td></td></tr>
<tr><td>4. 填发路票</td><td>（10）通知发车人员，填写路票，与发车人员核对路票，确认无误</td><td>（6）填写路票并核对无误</td><td></td></tr>
</table>

续上表

项　目	作业程序		说　明
	车辆段值班员	发车人员	
5. 发车	（11）指示发车“××次×道发车”	（7）复诵“××次×道发车”	
	（12）列车鸣笛，向接车站报告“××次×分开”。填写行车日志	（8）向司机递交路票，显示发车（发车指示）信号	
	（13）听取汇报后回答“好”。向行车调度员报点，摘下股道占用标志牌	（9）立岗监视列车出段并报告“××次出车场”	
6. 开通区间		（10）将道岔解锁	
	（14）听取邻站列车到达通知，复诵“××号××次×分到”		
	（15）填写行车日志		
	（16）摘下出入段线占用标志牌		
说明：发车人员由调车人员、车辆段调度员或车辆段值班员担任。如应急台能使用则在应急台上排列进路，发车人员现场确认进路			

任务实施与评价

相关实训工单见本项目后任务5-2实施与评价。

任务5-3　调车作业

案例导入

车辆段调车员需要根据调车作业计划准确地指挥现场调车作业，并确保调车作业安全。某日，车辆段调车员接到调车任务，某列车需要从停车库开往洗车线，请列出调车作业过程中应注意的关键问题。

知识和技能点

（1）了解调车的功能；

（2）掌握调车作业基本要求和调车作业计划编制；

（3）熟悉调车作业过程有关规定，以及调车安全注意事项。

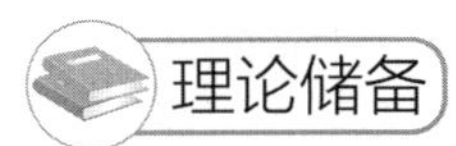
理论储备

一 调车作业概述

1. 调车的定义

车辆段内除列车进出车辆段外的一切机车车辆、车列有目的的移动，称为调车。

2. 调车的分类

调车作业按方法、方式和过程可以分为两类：

①由电动列车完成的转线、转场等相关作业。

②由内燃机车以及其他机车完成的编组、解体、转线、摘挂、取送等相关作业。

不论是何种形式的调车作业，不论在方法的使用和实现上有何区别，它们的基本要求、条件都是一致的，没有根本的差异，仅仅是形式、表现方法不同。

3. 调车的功能

①及时、正确地进行调车作业，保证电动列车按运行图的规定时刻发出列车，按运行图的要求运行。

②及时取送需检修的车辆，保证检修车辆按时到位。

③保证车辆段设备以及调车作业运行安全和人身安全。

④确保其他物资运输的运行秩序正常。

4. 调车指挥系统

①车辆段调车工作由车辆段调度员统一领导，调车作业人员应按作业标准和调车作业计划单执行。

②车辆段调度员应根据机车车辆、线路、设备检修计划和现场作业情况，合理、科学、正确地编制调车作业计划，组织调车人员安全、及时地完成调车任务。

③调车作业由调车员单一指挥。调车员根据调车作业计划单，正确、及时地显示信号，指挥调车机运行，并注意行车安全。

④调车司机应根据调车员的信号准确、平稳地操纵机车，时刻注意确认信号，不间断进行瞭望，正确、及时地执行信号显示要求。负责调车作业安全。

⑤车辆段值班员根据调车作业计划单和现场作业情况、机车车辆停放股道，正确、及时地排列调车进路、开放调车信号，做到随时监控机车车辆运行。

5. 调车作业基本要求

①调车作业必须按照调车作业计划以及调车信号机或调车信号的显示要求进行，没有信号不准动车，信号不清立即停车。

②特殊情况使用无线对讲机联络进行调车作业时，司机与调车员必须保持联络畅通，联络中断时应及时采取停车措施，停止调车作业。

③调车作业时，调车人员必须正确、及时地显示信号，司机要认真确认信号并且鸣笛回示。

6. 配合、协作要求

①调车作业是参加调车作业的相关人员如司机、调车员、车辆段值班员等相互

配合、相互协作的过程。因此无论是车辆的信号确认、进路确认还是注意事项都必须在作业前明确。

②车辆段值班员必须按规定正确、及时安排调车进路，并且监视车辆运行情况。

③调车员必须看清计划，确认安全状态后，才准许显示信号，不得盲目指挥、盲目显示信号。

④司机必须确认信号、瞭望四周情况后才能启动机车。

7. 确认的基本内容

调车作业中应该看清与确认的情况是：

①线路情况、停留车位置情况；

②道岔开通情况、信号显示情况；

③车下障碍物与异物情况；

④检修线和所进入线路作业情况以及进出库房大门情况；

⑤连挂的车辆情况；

⑥走行速度情况、道口四周情况；

⑦参加调车作业的人员情况等。

8. 终止作业条件

①在调车作业中，调车人员显示的信号得不到司机回示或认为速度过快以及其出现他异常情况时必须立即显示停车信号。

②司机在无法瞭望信号、信号中断、联络中断或者认为有异常情况时必须立刻停车。

③车辆段值班员发现调车作业人员在作业过程中违反安全规定时应立即采取措施，命令调车作业终止。

④车辆段或车站管理人员发现有危及调车作业安全、设备安全、人身安全的情况时应立刻通知有关人员停止调车作业。

铁路连接员李斌：用汗水绘制“列车运行图”

“110m，十车；55m，五车；33m，三车……”李斌站在车厢的门边，一边观察车厢之间的距离，一边通过对讲机指挥控制车速。随着“咣”的一声，一节节车厢被精准连接上。

李斌是聊城车务段刘庙站调车组连接员，也是一名退役军人，曾获得聊城车务段先进个人、聊城车务段先进共产党员等荣誉称号。他主要工作就是对列车进行解体及编组车辆，将去往各个方向的列车根据方向汇集到调车场的各条股道，保障每一趟货物列车安全、高效运转。

取送车辆、摘解车辆的风管、提开车钩、做好防溜……这些动作，李斌每天都要重复上百次，风雨无阻，不论严寒酷暑。他 2007 年进入聊城北站从事连接员工作，2018 年调入刘庙站，李斌已经在连接员的岗位上坚守了 13 年。

据了解，调车作业是铁路系统最艰苦的岗位之一，用四个字概括就是“脏、累、苦、险”。户外作业，不可避免要承受各种天气的考验，无论是风吹、日晒还是雨淋，都必须坚守岗位。李斌说，下雨天雨水会造成轨道和地面湿滑，不利于行车的准点和安全，而且穿着雨衣工作也难受。李斌打趣说："雨衣外面在下雨，雨衣里面也在'下雨'——汗水不停地流呀。"

每次作业完成，连接员们的衣服上总会留下白花花的汗渍，就像是用汗水绘制的"列车运行图"，他们也是高温下的最美"逆行者"。

调车工作的重中之重就是安全，一丁点的马虎大意都有可能造成不可估量的后果。刘庙站调车组值班主任王青岳告诉记者，在日常工作中，连接员必须谨慎又细心，严格落实标准化作业要求。"李斌可以说是我们单位的工作标兵，胆大心细，工作严谨。他经验丰富，经常在调车编组单上为其他同事标注细节和需要注意的问题，发现问题也能及时作出提醒和调整。"王青岳笑着说，"每个月的月度考核中，就属他出现的问题最少！"

"我是党员，自然要以党员的标准严格要求自己，事事尽心尽力、传递社会正能量。再艰苦的岗位总要有人去干，既然干了这一行，确保安全是基础，圆满完成生产任务是尽责。"言语不多的李斌憨厚一笑，擦了一把脸上的汗水，转身登上机车，又开始了下一批作业。

摘编自大众网（2020 年 8 月 12 日）

能力提升 调车员的工作很辛苦，最重要的就是遵守规章和具有安全意识。严格按照操作规程开展调车工作，时刻注意安全防范，在无数次的重复工作中不出纰漏，这是调车员最重要的品质。

二 调车作业计划

调车作业计划

调车作业都是通过调车作业计划来实现的，所以对于调车作业来说，调车作业计划是进行调车作业的凭证与依据。调车作业计划是指调车工作的有关领导人（运转值班员或行车值班员）向调车作业人员以书面形式下达或口头布置调车作业通知，内容包括起止时间、担当列车（机车）作业顺序、股道号、摘挂辆数（编组车号或车位）、安全注意事项等。

调车标准流程

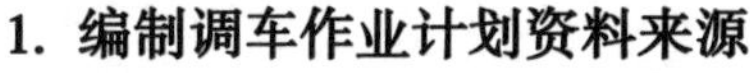

1. 编制调车作业计划资料来源

①车辆部检修调度提供的车辆检修计划及签认的临时维修计划。

②开行工程车计划。

③材料总库车辆装卸情况。

④维修工程部生产调度提报的设备检修配合计划。

⑤维修工程部、承建商动车计划。

⑥车辆部设备车间扣修计划和工程车故障报修单。

⑦需要动车的其他情况。

2. 调车作业计划的编制、传达

（1）计划编制。

由于调车作业中地点比较分散，涉及作业部门较多，钩数［"一钩"作业，一般是指机车（列车）或所挂车辆由线路的一股道运行到另一股道并且改变运行的方向的作业］不易记忆，环境因素对作业影响较大，所以一般规定调车作业钩数在“三钩”以上时应由行车管理的有关部门编制调车作业计划。

调车作业计划应由运转值班室值班员或行车值班员根据生产部门提出的要求、和运行实际状况正确、合理、及时地编制。

编制调车作业计划时应充分考虑各方面的因素与条件，力求在确保行车安全的前提下，提高调车作业效率，以最少的作业钩数、最短的调车行程，完成相应的调车工作任务。

（2）计划传达。

车辆段调度员应亲自向调车员递交计划，以书面形式下达。调车员应根据作业计划制订安全防范措施及其他注意事项，亲自向司机递交和传达。

车辆段调度员以书面形式或电话向车场值班员传达计划，车场值班员接受计划时应复诵核对。

3. 调车作业计划的变更

变更调车作业计划主要是指变更作业股道、摘挂辆数与车辆号、作业方法及取送作业或转线的区域或线路。

①调车作业中必须严格按照调车作业计划所规定的内容与要求进行，不准擅自改变作业内容与计划。

②如因运行状况以及生产实际需要必须变更调车作业计划时，应该停止进行中的作业。

③由运转值班员或行车值班员将变更后的计划向调车人员及信号员重新布置，传达清楚，并且进行核对和复诵，确认无误后，方可继续作业。

④变更计划不超过“三钩”时可以以口头方式传达，超过“三钩”时应重新编制书面调车作业计划，原计划取消执行。

⑤为了贯彻集中统一指挥的原则，调车作业中调车长在作业过程中认为必须变更原计划时，应及时向有关行车、运转调车领导人反映，由调车领导人重新编制书面计划后执行。

三 调车作业过程有关规定

1. 调车作业前的准备

①调车作业前，调车员应充分做好准备（按规定着装、佩戴防护用品，确认无线对讲机良好），并认真检查调车组其他人员准备情况。

②对线路进行检查，确认进路、车辆底部和上部无障碍物。

③对车辆进行检查，内容包括车辆防溜措施情况、是否进行技术作业、是否有侵限物搭靠、装载加固是否良好、是否插有防护红牌（红灯）。

2. 调车进路确认

在调车作业中经常会遇到牵引车辆运行和推进车辆运行的情况，由于调车进路变化较多，车辆存放处所不同，连挂与牵出的地点各异，所以这两种情况在调车作业时常常交替进行，为了分清调车作业中对进路以及周围情况确认的责任，更安全、有效地展开调车作业，通常对牵引与推进车辆运行的瞭望以及确认要求做以下规定：

①列车正向运行、单机运行或牵引车辆运行时，前方进路的确认由司机负责。司机在运行时要不中断瞭望，对于发生的异常情况，如线路限界异常情况、信号显示异常状态、人员行走情况、道口安全情况、调车路径不正确等，司机要果断采取处置措施。

②推进车辆运行时，前方进路的确认由最前方调车员（调车长）负责，最前方调车员（调车长）应不中断瞭望，及时正确地与司机联系或显示信号，如确认前方进路有困难，可指派参加调车作业的其他人员（调车员或连接员）确认、瞭望，并将情况正确、规范地传达给调车指挥人，由调车指挥人与司机联络。一般情况下，调车指挥人应站立在易于瞭望进路，又能使司机看清其信号显示的位置。

③在调车作业中，调车员必须按调车信号的显示要求进行，如果运行中遇调车信号机灯光显示不明或熄灭、手信号灯光忽明忽暗或中断、无线对调机联系中断、信号没有得到回示等，都应视其为停车信号而采取措施，使机车（列车）停止作业。

④如果车站信号机或车辆段信号机发生故障，应由调车员即刻通知信号值班人员，必要时应通知运转值班员或行车值班员组织检修，调车员必须等信号机恢复显示或由有关行车人员到场通知司机或显示允许通过该信号机的信号后，方可按照有关规定和制度越过该信号机。

3. 调车作业进路的变更与终止

在实际调车作业中，由于线路情况变化以及实际工作的需要，必须取消调车作业进路时，进路控制和信号操纵人员必须遵守以下规定：

①进路控制和信号操纵人员确认列车或车辆尚未启动，通知调车司机与调车员后，并得到回复；

②如果列车、车辆已经开始运行，必须立即通知司机和调车长，并且确认列车或车辆已经停止运行；

③如果必须使列车或车辆运行，确认列车或车辆已经按规定进入规定位置停车；

④在执行以上三点基本规定之一后，进路控制和信号操纵人员才能关闭信号机取消原先调车进路；

⑤进行变更进路的排列过程中，开放变更后的调车作业信号时，参加调车作业的司机和调车员在得到信号楼或有关信号操纵人员的通知后，应立即遵照执行，不得盲目动车或强行启动车辆进入信号机内方，防止产生由于进路变更而使列车或车辆冒进红灯或者由于道岔转换而造成挤岔或脱轨事故。

4. 调车速度限制

在调车作业中，由于以下原因的存在，作业中要严格控制列车运行速度：被调动车辆自动制动机可能没有全部加入整列系统中，造成制动力较小；车辆运行方向正向、逆向交互进行有时瞭望不便；调车线路的标准、等级以及道岔型号都低于运营正线，存在设备结构限制；当列车推进运行时需中转信号，在时间上有延误或需增加中转时间；线路周围情况相对较复杂等。

表5-5是某地铁公司规定的调车速度。

某地铁公司调车速度规定　　表 5-5

序　号	项　目	速度（km/h）	说　明
1	空线牵引运行	25	
2	空线推进运行	15	
3	调动装载超限货物的车辆时	10	
4	在尽头线调车时	10	
5	在维修线调车时	10	
6	在运用库内停车线调车时	10	
7	货物线上对位时	5	
8	接近被连挂车辆三、二、一车时	8、5、3	
9	接近被连挂车辆时	3	

5. 调车标准用语

表 5-6 是某地铁公司规定的调车标准用语。

某地铁公司调车标准用语　　表 5-6

序号	作业含义	标准用语	说　明	序号	作业含义	标准用语	说　明
1	呼叫调车作业人员	“××”（姓名）	—	12	牵出前须提钩	“提钩好”	同上
2	调车作业人员回答	“××”有	—	13	要求减速	“减速”	同上
3	确认调车进路开通	“×道”开通	司机鸣笛回示	14	要求鸣笛	“鸣笛”	同上
4	向有车线挂车推进	“×道”开通连挂	同上	15	要求试拉	“试拉”	然后按规定给信号
5	向空闲推进	“×道”开通推进	同上	16	转线快过岔报距离	“再走×车（m）”	同上
6	三车信号	“三车”	同上	17	连挂妥当连接风管	“挂妥接管”	同上
7	二车信号	“二车”	同上	18	线路检查准备妥当	“×道可以挂车”	同上
8	一车信号	“一车”	同上	19	送车对位妥当	“对位好”	—
9	停车信号	“停车”	同上	20	一度停车后挂车	“×m 挂车”	给黄灯
10	牵出前无须提钩	“牵出”	同上	21	向信号值班员请求原路折返作业	“信号楼×道折返作业”	由调车员负责请求
11	车列整列起动	“起动好”	同上	22	挂距土挡（车挡）不足 10m 的车组	“离土挡（车挡）×m”	司机鸣笛回示

四　调车安全

①在带电区段调车作业时，严禁调车人员攀登机车车辆或装载的货物顶部。

②上下车时，应停车、应选好地点，注意地面障碍物。

③在机车、车辆移动过程中，禁止下列行为：在平板车的侧板或端板、支架上坐立；站在车梯上探身过远；在装载易于窜动货物的车辆间和货物空隙间站立或坐

卧；骑坐“车帮”，跨越车辆；进入线路内摘管或调整钩位；严禁在机车前后端坐立。

④作业中严禁吸烟，班前禁止饮酒。

⑤处理车辆作业时：摘车时，应执行“一关”（关折角塞门）、“二摘”（摘风管）、“三提钩”的作业程序；摘接风管、调整钩位、处理钩销时，应等待车辆、车列停妥，并向司机显示防护信号；调整钩位、处理钩销时，不要探身到两钩之间；使用折叠式手闸，须在停车时竖起闸杆，确认方套落下，月牙板关好，插销上好后方可使用。注意检查手闸链条是否良好。

⑥行走线路规定：调车员顺着线路走时，应走两线路之间，并注意邻线的机车车辆和货物装载状态；严禁在道心、枕木头上行走，不准脚踏钢轨面、道岔连接杆、尖轨等；横越线路时，应“一站、二看、三通过”，注意左右机车车辆的动态及脚下有无障碍物；横越停有机车车辆的线路时，先确认机车车辆暂无移动，然后在该机车车辆较远处通过，严禁在运行中的机车车辆前面抢越；不准在钢轨上、车底下、枕木头上、道心里坐卧或站立，不准跨越地沟。

案例分析

调车作业超速引发事故

2018年，某地铁车辆段列车由牵出线4道调至静调库调车作业过程中，当工程车推行列车运行至牵出线1道时，由于运行速度过快（超过25km/h），在施加制动力的情况下无法及时停车，导致列车TC1端半自动车钩撞上牵出线1道端头车挡，线路示意图如图5-13所示。

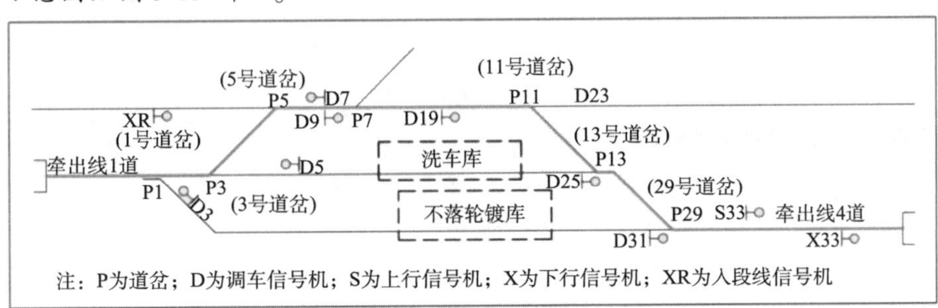

图5-13 案例中线路示意图

能力提升 本案例中，调车司机违反作业规定，超速运行，反映出作业人员安全意识薄弱，调车作业监控人员监控不到位。

任务实施与评价

相关实训工单见本项目后任务5-3实施与评价。

项目5　实 训 工 单

任务5-1　实施与评价

<table>
<tr><td>工作单</td><td colspan="3">车辆基地及其技术设备认知</td></tr>
<tr><td>实训目标</td><td colspan="3">1. 了解车辆段的主要功能、车场控制中心（DCC）指挥层次。
2. 了解停车场、综合维修中心、材料总库、培训中心的作用。
3. 理解车辆段线路、计算机联锁系统等技术设备的布局和功能</td></tr>
<tr><td>班级</td><td></td><td>姓名</td><td></td></tr>
<tr><td>学习小组</td><td></td><td>工作时间</td><td></td></tr>
<tr><td colspan="4">知识认知</td></tr>
<tr><td colspan="4">1. 车辆段的主要功能有哪些？

2. 画出车辆段车场控制中心指挥层次示意图。

3. 车辆段一般包括哪些类型的线路？</td></tr>
<tr><td colspan="4">能力训练</td></tr>
<tr><td colspan="4">1. 查阅资料，以小组为单位制作PPT，详细介绍国内某个车辆段的总体情况，要求图文并茂，并包括总体设计、服务线路、服务能力、功能等内容。

2. 画一个车辆段的平面布局图，并标注各主要部分的名称。</td></tr>
</table>

3. 下图为某车辆段计算机联锁系统界面，请结合图片并查阅资料，说说计算机联锁系统具备哪些功能。

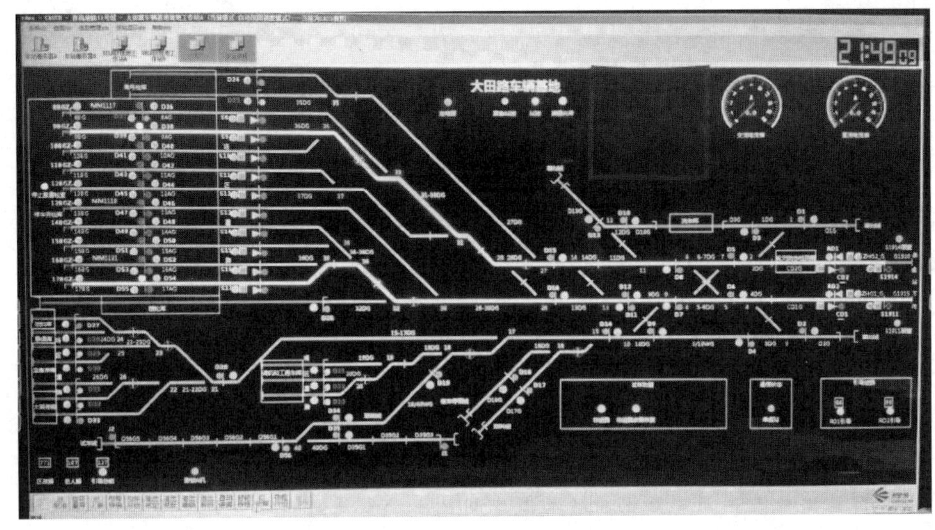

学习效果评价

评价指标	自我评价	教师评价
1. 知识掌控程度		
2. 能力获得程度		
3. 素质提升程度		

注：1. 自我评价、教师评价和最终评价都采用等级表示，即填写优、良、中等、及格和不及格。

2. 最终评价可以作为本课程总评价的参考数据之一。

本学习任务最终评价：

教师签名：　　　　　　年　　月　　日

个人学习感悟

任务5-2 实施与评价

<table>
<tr><td>工作单</td><td colspan="3">车场内行车作业组织</td></tr>
<tr><td>实训目标</td><td colspan="3">1. 掌握列车运转流程，能够组织列车出段、正线运行和入段作业。
2. 掌握车辆段接发车作业流程</td></tr>
<tr><td>班级</td><td></td><td>姓名</td><td></td></tr>
<tr><td>学习小组</td><td></td><td>工作时间</td><td></td></tr>
<tr><td colspan="4">知识认知</td></tr>
<tr><td colspan="4">1. 列车出段作业包括哪几个关键流程？

2. 查阅资料，列车司机出勤应开展哪些工作？

3. 查阅资料，列车正线驾驶作业包括哪些工作内容？</td></tr>
<tr><td colspan="4">能力训练</td></tr>
<tr><td colspan="4">1. 运用教材提供的虚拟仿真动画或借助实训室虚拟仿真系统完成列车出段、列车正线运行、列车入段作业演练，掌握列车运转各环节操作要点。</td></tr>
</table>

2. 某地铁公司某线路车辆段将要接入1008次列车，车辆段联锁设备正常，请按车辆段接车作业程序，以小组为单位，采用角色扮演的方式完成列车接车作业。岗位角色包括车辆段邻站行车值班员、车场值班员（2名）、司机。

3. 某地铁公司某线路车辆段将要发出1005次列车，车辆段联锁设备发生故障，请按照车辆段发车作业程序，采用角色扮演的方式完成列车发车作业。岗位角色包括车辆段邻站行车值班员、车场值班员、发车人员、司机。

学习效果评价

评价指标	自我评价	教师评价
1. 知识掌控程度		
2. 能力获得程度		
3. 素质提升程度		

注：1. 自我评价、教师评价和最终评价都采用等级表示，即填写优、良、中等、及格和不及格。
2. 最终评价可以作为本课程总评价的参考数据之一。

本学习任务最终评价：

教师签名：　　　　年　月　日

个人学习感悟

任务5-3 实施与评价

工作单	调车作业		
实训目标	1. 掌握列车运转流程，能够组织列车出段、正线运行和入段作业。 2. 掌握车辆段接发车作业流程		
班级		姓名	
学习小组		工作时间	
知识认知			
1. 车辆段为什么需要开展调车作业？ 2. 调车作业计划编制需要收集哪些资料？ 3. 调车作业需要哪些岗位配合作业？各自的职责是什么？			
能力训练			
下图为某车辆段总平面图，根据车场调度员的调车计划，需要将停放在4AG的列车移动至8AG停放，请说明调车作业过程及安全注意事项，并借助虚拟仿真动画或系统进行模拟演示。 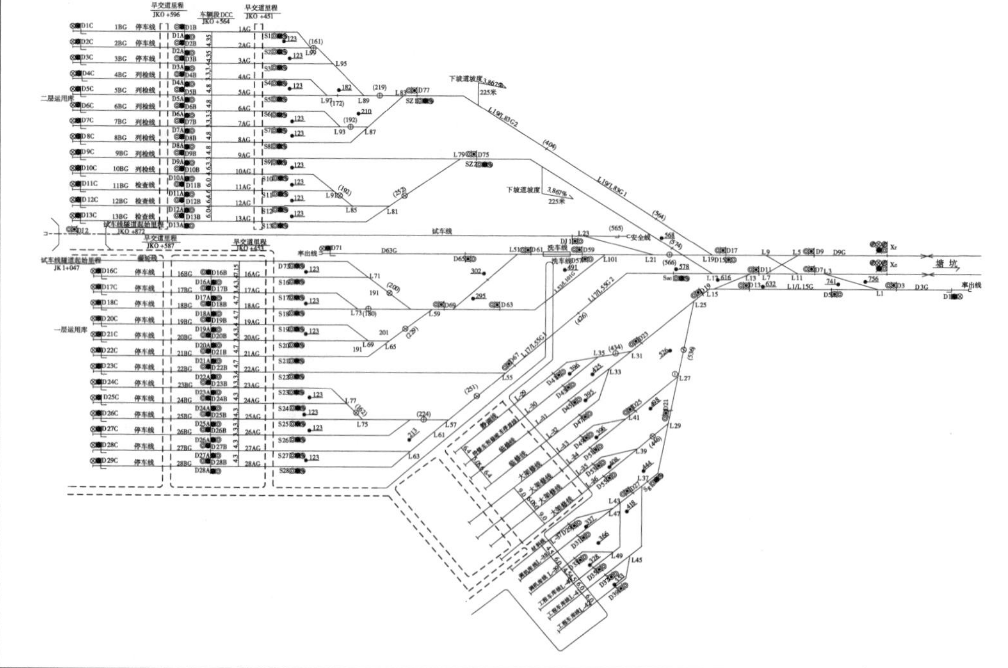			

续上表

学习效果评价		

评价指标	自我评价	教师评价
1. 知识掌控程度		
2. 能力获得程度		
3. 素质提升程度		

注：1. 自我评价、教师评价和最终评价都采用等级表示，即填写优、良、中等、及格和不及格。

2. 最终评价可以作为本课程总评价的参考数据之一。

本学习任务最终评价：

教师签名：　　　　年　　月　　日

个人学习感悟

项目 6

非正常情况下及设备故障时的行车组

正常情况下，城市轨道交通行车组织依靠先进的列车自动控制系统和联锁系统，实现了行车指挥的自动化，确保了行车安全。当设备出现故障时，则需要启动相应应急处理程序，用人工模式或降级模式组织列车运营。

本项目旨在培养学生应对常见设备故障的应急处理能力，能够在 ATS 设备故障、ATP 设备故障、ATO 设备故障、联锁设备故障和轨道电路故障时组织列车运行。

学习目标

1. 知识目标和能力目标

（1）理解 ATS 设备故障时的列车运行组织程序；

（2）掌握 ATP 设备故障时的列车运行组织程序；

（3）熟悉 ATO 设备故障时的列车运行组织程序；

（4）掌握联锁设备故障时的应急处理流程；

（5）掌握轨道电路故障时行车组织程序。

2. 素质目标

（1）培养学生应对设备故障时的应急处理能力；

（2）培养学生沟通和资源组织能力；

（3）培养学生安全意识。

知识体系

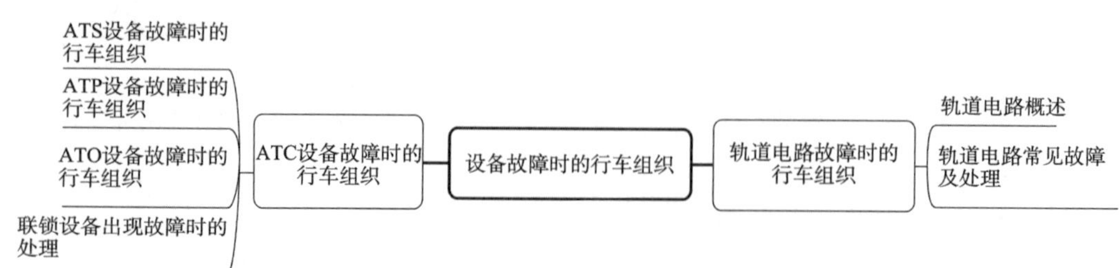

建议学时

4 学时。

任务 6-1 ATC 设备故障时的行车组织

案例导入

当信号设备故障时，城市轨道交通行车组织相关岗位人员应能快速通过应急处理程序，采用人工模式或降级模式组织行车。某日，你作为行车调度员，接到前方列车司机汇报，在某区间列车接收不到轨道电路信息，请提出列车运行组织方案。

知识和技能点

（1）理解 ATS 故障时的行车组织程序；

（2）掌握 ATP 故障时的行车组织程序；

（3）熟悉 ATO 故障时的行车组织程序；

（4）掌握联锁设备故障时的应急处理流程。

理论储备

城市轨道交通信号设备通常由列车运行自动控制（ATC）系统和车辆段信号控制系统两大部分组成，其是实现列车安全运行的主要技术设备之一。其中 ATC 系统主要包括列车运行自动监控（ATS）系统、列车运行自动防护（ATP）系统和列车运行自动驾驶（ATO）系统，如果其中一个子系统发生故障，将影响地铁的正常运营，因此需要及时处理。对于信号设备故障，由于城市轨道交通系统采用的信号设备不同，处理的具体规定也不同，但基本原理是相同的。下面以国内采用计算机联锁系统及列车自动控制（ATC）系统的轨道交通系统为例，介绍信号设备故障时的行车组织方法。

一 ATS 故障时的行车组织

根据 ATS 的不同类型故障，应采取不同的应急处理及行车组织方法，具体如下。

1. ATS 工作站无显示时的行车组织

（1）下达调度命令。

控制中心行车调度员必须根据行车计划或临时变更计划（征得批准后），及时向有关行车部门下达变更行车组织方式的命令；通过专用调度电话授权给联锁车站行车值班员，转换列车运行控制模式，实行临时性的站控（车站控制），通知相关车站通过 LOW（联锁控制工作站）监控列车运行状态，发现问题及时上报。

（2）控制模式的转换。

控制中心（OCC）退出 ATS 控制模式，将部分或全部控制权下放至车站，车站行车值班员接到行车调度员改变行车组织方式的命令后，应及时根据行车调度员授权按照 SCC 控制权转换程序对控制权进行转换。

（3）进路模式及终端模式的转换。

控制中心（OCC）或车站需将进路模式转换为人工进路模式（MN），将控制中心（OCC）或车站终端模式设为人工模式（M），控制中心（OCC）或车站需要人工办理进路。

（4）出入段/场作业。

行车调度员授权列车出车辆段，与司机进行通信测试；列车出入车辆段时，衔接车辆段的车站行车值班员与车辆段值班员进行联系确认，并接受司机通信测试，指示司机进入车站，由衔接车辆段的车站行车值班员人工办理出入车辆段的进路。

（5）进路的办理。

由控制中心（OCC）的行车调度员根据行车计划，将中间站信号开放为通过信号，并根据需要将道岔封锁；遇有行车计划涉及加锁道岔改变进路时，控制中心（OCC）的行车调度员或车站行车值班员应提前对相关道岔进行解锁。

（6）折返作业。

折返站行车值班员按作业计划人工办理折返进路；如遇运营秩序紊乱时，车站行车值班员可根据折返线占用情况，在保证安全情况下根据行车调度员临时行车作业安排，安排列车折返进路的使用。进行 SCC 操作时，操作人员必须按 SCC 安全操作规程办理。

（7）列车运行监控。

行车调度员根据各车站对本站列车到发时刻的报点作业进行人工铺画列车运行图，以便掌握全线列车运行情况及列车具体位置。

2. 系统故障导致 ATS 无法自动排列进路时的行车组织

首先检查列车目的地 ID（编号）是否正确，车站进路模式是否正确，终点站检查终端模式是否正确，若有问题及时进行更正。经确认是系统故障后，采取如下做法：

（1）如时刻表和列车调整控制（VR）功能正常，该站仍能按时刻表发车，则由车站行业值班员手动排列进路，如需较长时间恢复，可将控制模式改为车站控制，中间有岔站可排列通过进路。

（2）如为中间有岔站，行车调度员可对该联锁区手动排列通过进路。

（3）如为终点站，将终端模式改为人工模式（M），由车站行车值班员手动排列折返进路；若该故障短时间不能恢复，可将该站控制模式改为车站控制［进路模式仍为自动模式（AU）］，由车站行车值班员手动排列折返进路。

（4）如为车辆段，可将该站控制模式改为车站控制［进路模式仍为自动模式（AU）］，由车站行车值班员手动排列出入车辆段进路，无出入车辆段作业时，正线排列通过进路。

（5）如时刻表和列车调整控制（VR）功能失效，降级为“人工带后备

MF + ALF”模式，此时系统可以按列车的目的地 ID 自动排列进路，列车停站时间为系统设定的缺省停站时间。

如后备模式也无效，则降级为人工进路（MN）模式，列车采用 ATP 人工驾驶模式（SM）发车。

二 ATP 设备故障时的行车组织

ATP 故障的司机组织方法

ATP 系统一旦故障，列车将不能实现按照 ATP 人工驾驶模式（SM）运行，列车也没有办法自动检测出故障列车与前方列车的距离。故障现象通常表现为电客车驾驶室内 ADU 面板无显示或 ATP 故障报警灯点亮，TMS 中有相应的报警信息。

1. 列车接收不到轨道电路信息

（1）行车调度员应在确认前方列车进路安全的情况下，命令司机转换为限制人工驾驶模式（RM 模式，限速 25km/h 运行）运行直至出清故障区段。

（2）如列车出清故障区段后仍接收不到轨道电路信息，行车调度员可指示司机以 RM 模式驾驶至前方车站。

（3）可以由控制中心值班调度主任决定该区段是否采用后备模式并启用非限制人工驾驶模式（URM）行车。

2. 单个列车车载 ATP 设备故障

（1）当行车调度员接到列车司机报告车载 ATP 设备故障时，应及时通知车辆段调度中心（DCC）、运转值班员、维修信号人员，并询问维修信号人员是否能恢复车载 ATP 系统运行，在调度日志中做详细记录；

（2）行车调度员确认 ATS 调度终端显示及设备运行正常，并察看 ATS 调度终端当前控制模式为中央控制，进路模式为自动进路；

（3）行车调度员指挥故障列车安全运行至前方车站待命；

（4）故障列车待命车站的前方区间空闲后，行车调度员通知相关车站 × × 次列车降级作业，× × 次列车采用电话闭塞法组织行车，列车采用非限制人工驾驶模式（URM）运行；

（5）行车调度员通知故障列车司机，列车发车以站务员手信号为准，乘降作业及车门关闭由司机与站务员共同完成；

（6）行车调度员指示车站对故障列车进行报点，根据运营需要铺画运行图，以掌握列车运行情况；

（7）通过采取降级作业的办法使列车尽量维持运行到终点站，当故障列车运行至终点站后，短时间内不能恢复，应尽可能安排备用列车上线替换故障列车运行。

3. 多个列车车载 ATP 设备故障

（1）若多个列车车载 ATP 设备故障，应立即询问维修人员故障原因及修复时间；

（2）行车调度员启用列车定位程序，指挥全线列车运行至前方车站待命；

（3）在线所有列车均到达车站停靠后，行车调度员对全线列车位置进行定位并记录，通知全线相关车站及司机全线采用电话闭塞法组织行车，列车采用非限制人工驾驶模式（URM）运行；

（4）行车调度员指示车站对故障列车进行报点，根据运营需要铺画运行图，以掌握列车运行情况。

三 ATO 设备故障时的行车组织

ATO 故障的行车组织方法

ATO 设备系统一旦故障，列车将无法按照自动驾驶模式行车，但在 ATS 系统中可根据当时赋予的 ID（DID）办理相应的进路。故障现象通常表现为电客车驾驶室内 ADU 面板上 ATO 报警灯点亮，TMS 中有相应的报警信息。ATO 设备故障时的处理程序如下：

①行车调度员接到司机车载 ATO 设备相关的报警信息，认真记录。

②行车调度员确认 ATS 控制终端显示正常及设备正常。

③行车调度员将故障情况通知运转室值班员及 DCC，并要求跟车维修员及时上车抢修。

④行车调度员须保持自动进路功能与中央控制。

⑤行车调度员通知本次列车司机，转换驾驶模式为“ATP 监督下的人工驾驶模式”继续运行。在站台的发车凭证仍参照“倒计时发车表示器”执行；如列车车载 ATO 设备故障延误已造成晚点，行车调度员可要求该次司机在站台乘降完毕、车门关好的情况下即可发车，并在区间根据情况加速运行。

⑥车载 ATO 设备故障恢复后，行车调度员采取相应措施，恢复系统原时刻表控制功能。

注：如列车只有一端车载 ATO 故障，在转线使用另一端运行时应继续使用 ATO 模式行车。

四 联锁设备出现故障时的处理

1. 联锁设备死机

（1）报告。

车站行车值班员发现 LOW 工作站联锁设备显示正常，但不能操作，确认联锁设备死机，应立即报告行车调度员和信号维修员。

（2）复位处理。

行车调度员接收该联锁区的控制权，在控制中心的人机界面（MMI）上进行监控，并指示车站行车值班员对联锁主机电源复位。

（3）车站复位不成功的处理。

如车站行车值班员对联锁主机电源复位，故障仍然不能恢复，且在控制中心的人机界面（MMI）上不能进行监控，马上报告行车调度员，由行车调度员通知相关信号工作人员组织抢修。

2. 联锁工作站全部灰色显示

（1）报告。

车站行车值班员发现 LOW 工作站全部灰色显示，应立即报告行车调度员和信号维修人员。

(2) 处理。

行车调度员接收该联锁区的控制权，在控制中心的人机界面 MMI 上进行监控。

(3) 无法监控的处理。

如果行车调度员在控制中心的人机界面（MMI）上不能进行监控，由行车调度员通知相关信号工作人员组织抢修。

3. 道岔故障的处理（以列车在终点站进行折返作业时为例）

(1) 岗位行动指引。

①行车调度员。

行车调度员得到车站行车值班员道岔故障报告后，立即通知进行折返作业的列车司机停止折返作业，确认进行折返作业的列车已停稳，确认未发生列车挤岔事件。

使用 ATS 调度终端对故障道岔进行两次定位、反位测试，并在测试前通知准备折返列车司机“××次列车在××（地点）停车待命，行调现在对××站×号道岔进行测试”。通知道岔故障车站的行车值班员“××站，行调现在对×号道岔进行测试，请做好手摇道岔的准备工作”。

如果测试失败，行车调度员必须将控制权下放至车站，同时向车站行车值班员发布进行手摇道岔的调度命令。同时行车调度员以调度命令的形式通知将要进入故障车站的列车司机和将要进行折返作业的列车司机。通知维修调度组织相关专业人员进行应急抢修。

②车站行车值班员。

车站行车值班员通过 SCC 发现道岔故障后，立即通知行车调度员和维修调度员，如果本站有驻站信号值班人员也立即予以通知，并通知本站站务员做好手摇道岔的准备工作。在得到行车调度员准许进行手摇道岔的调度命令后，立即通知站务员下路轨进行手摇道岔；如果本站有驻站信号值班人员，则请其陪同进行手摇道岔。

车站人员在进入路轨进行手摇道岔和钩锁操作时，不需要再向行车调度员进行申请授权，但是行车值班员需要及时将现场的情况（如：人员已经到达×号道岔、×号道岔是否夹有异物、×号道岔已扳至定/反位、×号道岔已钩锁完毕等信息）报告行车调度员。

③站务员。

站务员（设有助理值班员时，由助理值班员完成）得到车站行车值班员通知下路轨进行手摇道岔的指示后，了解清楚所需手摇的道岔编号及将要开通的进路要求，按照规定领取手摇把，进入路轨。在手摇道岔时严格遵循手摇道岔“六部曲”工作标准，必须执行“眼看、手指、口呼”规定，双人相互确认的制度，并随时将现场的情况向行车值班员汇报。

(2) 列车运行组织。

当道岔故障时，应启动站间电话闭塞法行车，通过人工排列进路、电话实现区间闭塞的方式组织列车运行，具体流程见项目 4 相关内容。

任务实施与评价

相关实训工单见本项目后任务 6-1 实施与评价。

任务 6-2 轨道电路故障时的行车组织

案例导入

2007 年 11 月 1 日 21 时 47 分，在京广线高桥站发生一起轨道区段设备故障事故。高桥站 6/8 号道岔渡线轨面生锈，0015 次客车车底于 9 月 26 日送至高桥站长期存放，导致车轮生锈。2007 年 11 月 1 日 21 时 47 分，0015 次列车运行至高桥站 8 号道岔处，机后 8 位、9 位车辆脱轨，脱轨车辆于 2 日凌晨 3 时 45 分起复，开通线路，中断京广线行车 5 小时 58 分，构成铁路交通一般 A 类事故。经事故调查分析，由于该站 6/8 号道岔渡线轨面生锈，加之 0015 次客车车底于 9 月 26 日送至高桥站长期存放，车轮生锈，造成轨道电路分路不良；高桥站车站值班员在明知轨道电路分路不良的情况下，不按有关规定接发列车，没有人工确认轨道电路分路不良区段空闲，在列车未出清发车进路的情况下，盲目使用单操扳动进路上的 10 号、6/8 号道岔，造成道岔中途转换，致使列车脱轨。

虽然上述案例发生在铁路运输，但在城市轨道交通中也时有发生，道岔生锈除了容易引发列车脱轨事故外，也容易造成轨道电路故障，对正常行车造成影响。那么，轨道电路有什么作用？轨道电路故障会对行车组织造成哪些影响？我们应如何应对呢？

知识和技能点

（1）了解轨道电路的工作原理、作用及应用；

（2）掌握行车组织中轨道电路常见故障的处理。

理论储备

轨道电路的作用是监督列车的占用状态，反映线路的空闲状况，为开放信号、建立进路或构成闭塞提供依据；传递行车信息（ATP 信息），从而控制列车运行。轨道电路是信号系统的重要基础设备之一，它的性能直接影响行车安全和运输效率。

轨道电路故障的行车组织

一 轨道电路概述

1. 轨道电路的工作原理

轨道电路是以轨道线路的两根钢轨作为导体，两端加以机械绝缘或电气绝缘，并接上送电和受电设备组成的电路整个系统由发送部分、接收部分和钢轨三部分组成。发送部分包括发送器和实现电气绝缘作用的发送协调单元；接收部分由接收器和实现电气绝缘作用的接收调谐单元组成。如图 6-1 所示。

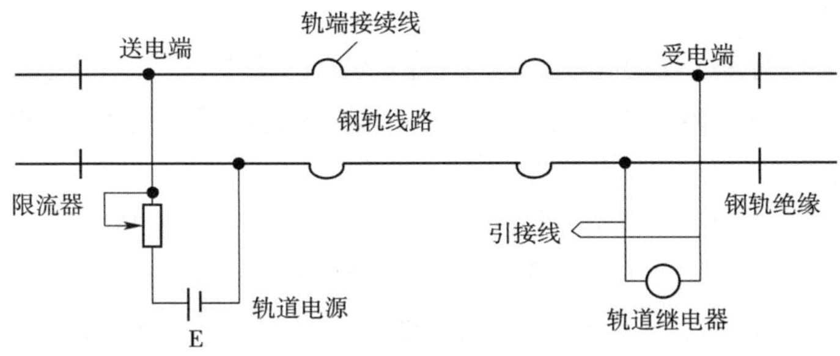

图 6-1　轨道电路示意图

①当轨道电路设备完好，又没有、车辆占用时，轨道电流从轨道电源正极经钢轨、轨道继电器线圈回到负极而构成回路，轨道继电器处于吸起状态，表示轨道区段内无车占用，称为轨道电路的调整状态。

②当轨道区段内有车辆占用时，因为车辆的轮对电阻比轨道继电器线圈电阻小得多，所以轨道电路被轮对分路，这时流经轨道继电器线圈的电流很小，不足以使衔铁保持吸起状态，轨道继电器失磁落下，表示该区段有车占用，称为轨道电路的分路状态。

③当轨道区段发生断轨或短路等故障时，流经轨道继电器线圈的电流中断，使轨道继电器失磁落下，称为轨道电路的断轨状态。

2. 轨道电路的作用

轨道电路可以监督列车占用线路的情况，并可以向列车传输控制信息，将列车运行和信号显示等联系起来。对于城市轨道交通，轨道电路是信号系统的重要基础设备，直接影响行车安全和运输效率。

轨道电路的作用主要表现在以下两个方面。

①监督列车占用线路的情况，利用轨道电路可反映该段线路是否空闲，为开放信号、建立进路或构成闭塞提供依据。

②传递列车信息，例如轨道电路中传送的行车信息，为 ATC 系统直接提供控制列车运行所需要的前行列车位置、运行前方信号机状态、线路条件等有关信息，以决定本次列车运行的目标速度，控制列车在当前运行速度下是否停车或减速。

3. 轨道电路的应用

轨道电路主要用于区间和站内。

区间轨道电路通常是与自动闭塞制式相一致的轨道电路，按照自动闭塞通过信号机分区，每个闭塞分区都有其轨道电路。

站内轨道电路应用更为广泛。对于电气集中联锁来说，列车进路和调车进路都必须安装轨道电路。对于列车超速防护来说，带有编码信息的轨道电路是车与地之间传输信息的通道之一。

二　轨道电路常见故障及处理

1. 轨道电路分路不良故障

分路不良故障是指轨道区段有车占用时，相关的轨道继电器不落下，控制台或显示器对应区段不显示红光带。造成分路不良的主要原因有轨道电路本身的故障、轻车、轨面不清洁或生锈等。

①当线路出现分路不良的现象时，列车行驶至该区段后，轨道电路不显示红光带，在车站计算机或调度终端上不能监控列车的运行状态，系统不能检测到该段轨道电路被列车占用。

②当后续列车接近有列车占用且出现轨道电路分路不良的区段时，列车无法检测到前方轨道有列车占用，不会减速停车，极易造成列车追尾事故的发生。

③若分路不良的区段为岔区，当后续列车接近时，系统将自动扳动道岔，排列进路，从而造成道岔上的列车脱轨或倾覆。

因此，发现分路不良时，必须及时报告有关部门，严格执行有关要求，确认列车位置，锁闭有关道岔，确保列车运行和调车作业安全。

分路不良对车站作业的影响主要是安全方面，但同样也影响作业效率。

2. 轨道电路红光带故障

红光带故障是指轨道区段没有车辆占用时，控制台或显示器对应区段显示红光带。造成红光带的主要原因有轨道电路送电电压低、道床潮湿肮脏引起泄漏电流大、轨道电路断线或断轨等。

红光带故障主要影响车站及区间的行车效率。有关人员必须执行非正常情况下的作业办法。

①将故障地点和故障现象通知信号维修人员，并及时联系，确认故障原因及恢复时间。

②列车司机在行车调度员的授权下，及时转换驾驶模式，确保列车运行安全。

③车站有关工作人员按照行车调度员指示，及时转换道岔，开放信号。

具体步骤如下：

①LOW 显示全区粉红光带故障。在确认线路空闲及安全前提下，执行“全区逻空”命令。若操作权限无“全区逻空”功能，只能对每个轨道区段执行“轨区逻空”或“岔区逻空”命令。

②LOW 显示全区红光带故障。在确认线路空闲及安全前提下，可对某个道岔执行“强行转岔”和某个信号机执行“开放引导”命令。

③进路的监控区段出现红光带故障。在确认线路空闲及安全前提下，可执行“开放引导”命令。

④在 LOW 上显示轨道区段红光带故障。列车在有 ATP 保护下以 SM、ATO 或 AR 模式驾驶时能在故障区段前自动停稳。当列车停下来后，列车只能采用 RM 或 URM 模式起动，当选用了 RM 模式起动后，列车必须通过 3 个轨道区段（含故障区段），在占用了第 4 个区段后可以转换成 SM 或 ATO 模式驾驶。

⑤在 LOW 上显示轨道区段粉红光带故障。在确认线路空闲的前提下，对本区段执行“轨区逻空”或“岔区逻空”命令。

⑥进路的监控区段（含道岔区段）出现不能正常解锁故障。对故障区段执行“强解区段”或“强解道岔”命令。与即将排列进路方向相同的非监控区段出现不能正常解锁故障时，进路依然可以排列。

3. 区间轨道电路故障

列车在区间轨道电路故障区段停车后，在确认线路正常、不危及行车安全情况下，司机可根据行车调度员指示转换为限制人工驾驶模式（RM），列车重新起动并出清故障区段若干轨道电路区段后，由司机手动恢复为 ATO 模式，继续运行。

4. 车站道岔区段轨道电路故障

车站道岔区段轨道电路故障直接影响中央 ATS 系统自动和人工设置列车进路，行车调度员可授权区域联锁工作站以单操道岔的方式，将进路中的道岔转换到所需位置并锁闭，然后开放有关防护信号机的引导信号。列车根据引导信号的指示，以人工驾驶模式运行，出清故障区段若干轨道电路区段后，列车自动转换为 ATP 监督下的人工驾驶模式（SM），此时司机可手动恢复为 ATO 驾驶模式。

任务实施与评价

相关实训工单见本项目后任务 6-2 实施与评价。

项目6 实训工单

任务6-1 实施与评价

<table>
<tr><td>工作单</td><td colspan="3">ATC 设备故障时的行车组织</td></tr>
<tr><td>实训目标</td><td colspan="3">1. 理解 ATS 故障时的行车组织程序；
2. 掌握 ATP 故障时的行车组织程序；
3. 熟悉 ATO 故障时的行车组织程序；
4. 掌握联锁设备故障时的应急处理流程。</td></tr>
<tr><td>班级</td><td></td><td>姓名</td><td></td></tr>
<tr><td>学习小组</td><td></td><td>工作时间</td><td></td></tr>
<tr><td colspan="4">知识认知</td></tr>
<tr><td colspan="4">1. ATS 故障时应如何组织行车？

2. ATP 故障会对列车安全运行造成什么影响？应如何组织？

3. 联锁设备故障有什么特征？应如何处置？采用什么样的行车组织方法？</td></tr>
<tr><td colspan="4">能力训练</td></tr>
<tr><td colspan="4">1. 某日，某城市轨道交通运营控制中心行车调度员于 15：30 接到 308 次列车司机报告，列车运行在 A 站至 B 站期间发生上行正线车载 ATP 故障，此时应如何组织行车？</td></tr>
</table>

2. 请通过虚拟仿真动画或实训系统，模拟车载ATO故障情况下，手动驾驶列车正线作业，并将关键作业流程用思维导图画出。

学习效果评价

评价指标	自我评价	教师评价
1. 知识掌控程度		
2. 能力获得程度		
3. 素质提升程度		

注：1. 自我评价、教师评价和最终评价都采用等级表示，即填写优、良、中等、及格和不及格。
2. 最终评价可以作为本课程总评价的参考数据之一。

本学习任务最终评价：

教师签名：　　　　　　年　　月　　日

个人学习感悟

任务6-2 实施与评价

<table>
<tr><td>工作单</td><td colspan="3">轨道电路故障时的行车组织</td></tr>
<tr><td>实训目标</td><td colspan="3">1. 了解轨道电路的工作原理、作用及应用。
2. 应用行车组织中轨道电路常见故障的处理</td></tr>
<tr><td>班级</td><td></td><td>姓名</td><td></td></tr>
<tr><td>学习小组</td><td></td><td>工作时间</td><td></td></tr>
<tr><td colspan="4">知识认知</td></tr>
<tr><td colspan="4">1. 轨道电路的工作原理是什么？

2. 轨道电路有什么作用？

3. 轨道电路故障有哪几种表现形式？其危害是什么？</td></tr>
<tr><td colspan="4">能力训练</td></tr>
<tr><td colspan="4">1. 画出轨道电路的示意图。

2. 在行车信号仿真系统中 LOW 显示全区红光带故障，应该如何操作处理？请在系统或虚拟仿真动画中操作演示。</td></tr>
</table>

3. 当区间出现多个轨道电路红光带时，应如何组织行车？请以小组为单位制订行车组织方案，列出相关岗位操作指引。

学习效果评价

评价指标	自我评价	教师评价
1. 知识掌控程度		
2. 能力获得程度		
3. 素质提升程度		

注：1. 自我评价、教师评价和最终评价都采用等级表示，即填写优、良、中等、及格和不及格。
2. 最终评价可以作为本课程总评价的参考数据之一。

本学习任务最终评价：

教师签名：　　　　年　　月　　日

个人学习感悟

项目7

运营突发事件时的行车组织

项目描述

非正常情况下的行车组织主要是指由于发生事故需要组织救援，遇到突发大客流、遇恶劣天气、应急扣车等情况下采取的行车组织方法。城市轨道交通由于采用较先进的设备，自动化程度较高，正常情况下行车组织作业主要是利用先进设备监控列车运行，按照预定的开行计划执行列车运行图。然而，一旦出现突发情况，行车环境和条件发生较大改变，这时就到了考验各级行车人员的应急处理能力的时候。

本项目旨在使学生掌握城市轨道交通系统非正常情况下行车组织的基本方法和应急处置措施。

学习目标

1. 知识目标和能力目标

（1）理解列车故障救援时的行车组织方法；

（2）掌握大客流时的行车应急处理；

（3）掌握恶劣天气下的行车组织；

（4）掌握应急扣车时的行车组织、反方向运行时的行车组织、列车退行时的行车组织、列车推进运行时的行车组织。

2. 素质目标

（1）培养学生遇到突发情况时的应急处理能力；

（2）培养学生沟通和资源组织能力；

（3）培养学生安全意识。

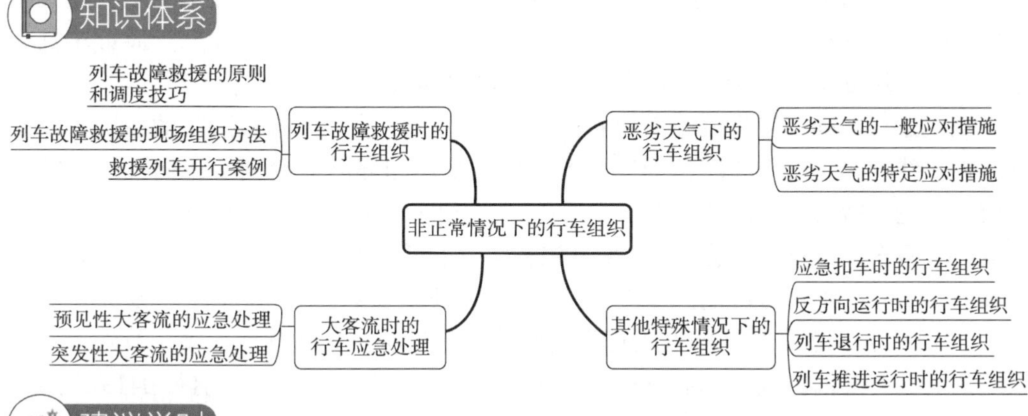

10 学时。

任务 7-1 列车故障救援时的行车组织

案例导入

作为一名城市轨道交通行车调度员，当列车发生故障需要救援时，应能迅速组织相关岗位人员开行救援列车，减少列车延误。××年××月××日 14 时 28 分，0903 次列车运行到 M 站与 N 站下行区间时列车断电，发生紧急制动，司机检查后向行车调度员报告情况，请求救援。作为正在值班的行车调度员，请你描述组织救援的过程。

知识和技能点

（1）列车故障救援的原则；

（2）掌握列车故障救援中的调度组织技巧、救援前行车调度员的准备工作；

（3）掌握列车故障救援的现场组织方法。

理论储备

救援列车的基本任务是及时抢救灾害，排除线路故障，迅速恢复正常运输秩序。为了上述目的开行的列车或轨道车等，都是救援列车。

一 列车故障救援的原则和调度技巧

1. 列车故障救援的原则

列车故障救援是城市轨道交通运营中较为常见的特殊行车组织方式，它是为了迅速、及时地将在正线运行中出现故障且在规定时间内不能排除的列车移动到指定地点，开通运营线路的行车组织方式。

列车故障救援一般可使用车辆基地内的内燃机车或正线运行的其他列车进行牵

引（推进）作业；目前使用较多的是利用正线运行的列车，在一般情况下，正线运行的列车比内燃机车更加快捷、迅速，有利于线路开通。只有当故障车靠近车辆基地时，行车调度员才会考虑动用车辆基地内的内燃机车参与救援。

正线运行的列车发生故障需要救援时，应尽量遵循“顺向救援”的原则，以确保其他正线列车运行的秩序，即原则上应尽量采用相邻的后续列车正向推进故障列车的方法进行救援。如图 7-1 所示，当 0713 次列车在 D 站—E 站区间发生故障需要救援时，行车调度员一般会命令后续 0913 次列车对故障列车进行救援，这样相对于由前行 0413 次列车或其他列车进行救援的好处主要有两个方面：一方面，由于 0913 次司机在 F 站或 E 站清客后即可前往故障列车所在区间进行救援，节省了司机换端的时间，对前行列车和后续列车的运行影响不大，而如果命令前行 0413 次列车进行救援，则司机要换端并反向运行才能到达故障列车所在区间，后续 0913 次列车也因无法运行而被迫清客并改开小交路。另一方面，相对于顺向救援来说，逆向救援使得城市轨道交通线路上列车逆时针运行的秩序被彻底打乱，行车调度员将不得不采取小交路、单线双向运行等调度手段对行车秩序进行调整，加大了处理的难度。

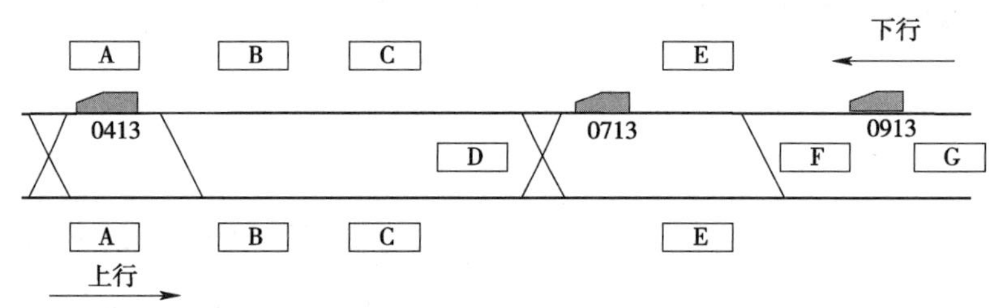

图 7-1 列车救援中“顺向救援”的原则

2. 列车故障救援中的调度组织技巧

列车故障救援在遵循“顺向救援”原则的同时，在一些特定情况下也不排除灵活运用其他方法，可大致概括如下：

（1）在辅助线附近实施“逆向救援”。“逆向救援”是指利用前行列车反向推进故障车进行救援的方法。根据故障车的不同位置可以分成两种情况：一种情况如图 7-2a）所示，当下行 0213 次列车发生故障需要救援时，由前行 0913 次列车逆向运行对故障车实施救援，能够很快将故障车推入 K 站存车线，如果由后续 0613 次列车实施救援，和故障车连挂后如果正向推进将距离其他辅助线较远，如果逆向牵引至 K 站，存车线又会遇到换端耽误时间和完成救援后恢复运行较困难等问题。另一种情况如图 7-2b）所示，下行 0813 次列车刚完成折返时突发故障需要救援，此时 1012 次列车无法对故障车进行救援，行车调度员只有命令前行 0713 次列车清客后实施“逆向救援”，将 0813 次列车推入存车线后再恢复运行。

（2）利用渡线变逆向牵引为顺向牵引。为了避免在救援过程中逆向牵引故障车对运营秩序产生影响，行车调度员可以利用渡线变逆向牵引为顺向牵引。如图 7-3 所示，当 1312 次列车在 F 站附近发生故障要求救援时，行车调度员命令 0114 次列车在清客后前往救援。由于故障地点在车辆基地附近，因此两车连挂后不是向前推进而是应该逆向牵引回车辆基地，同时为了避免对其他上行列车运行产生过多干扰，0114 次列车在牵引故障车到 F 站清客后，经 F 站渡线至下行线再牵引回车辆基地，这样就变逆向牵引为顺向牵引，使得上行线能够很快开通，同时对下行线列车运行的影响也在可控的范围内，救援工作总体上对列车运行的影响降到了最低。

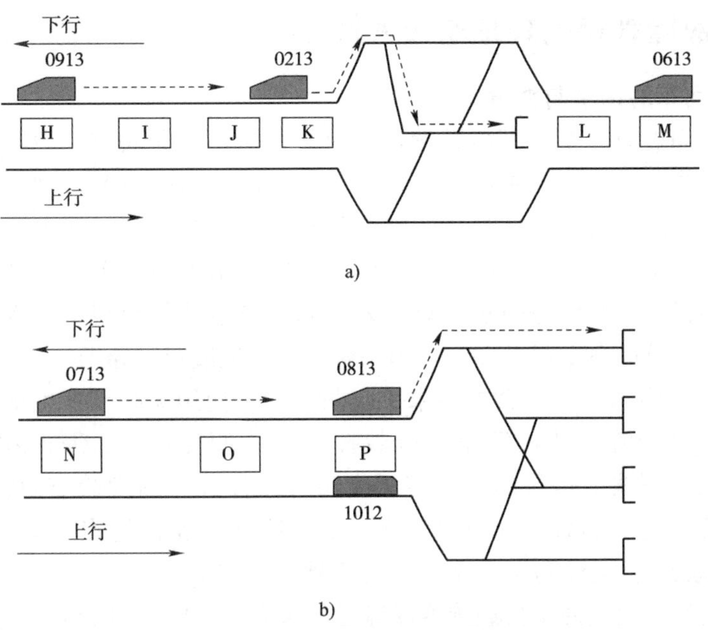

图 7-2　在辅助线附近实施“逆向救援”

（3）利用后端动车避免救援。由于列车具有两端驾驶室都能动车的特点，有时行车调度员可以要求故障列车司机在故障处理中尝试后端动车以避免救援。利用后端动车的一种情况如图 7-1 所示，当列车在辅助线附近发生故障需要救援时，行车调度员除安排救援外的另一个选择是要求司机尝试列车后端驾驶室是否能够动车，如果后端能够动车，则命令司机清客后直接将故障车逆向牵引至辅助线退出运营，这样相对于由其他列车实施救援而言，具有节省时间、减少清客等明显的优点。利用后端动车的另一种情况如图 7-3 所示，当 1312 次列车在 F 站附近发生故障要求救援时，行车调度员也可以要求司机尝试后端驾驶室是否能够动车，如果后端能够动车则要求司机经过 F 站渡线至下行线后顺向运行至 D 站后再推进回车辆基地。

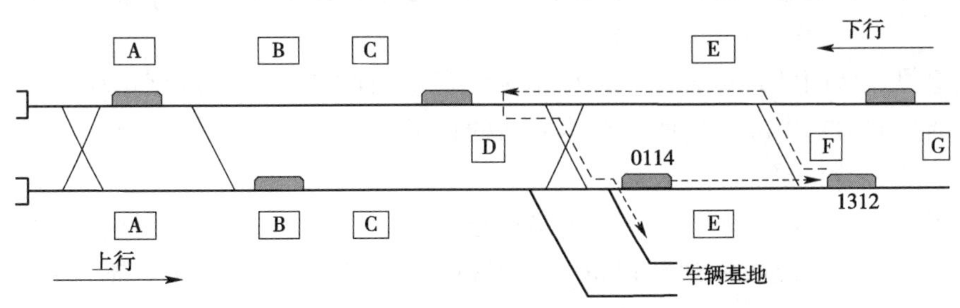

图 7-3　利用渡线变逆向牵引为顺向牵引

利用后端动车的主要优点在于避免了除故障车外其他列车的清客，最大限度地减轻了对正线其他列车运行的影响，但也存在由于没有引导员只能牵引不能推进，如果后端不能动车会增加救援总体时间等问题。

需要强调的是，这些列车救援工作中的调度技巧来源于行车调度员实际工作中的经验总结，在具体的列车故障处理中还需要行车调度员根据确保行车安全、尽快开通线路和兼顾客运服务的原则视具体情况灵活运用。

二 列车故障救援的现场组织方法

1. 救援列车的请求与派遣

开行救援列车的行车组织

列车在区间被迫停车，不能继续运行时，司机要立即向控制中心行车调度员报告。征得控制中心行车调度员同意后，司机应及时判明故障部位，并确定是否能自己处理。如果列车的故障在规定时间内未能排除且不能动车，司机要立即使用无线电话向控制中心行车调度员申请救援，不得动车并做好防护。故障列车如果受条件限制需要疏散乘客，行车调度员应命令司机和有关车站做好乘客疏散及引导工作。

行车调度员接到司机的救援请求决定救援后，使用无线调度电话向有关车站、司机（DCC、运转值班员）发布开行救援列车的调度命令，及时组织备用车上线。也可以安排正线上运行的列车就近实施救援任务。调度命令内容包括清客地点（救援列车实施救援任务时须清客）、救援任务（连挂地点、运行路径、被救援列车清客地点）、救援列车车次、注意事项等。

如果必须开行救援列车接载乘客或输送救援人员，应限速25km/h，行车调度员应与现场负责人员确定乘客位置，并转告救援列车司机，救援列车司机应加强瞭望并做好随时停车准备；将后续列车扣停在后方站，以防止其停在两站间。

2. 救援故障列车前的准备工作

（1）列车制动的准备。

已申请救援的列车严禁动车，司机应做好防护及救援准备工作。

（2）救援列车清客的安排。

原则上救援列车应该空车前往救援。救援列车必须在就近站台进行清客作业，救援列车司机接到救援命令，在车站进行清客广播，安排车站和公安配合清客。故障列车停在站台或部分已进入站台时，应先清客再进行救援；如故障列车处于区间，在情况允许的前提下可以救援至就近站台后进行清客作业，否则应立即组织区间清客。

被迫停在区间的列车启动后，行车调度员应及时通知环控调度员取消区间阻塞模式和通过CCTV大屏监视列车到达车站的状况。

（3）建立无线通信。

救援列车、故障列车与行车调度员间建立无线通信，进行通话测试。在任何情况下救援列车司机及故障列车司机必须保持联络，遇到通信不畅时不得盲目行车，如遇突发事情应立即停车了解实况，直至完成救援作业。

当行车调度员接到故障列车在车站清客完毕的报告后，使用无线调度电话发布调度命令通知救援列车运行目的地（车辆段、停车场或临时停车线）。

（4）选择驾驶模式。

①如果使用正向牵引方式，完成清客作业后，司机应前往另一端的驾驶室，根据行车调度员的命令，使用RM驾驶模式前往故障列车现场，并在故障列车

前安全距离外停车，根据救援负责人（被救援列车司机）指挥与故障列车进行连挂。

②如果使用推进运行方式，完成清客作业后，司机应根据行车调度员的命令，使用 SM 驾驶模式前往故障列车现场；接近故障列车时必须得到行车调度员授权，使用 RM 驾驶模式停在故障列车前安全距离处，根据救援负责人（被救援列车司机）指挥与故障列车进行连挂。

3. 救援列车的开行

（1）封锁区间并发布开行救援列车的命令。行车调度员决定救援或接到司机的救援请求后，向有关车站、司机（检调、运转派班员）发布开行救援列车的命令，及时组织备用车上线。采用无 ATP 监督的列车救援或因挤岔、脱轨、线路故障等影响后续列车行车安全时，必须发布封锁线路的命令。

（2）做好防护。已申请救援的列车严禁动车，司机应做好清客、防护及救援准备工作。

（3）原则上救援列车应该空车前往救援。救援列车司机接到救援命令，清客广播 2 次后，可关闭客室照明，2min 内未能清客完毕，带客前往救援。列车到达存车线车辆段前，安排车站、公安配合再次清客。

（4）救援列车应距故障列车 20m 外停车，以 5km/h 速度接近故障列车 3m 处一度停车，根据救援负责人（被救援列车司机）指挥连挂。故障车在连挂之前可继续排除故障，但不能动车，如故障排除则报告行车调度员解除救援。

（5）向封锁线路发出救援列车时，不办理行车闭塞手续，以行车调度员命令作为进入该封锁线路的许可。在未接到开通封锁线路的调度命令前，不得将救援列车以外的其他列车开往该线路。

4. 行车救援过程

救援过程中，列车连挂由车站行车值班员现场指挥，行车调度员须通过 ATS 系统监视列车当前状况。

（1）故障列车司机必须确定故障部分已被切除，并通报有关情况给救援列车司机。救援列车司机必须确定得到此信息后，方可进行连挂作业。

（2）完成挂接后，救援列车、故障列车司机必须将“列车联挂”开关扳到“通”位，并且经过相互确定后，进行制动系统测试。确定制动系统作用正常及故障列车的制动系统已缓解后，向行车调度员报告。

（3）得到行车调度员授权后，救援列车司机可使用以下驾驶模式及指定速度开动列车驶离故障地点。

①使用正向牵引方式：救援列车司机可使用 RM 驾驶模式以不高于指定速度驾驶列车。

②使用推进运行方式：救援列车司机可使用 URM 驾驶模式以不高于指定速度驾驶列车，在途中必须依据故障列车司机指示驾驶，如果在规定时间（如 5s）内得不到故障列车司机指示，救援列车司机必须停车。

三 救援列车开行案例

3125 次列车在甲站至乙站间下行线 10km + 200m 处发生故障被迫停车，请求救援，利用在线运行的 3127 次列车实施救援，将故障列车送回车辆段。各站及故障列车、救援列车、车辆段所在位置如图 7-4 所示。

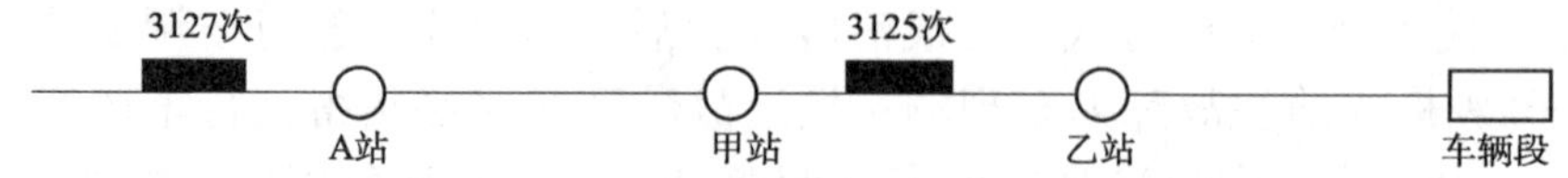

图 7-4　各站及故障列车、救援列车、车辆段所在位置

①行车调度员接到 3125 次司机的救援请求后，应向甲站、乙站、A 站及车辆段发布开行救援列车的命令，调度命令格式如表 7-1 所示。

开行救援列车的调度命令　　表 7-1

受令处所	A—乙站、车辆段信号楼，A 站交 3127 次列车司机	日期	命令号码	调度员姓名	发令时间
		×××	201	×××	14：25
命令内容	1. 因 3125 次列车在甲站至乙站间下行线 10km＋200m 处发生故障请求救援，准许 A 站至乙站间下行线加开 601 次列车到甲站至乙站间下行线 10km＋200m 处实施救援工作，连挂 3125 次列车后，推送至车辆段。 2. 601 次列车由 3127 次列车担任，在 A 站清客后实施救援。 3. 注意防护信号和安全。 4. 3127 次列车运行到甲站下行站待命				

②待 3127 次列车运行至 A 站清客完毕后，以规定驾驶模式运行至甲站，等待接收进入事故封锁线路进行救援的命令，封锁线路命令格式如表 7-2 所示。

封 锁 线 路 命 令　　表 7-2

受令处所	甲站、乙站、甲站交 601 次列车司机	日期	命令号码	调度员姓名	发令时间
		×××	202	×××	14：35
命令内容	1. 自接令时起，甲站至乙站间下行正线线路封锁。 2. 准许 601 次列车进入封锁线路进行救援工作				

③甲站与乙站不需办理行车闭塞手续，在确认发车进路准备妥当后，将封锁命令交与司机作为进入封锁线路的行车凭证。

④601 次列车须在距 3125 次故障列车规定距离外停车，然后按照救援指挥人或 3125 次司机的指挥进行连挂作业。

⑤确认 601 次救援列车与 3125 次故障列车连挂妥当后，以规定驾驶模式将故障列车推送至车辆段。

⑥事故处理完毕后，行车调度员下达甲站至乙站间下行正线线路开通的命令，恢复正常行车。封锁线路开通命令格式如表 7-3 所示。

封锁线路开通命令　　表 7-3

受令处所	甲站、乙站	日期	命令号码	调度员姓名	发令时间
		×××	203	×××	14：50
命令内容	自接令时起，甲站至乙站间下行正线线路开通				

任务实施与评价

相关实训工单见本项目后任务 7-1 实施与评价。

任务 7-2　大客流时的行车应急处理

案例导入

2008 年 5 月 27 日奥运圣火在南京传递，按“圣火传递运输组织方案”，南京地铁早高峰开 16 列车备 2 列车。因圣火传递始点在奥体中心，大量市民一大早就赶赴现场目睹圣火起跑仪式，5：00—7：00 奥体中心出站客流达 5913 人次，7：00—8：00 出站客流达 15843 人次，虽然 8：15 起跑仪式已经结束，但 8：00—9：00 奥体中心出站客流仍达到 6025 人次。火炬传递的终点——鼓楼广场，人山人海。为确保大客流快速疏散，地铁加大运力和人员投入，并实行车站的封站、跳停等措施，逐步缓解了大客流的影响，确保了当天客运组织安全、有序。

知识和技能点

（1）了解大客流的定义和引发原因。

（2）掌握大客流时的应急处理程序。

（3）理解突发性大客流和预见性大客流应急处理的区别。

理论储备

大客流事件是指在城市轨道交通运营中城市轨道交通车站在某一单位时间内候车、停留的乘客超过了该站设计许可的客流容量，并有继续增加的趋势，如不采取紧急措施将极有可能发生人员伤亡事故或意外事件。因此，必须快速、果断地处置运营中发生的大客流事件，维护城市轨道交通运营的稳定和秩序，确保城市轨道交通运行安全与乘客人身安全。在城市轨道交通运营工作中，一般根据事先针对性准备工作进行的与否，将大客流事件分为突发性大客流和预见性大客流。

一　突发性大客流的应急处理

突发性大客流是指突然发生的、没有预先制定有效行车组织方案的大客流事件。突发性大客流往往由恶劣天气、城市轨道交通设备故障、大型社会活动等突发性事件所引起。在处置突发性大客流事件时城市轨道交通运营企业应遵循确保安全、统一指挥、措施有效、合理引导、及时疏散的原则。城市轨道交通车站在突发性大客流初步形成时要及时、准确地汇报。相关车站工作人员、司机，甚至城市轨道交通工作人员要有突发性大客流的敏感性，发现客流不正常或有突发大型社会活动时，要及时汇报调度中心，以便调度员及时采取应对措施。

每个城市轨道交通运营企业在应对突发性大客流时都有一整套的突发性大客流应急处理预案，车站服务中心有应对大客流的各种措施，调度中心也有多种行车调整的方法供选择，但如何针对客流的不同情况采取灵活、机动的运营调整措施，尤其是当突发性大客流和行车设备故障同时发生情况下的应急处理，是判断城市轨道交通运营指挥人员业务能力高低的重要依据。

1. 突发性大客流的应急处理措施

突发性大客流的应急处理措施根据地点的不同一般分为车站的应急处理和调度中心的应急处理。

（1）车站的应急处理。

①车站做好乘客的解释、疏导工作，防止事态进一步扩大。

②密切注意车站情况，及时向调度中心汇报情况，不间断地通过广播进行宣传，引导乘客疏散，负责各部门与车站有关人员间的信息传递，做好站台监护，防止乘客跌入站台。

③根据调度中心指令，进行客运组织调整如退票、发致歉信、赠票、关闭出入口等，立即停止售票或放缓售票速度，并做好退票及赠票的发放工作，做好票款保护工作。

（2）调度中心的应急处理。

①调度中心当班人员接报后，通过 MMI 核实现场大客流情况信息，依据大客流可能造成的危害程度、波及范围、影响大小、行车中断时间、人员伤亡及财产损失等级，提前做出预警报告，启动应急处置预案，及时调整运营方案，增加列车密度，及时运送乘客。

②通过短信平台及时发送相关短信，做好信息汇报，监控客流变化，疏导换乘站可能集中到达的大客流，必要时下达关闭事发区段车站自动售票机（Ticket Vending Machine，简称 TVM）、换乘枢纽站联络通道，开启自动售检票（Automatic Fare Collection，简称 AFC）系统降级模式等指令，及时向路网车站广播、乘客信息系统发布客流预警信息，广播告示乘客，诱导乘客换乘路网其他线路或地面交通工具出行。

③严重时可下达关闭事发区段车站、停止客运服务指令，及时采取“公交保障预案”，并对该方案的具体实施进行监督、协调。

④协调相邻线路，采取相应的运营调整措施，必要时要求相关的线路增加或减少运力。

⑤请求公安人员前往突发大客流线路和车站，维持乘客乘车秩序。

2. 突发性大客流的应急处理程序

（1）车站出现大客流。

车站出现大客流岗位操作指引见表 7-4。

车站出现大客流岗位操作指引 表 7-4

作业序号	岗　　位	岗位操作指引
1	站务员	发现车站大客流已形成，立即通知行车值班员和值班站长
2	行车值班员	向行车调度员报告车站大客流已形成，向公安通报情况，请求支援
3	行车调度员	向调度主任汇报车站客流正在增加
4	调度主任	指示行车调度员密切关注车站客流情况，并向领导汇报，向相关部门通报

（2）启动应急预案。

启动应急预案时岗位操作指引见表7-5。

启动应急预案时岗位操作指引 表7-5

作业序号	岗　　位	岗位操作指引
1	调度主任	①与行车调度员确认大客流概况，向各调度通报概况 ②启动相应应急方案。 ③向有关领导汇报某站大客流已初步形成
2	行车调度员	①按照应急预案对全线列车进行运营调整。 ②通知全线车站有关列车运营调整情况
3	值班站长	指示车站各岗位人员执行车站大客流控制预案
4	行车值班员	①通过闭路电视（CCTV）及站务人员的报告，观察列车乘客涌入或停留在站台、站厅的情况。加强车站广播。 a. 劝请站台候车乘客移到较不拥挤的地段以增加通畅的面积。 b. 劝请乘客不宜在站厅逗留及闲荡。 c. 劝请需要出站的乘客应迅速离开车站。 ②及时向调度中心（OCC）汇报

（3）客流继续增加情况下采取限流措施。

客流继续增加情况下，采取限流措施时的岗位操作指引见表7-6。

客流继续增加情况下采取限流措施时岗位操作指引 表7-6

作业序号	岗　　位	岗位操作指引
1	站务员	①各站务员观察已经执行的措施。 ②向行车值班员、值班站长报告乘客有继续增加的情况。 得到值班站长指示后： a. 执行值班站长的指示并携带手提广播到站台维持秩序，设置临时导向设备、铁马。 b. 确保站台候车乘客的安全并使乘客能尽快地上下车。 c. 设立指示牌及隔离设置。 d. 关闭部分入口或进行进出分流
2	行车值班员	向值班站长、调度中心（OCC）汇报车站客流有继续增加的趋势
3	值班站长	①密切监视车站客流的情况，加强与车站各岗位的联系。 ②指示站务人员： a. 携带手提广播到站台维持秩序，设置临时导向设备、铁马。 b. 确保站台候车乘客的安全并使乘客能尽快地上下车。 c. 设立指示牌及隔离设置以控制客流的方向。 d. 关闭部分入口或进行进出分流来控制乘客进入车站及延长客流疏散

（4）客流控制情况未改善情况下采取出售纸票等临时措施。

客流控制情况未改善情况下，采取出售纸票等临时措施的岗位操作指引见表7-7。

客流控制情况未改善情况下采取出售纸票等临时措施岗位操作指引 表7-7

作业序号	岗　　位	岗位操作指引
1	站务员	向行车值班员、值班站长报告客流控制情况尚未改善
2	值班站长	向行车调度员汇报客流情况

续上表

作业序号	岗　　位	岗位操作指引
3	行车调度员	向调度主任汇报客流情况
4	调度主任	①批准同意使用纸票。 ②通知公安人员到车站现场提供协助，维持公共秩序
5	公安	在接获调度主任要求调派人员到车站提供协助以维持公共秩序后，迅速安排人员到场协助
6	行车调度员	通知沿线各站开始售卖纸票，做好边门出站乘客的纸票验收工作
7	值班站长	指示客运值班员安排人员出售纸票，站务人员打开边门，做好纸票的检票工作，各站务员与公安人员协调在重点位置部署
8	站务员	①出售纸票，打开边门，执行值班站长所指派的任务，与公安人员协调部署。 ②启用手提广播提醒候车乘客维持秩序，确保站台候车乘客的安全
9	行车值班员	加强广播，及时将车站客流情况向行车调度员汇报
10	行车调度员	制订并执行行车调整方案

（5）大客流消除。

①站务员：汇报行车值班员、值班站长客流的拥挤程度逐渐缓和直至消除。

②值班站长：要求站务员停止售卖纸票，关边门，撤除指示牌及隔离设置，恢复正常运营服务，并通知行车值班员向行车调度员汇报。

③站务员：执行值班站长的指示，停止售卖纸票，关边门，撤除指示牌及隔离设置。

④行车值班员：向行车调度员汇报车站大客流已消除，售卖纸票已停止，车站恢复正常运营服务。

⑤行车调度员：向调度主任汇报车站大客流已消除，售卖纸票已停止，车站恢复正常运营服务。

⑥调度主任：向有关领导汇报大客流已消除，车站恢复正常运营服务。

二　预见性大客流的应急处理

城市轨道交通运营工作中出现的预见性大客流除了日常早晚上下班高峰期出现的大客流外，根据其产生的原因还可具体分为以下两类。

①节假日大客流，主要是指在国家法定的元旦、春节、劳动节、国庆节假期期间市民出行、游客旅游等造成全线各站客流普遍大幅上升的大客流事件。

②大型活动大客流，主要是指由于城市轨道交通线路沿线附近举行大型活动（包括节假日期间举行的大型活动），在活动结束后大量的乘客在较短时间内涌入邻近的城市轨道交通车站乘车，造成车站客流迅速上升。

1. 预见性大客流的应急处理原则

预见性大客流的应急处理方法和突发性大客流基本相同，它们的区别主要在于城市轨道交通运营企业能够对大客流进行预测，并有针对性地提前制订预见性大客流运营组织方案，相关应急车辆、设备、人员能够提前到位待命，正确、及时地采取各种措施对大客流进行疏导。

对于节假日或大型活动引起的预见性大客流，在制订针对性的运营组织预案时，要遵循以下原则。

①根据大型活动组委会要求及以往经验，做好预见性大客流行车组织方案的编制工作。对大客流的影响要做好充分估计，对大型活动方案的编制要有预见性，要按高一个等级的要求编制方案，以便实际灵活运用。

②针对预见性大客流制订的行车组织方案要及时下发，让相关行车、站务及后勤保障人员认真学习，做到熟知方案要求。

③要保持与大型活动组委会的联系，遇突发情况采取关站关口的措施时可以突破现行规章要求，灵活掌握。

④为确保乘客的安全，在大型活动中采取的任何运营调整措施一定要服从安全部门的要求。

2. 预见性大客流的应急处理方法

城市轨道交通车站的运营岗位员工对于预见性大客流的应急处理方法和突发性大客流的应急处理方法基本相同，而调度中心对于预见性大客流的应急处理根据不同的情况制订了一些特殊的应对措施。

1）早晚高峰调度中心的应急处理方法

（1）调度主任。

①加强对列车运行情况和大型车站客流情况的监视。

②加强 AFC 系统数据的收集。

③视情况组织加开列车。

④视情况通知公安人员协助。

（2）行车调度员。

①通知车站注意大客流控制。

②通知司机进站加强瞭望，列车如未上满乘客可适当延长大客流站停车时间。

③根据调度长指示，组织加开列车，疏导乘客。

2）节假日、大型活动调度中心的应急处理方法

（1）调度主任。

①根据节日性质及大型活动的具体地点、时间，制订在特定车站的存车线预先存放备用车的方案。

②加强 AFC 系统数据收集，根据现场情况制订加开备用车的行车组织方案。

③根据需要调配突击队、机动队支援大客流的车站。

④通知公安人员协助。

（2）行车调度员。

①按要求把备用车安排到预定的存放地点。

②通知各站密切监视客流动态，当接到车站或司机报告有乘客上不了车时，报告调度长。

③执行调度主任加开列车命令，通知司机入站时加强瞭望，注意行车安全，当

列车未上满乘客时适当延长停站时间。

疫情期间，上海地铁大客流车站开启“限流模式”

1. 动态管控、精准限流，防疫复工两手抓

上海地铁对早高峰期间的重点大客流车站（至少 17 座）采取限流，运管中心搭建“动态管控+精准限流”指挥体系，灵活运用行车调整和客运组织控制车站人流密度和车厢满载率，以时间换空间，落实疫情防控工作，做到复产复工和防疫两手抓、两手硬。

2. 一日一分析、一日一评估、一日一调整

疫情期间，运管中心票务管理部根据历史客流数据分析，做好下周每日客流的预测。并且每日实时评估当日与次日的客流走势，实时更新客流预测数据，指导做好运力配置保障与列车满载率管控。

3. 多途径控制乘客进站速度

运管中心客运市场部牵头全面排摸重点管控车站，关注车站、车厢客流变化，通过蛇形栏杆绕行、分段限流、分批放行、车站设备调整等客运组织方式，控制乘客进站速度。同时督促车站提前与属地街镇对接，视情启动“四长联动”机制，并在高峰时段增派属地人员加强站外秩序管控和疫情防控信息宣传，强化力量配置和现场管控。加强广播及 LED 屏等信息宣传，提示乘客“佩戴口罩、适度间隔、有序排队”进站。

4. 设立车站“客流观察哨”

通过在重点车站站厅/站台设立“客流观察哨”，实时关注高峰时段站内外乘客等候情况。实时对列车车厢内客流情况进行了人工观测，用以对比客流分析计算结果，进一步提高客流预测的精度，达到动态发现和控制乘客积聚的目的，降低列车满载率。

5. 全运力保障“列车满载率”管控目标

运管中心运营业务部结合复工复产客流预测，在全运力的基础上制定了早晚高峰运力动态调整预案，确保“列车满载率”管控目标可控。各线路调度根据车站实际情况，实时动态调整列车运行计划。

6. 确保安全，提高施工效率

为了充分利用运营提前结束至次日运营开始的“空窗时间”，第 2、5、7、8、16 号线均在此期间安排了各类大修施工，施工时间较平日增加 33%，施工量翻倍，但施工准备时间缩短一半。实施前至少 1h 要求施工负责人主动与运营调度确认当日施工计划及动车方案无误后，采取预发令的方式向各行车岗位发布调度命令，进一步压缩前期实施阶段作业耗时，同时有效提高动车作业效率。

任务实施与评价

相关实训工单见本项目后任务 7-2 实施与评价。

任务 7-3 恶劣天气下的行车组织

案例导入

2007 年 7 月 7 日上午，南京遭遇该年度第一场灾害性大暴雨，半小时内，空中闪电次数已经达到 200 次。8：32，一道强雷电击中位于南京地铁 1 号线小行站附近的供电设备，当场火花四溅，冒出白烟，随即中胜站至安德门站区间接触网单向停电。故障发生后，控制中心立即派抢修人员赶赴现场抢修。由于抢修需要一定时间，控制中心指示 0706 次列车司机，打开车头的紧急逃生门，安全疏散车上 345 名乘客。10：09，受损的供电设施修复，地铁全线恢复正常运营。

恶劣天气是城市轨道交通不可避免的非正常情况之一。国内外因为恶劣天气给城市轨道交通造成影响的案例屡见不鲜。能够准确判定恶劣天气的种类和级别，针对不同的恶劣天气采取不同的应对措施，对于减少恶劣天气给城市轨道交通带来的影响，保证城市轨道交通安全运行具有十分重要的意义。

知识和技能点

（1）了解恶劣天气信息发布要求；

（2）掌握恶劣天气一般应对措施；

（3）掌握恶劣天气的特定应对措施。

理论储备

一 恶劣天气的一般应对措施

1. 恶劣天气信息发布

（1）值班调度主任。

控制中心值班调度主任接收到气象信息，并确认其为影响运营安全的恶劣天气后，必须将消息发布给有关部门和员工。

①遇台风、暴雨、暴雪、大风等天气，值班调度主任必须向中央控制室全体当值员工、运营公司总部经理及副经理、当值运营及维修管理人员、其他相关部门领导发布信息。

②遇寒潮、冰雹天气，值班调度主管必须向中央控制室全体当值员工、当值运营及维修管理人员、其他相关部门领导发布信息。

③遇其他恶劣天气，值班调度主管必须向中央控制室全体当值员工、其他相关部门领导发布信息。

（2）行车调度员。

控制中心行车调度员接收到气象信息，并确认其为影响运营安全的恶劣天气后，必须将消息发布给有关部门和员工。

①遇台风、暴雨、大风、沙尘暴、冰雹天气，行车调度员必须向车辆段控制中心（DCC）维修调度员、正线列车司机及控制中心值班人员发布信息。

②遇大雾天气，行车调度员必须向 DCC、正线列车司机发布信息。

③遇其他恶劣天气，行车调度员必须向 DCC 及控制中心值班人员发布信息。

向司机发布信息的方式为无线电台通信；向其他部门或人员发布信息的方式为传真通信，发出传真后，必须经电话确认。

2. 恶劣天气期间的一般应对措施

1）车站应对措施

在恶劣天气期间，需要实施一般应对措施，相关员工应履行各自的职责。

（1）加强巡视。在不同的恶劣天气期间，车站当值的员工应经常巡视车站，天气情况差时，巡视次数要相应增加。

①车站人员负责巡视各车站站台、站厅、所有出入口及四周通道、与车站相连的行人通道、轨道范围及值班站长认为有必要巡视的其他地点。

②维修人员负责巡视各车站设备及附属建筑物内的机房，并安排测试应急设备［如抽水机（泵）等］，巡视及测试完毕后，必须通知值班站长。

③车站其他人员巡视本岗位职责范围的区域（如排水沟等）设备，巡视完毕后，必须通知值班站长。

（2）公示信息。气象灾害预警信号生效期间，各站值班站长应安排员工在车站入口处张贴公告。公告的内容如下：

①信号发布的时间。

②信号内容。

③所涉及的车站、列车服务状况。

例如：2011 年 6 月 1 日 16：00，某市气象台发布黄色暴雨预警信号，预计 6 小时内降雨量将达到 50mm 以上，且降雨可能持续。列车服务正常。

（3）维修人员调配。根据不同的恶劣天气，维修部至少应在客流较大车站增派相关设备维修人员。

2）车辆段应对措施

（1）维修调度员安排相关员工确保完成以下工作。

①备齐恶劣天气时所需衣物。

②备齐恶劣天气时所需工具。

③经常巡视车辆段内露天轨道范围，做好准备，以防天气情况随时恶化。巡视中发现以下不安全情况时，通知相关人员马上处理。

a. 若发现有杂物碎屑或水浸等情况出现，可能影响列车运行时，应通知 DCC 调度主管。

b. 若发现轨道上有杂物碎屑，通知本部门有关人员处理。

c. 若发现露天地方有松散的杂物碎屑需绑紧或搬到安全地点，通知对应负责人。

（2）DCC 调度主管安排相关员工经常巡视车库，重点查看以下方面。

①轨道上、接触网上及露天地方是否有杂物碎屑。

②是否有水浸现象。

③是否有车库顶棚出现漏水现象。

④是否出现其他异常情况。

巡视人员按需要将情况告知行车调度员，并确保所有车辆段内列车停放在库内。

（3）运转值班员指示列车司机在离开列车前，确保所有车门均已关好。

3）应急设备运输

在恶劣天气期间，如需正线运输应急设备，由DCC调度主任与OCC值班调度主任进行沟通，以便采取最迅速、有效的办法。根据实际情况，值班调度主任可决定以电客车或工程车运送应急设备。

4）应急人员安排

车辆、车务、维修等相关部门，根据恶劣天气种类，结合本部门专业、设备、作业、地域特点编制恶劣天气应急人员调配表，以说明在出现何种恶劣天气时，哪些员工应在何处当值。

3. 恶劣天气解除

当某段线路恢复运营条件时，控制中心向城市轨道交通运营公司负责人汇报，由负责人下令恢复运营。因特殊情况联系不上时，分别依次由分管安全、行车组织的副职下令。

二 恶劣天气的特定应对措施

恶劣天气时的行车组织

1. 运营服务决策组的应对措施

运营服务决策组一般由运营公司副经理及以上管理人员、车务部部长、中央控制室主任、值班调度主任组成。

在黄色台风预警信号、黄色雷电预警信号、黄色大风预警信号、红色沙尘暴预警信号、红色大雾预警信号等生效期间，运营服务决策组成员应在安全、快速的条件下到中央控制室或通过电话（非工作时间内）参与应对决策。

（1）运营服务决策组决策内容。

①根据天气情况及交通需要，决定提供什么程度的服务。

②筹划列车服务及车站运作应做出的变动。

③授权值班调度主任组织落实调整后的运营服务。

（2）运营服务决策组决定服务程度的依据。

①政府指令。

②地方气象主管机构发出的预警信号。

③运用的电客车设计参数。例如：当风力小于或等于X级时，能够正常工作；当风力大于X级、小于或等于X级时，停靠在站台上的列车停止运转，区间运行的车辆限速$x$km/h进入站台停靠；当风力大于X级时，所有车辆停止运转等。

④列车司机的报告。

⑤车站的报告。

⑥值班调度主任提供的全线各区间能见度示意图。

⑦列车司机关于现场情况的报告。

⑧车站关于客流情况的报告。

2. 台风、大风期间的特定应对措施

车站人员、列车司机在台风、大风等预警信号生效期间，发现威胁运营安全的现象后，应及时报告行车调度员，情况危急时可先采取防护措施。

1）蓝色台风、蓝色大风预警信号生效期间

（1）中央控制室员工。

①值班调度主任及行车调度员应将信息通知有关人员。

②天气恶劣时，值班调度主任通知相应部门列车服务变动情况，同时为可能发出的更高级预警信号做准备。

（2）车站员工。

①按一般应对措施安排，做好站厅、站台等关键位置的巡视工作，为运营服务变动做准备。

②张贴告示，公示运营服务的变动情况。

③在巡视中发现有松散物件出现不能稳固放置或不能移至安全地点的情况，应通知其所属或维护部门尽快处理。

④对人员及运营安全造成威胁的松散物件，采取移走、加固、隔离等安全措施。

（3）运营公司救援当值汽车驾驶员。

①保证所有汽车油箱最少有75%汽油存量。

②保证其管辖的车辆（特别是装载救援工具的救援车辆）均能投入服务。

（4）当值DCC调度主管。

①按一般应对措施安排，已派相关人员按要求巡视车库。

②根据行车调度员的通知，做好列车服务调整准备。

③安排当值人员加固或移走库内靠近大门的松散物件。

2）黄色台风、黄色大风及以上级别预警信号生效期间

运营服务决策组根据实际情况做出相应决定。

（1）停止运营的安排。

①安排清客后的列车在站内或最靠近车站的平直线路上停留。

②行车安排妥当后，切断接触网电力供应。

③若乘客因天气原因不便离站，可安排在非付费区停留。

（2）恢复运营的程序。

①行车调度员安排接触网工程车，在上下行轨道联合执行出清程序及检查轨道接触网信号设备。

②行车调度员得到完成线路出清的报告后，通知电力调度员安排恢复接触网电力供应。通知值班调度主任恢复运营服务。

3）橙色台风、橙色大风及以上级别预警信号生效期间

（1）取消所有工程车行车安排。

（2）暂停以下情况的维修工作。

①受恶劣天气影响的。

②严重威胁人身安全的。

③并非必须进行的。

(3) 所有物料必须绑紧或移至安全地点。

3. 暴雨期间的特定应对措施

(1) 值班站长。

①按一般应对措施安排，安排所属员工做好站厅、站台等关键位置的巡视工作。

②疏导站内滞留乘客，确保出入口畅通。

③安排在车站出入口处铺设防滑垫。

(2) 维修部门。

各专业值班工程师应联络本专业抢险救援人员做好应急准备，亲自或安排专人检查抢险救援装备。安排专业人员巡视地面线路，向沿线地势低洼的设备机房派出供电、通信等专业支援人员。

4. 暴雪期间的特定应对措施

(1) 值班站长。

值班站长接到雪灾预警信息后，应做以下工作。

①检查除雪应急备品。

②检查工作人员应急准备情况。

③安排检查、测试道岔加热装置。

④安排在车站出入口处铺设防滑垫。

(2) DCC 调度主管。

接到雪灾预警信息后，DCC 调度主管应立即联络本部门应急人员做好应急准备。

(3) 物业监管室主任。

应安排所属员工，询问物业公司应急准备情况，并监察物业公司“恶劣天气应急预案”落实情况。

(4) 除雪应急人员的调配。

车辆部、车务部、维修部除雪应急人员，按本部门“恶劣天气应急人员调配表”安排执行。

(5) 除雪区域划分。

①车辆部门负责车辆段、停车场的线路区域的除雪。

②维修部门负责正线线路区域除雪。

③车务部负责正线道岔区域除雪。

(6) 道岔铺盖。

DCC 调度主任、停车场运转值班员安排应急人员负责铺盖道岔。

①在运营结束（不再有列车出入段作业）后，将指定的道岔进行铺盖，铺盖物要有效固定。

②在运营开始前不少于 30min，将铺盖物撤除。

(7) 除雪应急备品。

通用除雪应急备品（不包括各专业所需专业装备）包括大竹扫、小竹扫、铁钩、小铁铲、油刷、机油、棉纱、柴油、棉布（或其他替代品）。

5. 沙尘暴、大雾期间的特定应对措施

在红色沙尘暴预警信号、红色大雾预警信号生效期间，运营服务决策组根据实际情况做出相应决定。

（1）列车司机。

①随时注意能见度变化，加强瞭望。

②发现能见度低于500m时，报告行车调度员，用语为：“××站至××站区间最小能见度为××m”或“××km××m（至××km××m）处能见度为××m”。

③根据行车调度员的指示，确认某区间能见度变化。

④根据现场实际情况，向行车调度员提出改变驾驶模式的建议。

⑤根据行车调度员的命令，改变列车驾驶模式。

⑥现场能见度不足200m时，在车站100m预告标处（包括由折返线启动时）鸣笛（一长三短声），以提醒车站接车人员注意。

（2）行车调度员。

①收集列车司机关于能见度的报告。

②指定某列车司机做出某区间能见度的接续报告。

③根据值班调度主任的指示，安排全线或部分区间停止或恢复ATO模式。

④授权司机在全线或部分区间采取减速运行措施。

（3）值班调度主管。

根据行车调度员汇总列车司机关于能见度的报告，可做出如下决定，并授权行车调度员组织落实。

①全线停止或恢复ATO模式。

②部分区间停止或恢复ATO模式。

③在全线或部分区间采取限速运行措施。

④向运营服务决策组提供全线各区间能见度示意图。

遇其他天气影响能见度时，值班调度主任亦可根据实际情况做出停止、恢复ATO模式或采取限速运行措施等决定。

（4）值班站长。

当现场能见度不足200m时，办理乘客乘降作业车站的值班站长，根据本站客流情况决定是否增加站务员。

（5）站务员。

严格控制站台乘客不要越过站台黄色安全线，听到列车鸣笛（一长三短声）后，更应特别注意。

6. 未接到预警信息而现场出现使能见度降低的天气时的安排

（1）报告。

发现现场能见度不足500m时，需进行以下报告工作。

①站台站务员将现场能见度通过值班站长报告行车调度员，用语为：“××站能见度为××m”。

②在线列车司机将现场能见度报告行车调度员，用语为：“××站至××站处最小能见度为××m”或“××km××m（至××km××m）处能见度为××m”。

③行车调度员立即转报值班调度主管。

（2）各部门应对措施。

①各部门有关人员按照“沙尘暴、大雾期间的特定应对措施”执行。

②现场能见度不足50m时，由值班调度主任通知运营服务决策组成员到控制中心当值或通过电话参与决策。

（3）紧急措施。

现场情况紧急、来不及通知行车调度员时，应采取以下紧急措施。

①列车司机为保证行车及人身安全，可根据实际情况采取以下应急措施，并设法将所采取的措施及现场情况报告行车调度员。

a. 停车或紧急停车。

b. 减速。

②站务员为保证乘客安全，可根据实际情况需要拦停列车，并立即通知值班站长将所采取的措施及现场情况报告行车调度员。

表7-8和表7-9分别为某城市轨道交通运营企业车站对台风和暴雨的应急程序。

台风应急程序 表7-8

程序	司机	行车值班员	值班站长	客运值班员	站务员
信息接报	加强瞭望，发现台风来临，及时报OCC，接OCC命令启动本方案	①发现台风来临，立即报OCC值班站长； ②接OCC启动相应专项应急预案命令	—	—	—
前期处置	根据现场情况降低速度，执行OOC命令	做好应急广播，根据值班站长命令通知公安人员	启动本方案，立即至现场了解情况	准备相应的应急备品（如扩音器等）	—
	提醒乘客不要靠近站台屏蔽门，不要在站台悬挂物附近候车，做好乘客引导工作	发现车体轻微摇晃时，报OCC，接OCC命令停车或降速执行	做好与OCC、车站各岗位、救援部门之间的信息传递。根据OCC命令关闭管辖的地面、站台的广告灯箱电源	加强车站巡视，做好乘客引导工作	组织乘客做好避风预防

续上表

<table>
<tr><th>程序</th><th>司　机</th><th>行车值班员</th><th>值班站长</th><th>客运值班员</th><th>站务员</th></tr>
<tr><td></td><td>如造成车辆、供电、行车等设备损坏，影响正常行车时，做好乘客安抚工作</td><td></td><td>根据 OCC 关站命令，通知各岗位关站，做好乘客避风工作</td><td colspan="2">执行关站程序</td></tr>
<tr><td rowspan="2">现场处置</td><td rowspan="2">接 OCC 应急终止命令后，恢复正常驾驶</td><td rowspan="2">—</td><td colspan="2">接 OCC 应急终止命令后，通知各岗位终止本方案，清理现场</td><td>清理现场，撤除防护</td></tr>
<tr><td colspan="2">值班站长进行全面巡视，发现异常情况立即采取紧急措施并上报</td><td>—</td></tr>
</table>

暴雨应急程序

表 7-9

程序	司　机	行车值班员	值班站长	客运值班员	站务员
信息接报	发生暴雨，及时报信号楼或 OCC，接 OCC 命令启动专项应急预案	①发生暴雨，立即报 OCC、值班站长； ②接 OCC 启动相应专项应急预案命令，报值班站长	—	—	—
前期处置	加强瞭望，及时向 OCC 汇报暴雨造成的影响	做好应急广播；联系车站应急抢险队员，做好支援安排	启动本方案，组织员工做好安全防护和防滑	准备相应的应急备品（如防滑警示牌等）	做好应急抢险准备，并提醒乘客地面湿滑
现场处置	在地面、高架站线路时，经 OCC 同意后，可采用限制人工驾驶模式进站对标停车	密切监视车站出入口积水情况、隧道区间的水位情况，发现问题及时报 OCC、值班站长	安排员工在出入口、电梯口等湿滑的地点做好防护措施，加强乘客引导，并及时向 OCC 及上级领导汇报车站受暴雨影响情况	在出入口、电梯口、露天站台乘客候车处等湿滑的地方放置防滑警示牌等，并做好在车站及出入口避雨乘客的疏导工作，必要时疏散站内乘客	协助客运值班员设置防滑警示牌，疏导乘客

续上表

程序	司　机	行车值班员	值班站长	客运值班员	站　务　员
现场处置	在地下线路时，如发现水漫线路，立即报告OCC并根据OCC报告执行	—	如发生雨水倒灌等紧急情况，组织做好应急抢险，必要时调集车站人员（如机电、工务等驻站人员），做好抗洪抢险工作	协助值班站长做好应急抢险工作	—
应急终止	接OCC应急终止命令后，恢复正常驾驶	—	接OCC应急终止命令后，且车站紧急情况解除后，通知各岗位终止本方案，清理现场	撤除防滑警示牌等	协助值班员清除防护

前沿技术

“五一”高铁晚点：地膜虽难预见，管理却可改善

2021年“五一”小长假第一天，因大风吹扬地膜致接触网故障造成部分高铁晚点，导致上万旅客滞留北京西站。根据警情和铁路信息，到5月2日上午，总计有24趟列车停运。春季北方风大，地膜是引发故障直接原因，但这一事件也给相关方面应急管理敲响了警钟——北京西站大量旅客滞留，现场混乱，手机信号时有时无，一些乘坐非停运高铁的旅客也被拦在了站外。

摘编自新华网（2021年5月2日）

议一议　夏季东部地区台风、阵雨等恶劣天气对轨道交通行车影响较大，谈谈北京西站旅客滞留事件给你带来了哪些启示？

任务实施与评价

相关实训工单见本项目后任务7-3实施与评价。

任务7-4　其他特殊情况下的行车组织

案例导入

作为城市轨道交通行车组织相关岗位人员，当出现突发情况时，其应能果断、

迅速地按照应急预案进行处理。某日，你作为站务员在站台巡视，此时一名正在上车的乘客被车门夹住，眼看列车就要启动，请说明此时应如何处理，才能确保乘客安全。

知识和技能点

（1）掌握应急扣车时的行车组织；
（2）掌握反方向运行时的行车组织；
（3）掌握列车退行时的行车组织；
（4）掌握列车推进运行时的行车组织。

理论储备

一 应急扣车时的行车组织

应急扣车的行车组织

当出现紧急情况采取应急扣车措施时，应合理、有效地利用扣停的调度手段，根据不同的扣车方式采取对应措施，以避免列车进入故障区段或运营影响区段。

1. 扣车的方式

（1）通过ATS命令扣车。

当行车调度员需要扣停列车时，需要在控制中心调度终端人机界面（MMI）上操作，并通知司机和车站。通过调度终端操作扣车的前提条件：一是列车必须以SM、ATO及AR模式驾驶；二是列车未进入站台或停稳在站台时运营停车点未取消。扣车的有效区段是站台区段。

（2）车站人员应急扣车。

当车站遇紧急情况需立即将进站或出站列车扣停时，车站人员（站务员或行车值班员）可按下车控室或站台的紧急停车按钮使站台范围内的列车紧急停下，当情况紧急不具备第一时间按下按钮的条件时，亦可向司机猛烈摇动红色信号旗（灯）或高举双手左右交叉急剧摇动作为紧急停车的手信号，指示司机将列车停下。

2. 扣车后应采取的措施

①扣车后，应及时通报相关人员，通过广播等方式通知乘客停车原因及预警扣停恢复时间，如为车站扣停列车应及时向行车调度员汇报情况。

②扣车后的放行原则是“谁扣谁放”，只有在ATS故障时，对原MMI扣停的列车，经行车调度员授权后由相关车站放行。

③取消扣车作业时，行车调度员或车站值班员应在确认列车已停稳后操作。放行的具体操作方法是，首先在LCP盘上按压“取消扣车”按钮，LCP盘上相应的扣车指示灯灭；然后按压相应的“扣车”按钮一次（复位）；最后按压相应的“取消扣车”按钮一次（复位）。同时在LOW上对应的B类报警的第三栏出现“扣车恢复”的提示信息。

典型案例

生命无价，2号线紧急“扣车”

2015年的某日7点左右，上海地铁2号线往浦东国际机场方向的列车上一位中年男乘客在车厢内突发心脏病，倒在车门位置。列车到站停车后，有好心乘客呼叫站台工作人员，工作人员立即上车并上报。车站方面马上通过站内广播寻找医务人员。车上的两名长征医院医生自告奋勇，迅即到场救助，为病人进行心肺复苏、人工呼吸等抢救措施。科技馆车站工作人员也立即拨打120，同时向行车调度说明特殊情况。行车调度立刻发布“扣车”命令，列车停在车站上等候120救护车，当晚2号线全线延误约30min。

摘编自上海新闻网（2015年10月25日）

议一议 有人认为行车调度在列车运行指挥中应始终坚持“以人为本”理念，乘客的生命安全永远要放在第一位，但也有人认为因抢救个别乘客而造成列车大面积延误不值得，对此你怎么看？

二 反方向运行时的行车组织

列车反方向运行是指在特殊情况下（例如行车调度员出于应急行车指挥的需要、在正方向区间的线路封锁施工、发生自然灾害或因事故中断行车等特殊情况下，经行车调度员准许），城市轨道交通系统运营中出现上行列车运行在下行线，或下行列车运行在上行线的情况。

反方向运行的行车组织

1. 正反方向ATP故障或无反方向ATP时

（1）在没有ATP保护的情况下，除降级运营时组织单线双方向运行或开行救援列车外，载客列车原则上不能反方向运行。

（2）非封锁区间采用电话闭塞法组织运行。

（3）行车调度员在下达反方向运行调度命令前，必须确认反方向行驶列车前方至少有两个站间区间空闲（救援除外）。

2. 设备条件具备反方向ATP功能

（1）列车反方向运行在各站不能通过、自动停车，没有跳停功能，停站时分由司机掌握。

（2）列车必须反方向运行时，在MMI（LOW）上排列进路，列车根据ATP允许速度以ATO或SM模式运行。

①ATP轨旁设备故障时，行车调度员通知司机以RM模式运行。

②工程车需在明确行车计划和进路排列好的情况下方可反方向运行。

三 列车退行时的行车组织

列车退行是指列车在区间因自然灾害、线路故障、坡停等不能继续向前运行而退回原发车站，或列车部分或全部车厢越过站台须退回站台内办理乘降作业。

列车退行时的行车组织

1. 列车退行的基本规定

①当列车需要在两站之间进行退行作业时，参照列车反方向运行作业办理。

②当列车在区间因前方车站或列车火灾、自然灾害、线路故障、坡停等无法继续前进，须退行作业时，行车调度员应在确保退行列车运行进路空闲的前提下，安排列车退行至指定地点。

③当列车在站台停车时，列车部分或全部车厢越过站台须退回办理乘降作业时，行车调度员应在组织做好站台人流秩序控制的情况下，指挥列车退行。

2. 列车退行的具体程序

（1）报告通知。

列车一部分冒进车站发车显示器时，司机应使用无线电话向车站行车值班员报告，按车站行车值班员的调车手信号退回规定停车位置。

列车整列冒进车站发车显示器时，司机应使用无线电话向车站行车值班员申请退行，按车站行车值班员的引导手信号退回规定停车位置。

列车因故障等特殊原因在站间停车必须退行时，司机应使用无线电话及时报告行车调度员，在得到行车调度员的命令后方可退行。行车调度员应及时通知有关车站。

（2）车站防护。

列车退行进入车站时，车站接车人员应在进站站台端处显示引导信号，列车在进站站台端外必须一度停车，确认引导信号正确方可进站（后端推进退回车站难以确认时，车站应做好站台防护工作）。

（3）清客或运行。

退行列车到达车站后，司机应及时向行车调度员报告，同时根据行车调度员的命令处理。行车调度员根据情况可做出继续运行或清客停运的处置。

因前方车站或列车火灾、自然灾害、线路故障、坡停等，退行列车到达车站后，待故障或事故处理完毕后恢复正常运行。

列车部分或全部车厢越过站台需退回站台，具备发车条件后继续运行。

四 列车推进运行时的行车组织

在开展列车救援、调车作业等工作时，经常需要采取列车推进运行，列车推进运行是指司机在列车尾部驾驶室操纵列车运行或救援列车在前端驾驶室推送被救援客车运行。列车推进运行应严格按照规定进行：

①列车推进运行必须得到行车调度员的命令。推进运行时，必须由司机或列车引导员在列车前端驾驶室引导。无人引导时，禁止推进运行。

②当难以辨认信号时，禁止列车推进运行。

③单列车的推进运行限速10km/h（设备限速），重联客车推进运行时，司机需在后列车前端驾驶室（运行方向）驾驶，前列车前端驾驶室需由司机或列车引导员进行引导，运行限速23km/h。

④遇重联客车驾驶室间无法进行内部通话时，前后端司机可使用无线电话保持行车联系。

⑤在30‰及以上的下坡道推进运行时，注意列车的运行安全，禁止在该坡道上停车作业。

任务实施与评价

相关实训工单见本项目后任务7-4实施与评价。

项目7 实训工单

任务7-1 实施与评价

工作单	列车故障救援时的行车组织		
实训目标	1. 了解列车故障救援的原则。 2. 掌握列车故障救援中的调度组织技巧以及决定救援前调度员的准备工作。 3. 掌握列车故障救援的现场组织方法		
班级		姓名	
学习小组		工作时间	
知识认知			
1. 列车故障救援中的调度组织技巧有哪些？ 2. 决定救援前调度员应做好哪些准备工作？ 3. 列车故障救援的现场组织过程是怎样的？			
能力训练			
1. 某日，作为行车调度员的你正在值班，10：30 接到 10003 次列车司机报告，列车运行至下行方向 D 站至 C 站间发生火灾，不能继续运行。后续列车 10005 次列车正开往 E 站，前行列车正从 B 站开往 A 站区间，如图所示，请你负责组织列车救援，要求有详细的救援过程描述。 下行 10001 10003 10005 A站 B站 C站 D站 E站 F站 上行			

2. 运用城市轨道交通行车调度虚拟仿真系统或教材提供虚拟仿真软件，在实训系统中多岗位协同作业，共同完成列车故障救援的模拟演练。在条件不具备的情况下，也可以采取桌面演练、角色扮演的方式开展。

学习效果评价

评价指标	自我评价	教师评价
1. 知识掌控程度		
2. 能力获得程度		
3. 素质提升程度		

注：1. 自我评价、教师评价和最终评价都采用等级表示，即填写优、良、中等、及格和不及格。
2. 最终评价可以作为本课程总评价的参考数据之一。

本学习任务最终评价：

教师签名：　　　　　　　年　　月　　日

个人学习感悟

任务7-2 实施与评价

工作单	大客流时的行车应急处理		
实训目标	1．了解大客流的定义和引发原因。 2．掌握大客流时的应急处理程序。 3．理解突发性大客流和预见性大客流应急处理的区别		
班级		姓名	
学习小组		工作时间	
知识认知			
1．突发性大客流和预见性大客流在应急处理措施方面有何异同？ 2．在出现大客流情况时，行车调度员都有哪些工作？ 3．大客流出现时，车站应做好哪些工作？			
能力训练			
1．2010年9月30日，歌手周杰伦在南京奥体中心体育场举办2010大型演唱会。根据了解到的信息，当场演唱会的现场观众预计4万人次，加上商贩散客等，预计有2万人次搭乘地铁。演唱会19：30开始，22：30左右结束，客流将在18：00—19：00形成出站高峰，22：40—23：10形成进站高峰。请根据以上信息，查阅南京地铁线路图，制订该演唱会行车组织方案。			

2. 五一期间地铁线路预计将产生大客流，你所在的车站是商业步行街，作为该站值班站长，请问：应从哪些方面做好应对准备？

3. 请以广州、北京、上海等地铁线网发达的城市为例，结合该城市地铁线网图，说说哪些线路或车站容易出现大客流，应如何调整列车运行。

学习效果评价

评价指标	自我评价	教师评价
1. 知识掌控程度		
2. 能力获得程度		
3. 素质提升程度		

注：1. 自我评价、教师评价和最终评价都采用等级表示，即填写优、良、中等、及格和不及格。
2. 最终评价可以作为本课程总评价的参考数据之一。

本学习任务最终评价：

教师签名：　　　　　　年　　月　　日

个人学习感悟

任务7-3 实施与评价

<table>
<tr><td>工作单</td><td colspan="3">恶劣天气下的行车组织</td></tr>
<tr><td>实训目标</td><td colspan="3">1. 了解恶劣天气信息发布要求。
2. 理解恶劣天气一般应对措施。
3. 掌握恶劣天气的特定应对措施。</td></tr>
<tr><td>班级</td><td></td><td>姓名</td><td></td></tr>
<tr><td>学习小组</td><td></td><td>工作时间</td><td></td></tr>
<tr><td colspan="4">知识认知</td></tr>
<tr><td colspan="4">1. 不同恶劣天气对城市轨道交通行车组织会产生哪些影响？

2. 暴雨天气时，行车调度员应采取哪些应对措施？

3. 台风天气时，各行车部门应做哪些准备？</td></tr>
<tr><td colspan="4">能力训练</td></tr>
<tr><td colspan="4">1. 某城市轨道交通企业控制中心13：10收到气象台发布雷电黄色预警信号，预计未来12小时本地区将出现雷电、大风及强降雨天气。作为行车调度员，你此时应如何应对？自13：39起，全线陆续出现降雨天气，由于线路湿滑、列车提速困难，共造成11列车晚点，这时又应如何处置？</td></tr>
</table>

2. 选择一种恶劣天气，制订一份岗位应急操作指引，详细列出各相关岗位都应该做哪些工作，并以小组为单位，进行桌面演练，检验方案的可行性。

学习效果评价

评价指标	自我评价	教师评价
1. 知识掌控程度		
2. 能力获得程度		
3. 素质提升程度		

注：1. 自我评价、教师评价和最终评价都采用等级表示，即填写优、良、中等、及格和不及格。
2. 最终评价可以作为本课程总评价的参考数据之一。

本学习任务最终评价：

教师签名：　　　　　年　　月　　日

个人学习感悟

任务 7-4 实施与评价

<table>
<tr><td>工作单</td><td colspan="3">其他特殊情况下的行车组织</td></tr>
<tr><td>实训目标</td><td colspan="3">1. 掌握应急扣车时的行车组织。
2. 掌握反方向运行时的行车组织。
3. 掌握列车退行时的行车组织。
4. 掌握列车推进运行时的行车组织</td></tr>
<tr><td>班级</td><td></td><td>姓名</td><td></td></tr>
<tr><td>学习小组</td><td></td><td>工作时间</td><td></td></tr>
<tr><td colspan="4">知识认知</td></tr>
<tr><td colspan="4">1. 为什么会应急扣车？应急扣车后如何处理？

2. 反方向运行时应采取什么样的行车组织方法？

3. 列车反方向、退行、推进运行有何区别？</td></tr>
<tr><td colspan="4">能力训练</td></tr>
<tr><td colspan="4">1. 某日，某城市轨道交通企业控制中心行车调度员 6：40 接到 205 次司机报告，列车运行至 C 站至 D 站间发生下行正线线路故障，不能继续运行。后续列车 209 次正开往 C 站。此时 C 站至 D 站间上行正线没有列车运行。作为行车调度员，此时你应如何应对？</td></tr>
</table>

2．某日，某城市下了小雪，城市轨道交通企业控制中心行车调度员 8：20 接到司机因线路湿滑在 A 站停车对标时列车冲出站台 3 节车厢，申请退行回站台办理乘降作业的报告。作为行车调度员，你此时应如何应对？

学习效果评价

评价指标	自我评价	教师评价
1．知识掌控程度		
2．能力获得程度		
3．素质提升程度		

注：1．自我评价、教师评价和最终评价都采用等级表示，即填写优、良、中等、及格和不及格。

2．最终评价可以作为本课程总评价的参考数据之一。

本学习任务最终评价：

教师签名：　　　　　　年　　月　　日

个人学习感悟

项目 8

施工及工程列车运行组织

项目描述

城市轨道交通很多施工作业都只能在夜间列车停运后才能开展，为使各施工单位在进行施工作业时不产生作业时间、作业地点和作业条件的冲突，必须提前做好施工计划。此外，夜间施工影响行车的正线、出入段线等，还可能开行工程列车，为确保施工人员的作业安全，行车调度员、车站行车值班员等必须掌握施工及工程列车运行相关业务技能。

通过本项目的学习，学生可以掌握各类施工计划的特点、施工组织管理程序以及车站施工现场管理，同时了解工程列车开行的相关要求和运行流程。

学习目标

1. 知识目标和能力目标

（1）了解施工计划分类、施工计划的申报和审批流程；

（2）了解施工组织管理的具体要求；

（3）认识常见的工程列车用途以及工程列车开行的规定；

（4）理解工程列车开行的有关要求和工程列车的开行组织流程。

2. 素质目标

（1）培养学生计划制订意识和时间观念；

（2）培养学生遵章守纪的意识；

（3）培养学生安全生产理念；

（4）培养学生对新知识和新技术的学习能力。

知识体系

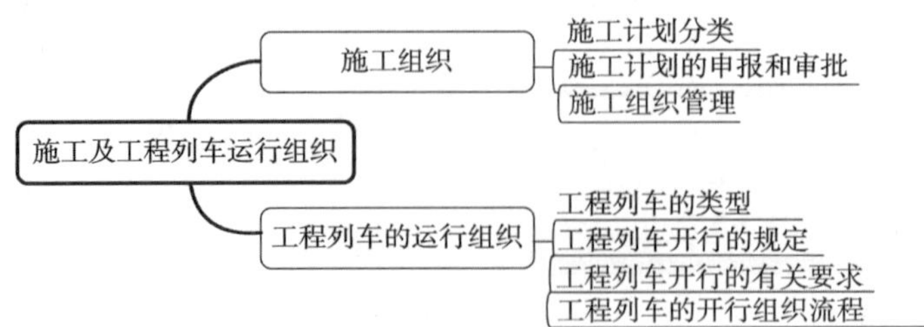

6 学时。

任务 8-1 施工组织

作为一名行车调度员，应能够根据施工作业计划按流程办理占用正线施工项目的审批手续，并在施工作业完成后办理施工作业注销，确保运营前正线施工人员、器具出清，不影响正常运营，请完成如下两项任务：

①某地铁线路某日 23：30 之后可以开始占用正线进行施工作业。23：45，A 站车站值班员向行车调度员申报编号为 ××× 的施工项目，行车调度员应如何办理？

②某日 14：35，运营列车 ××× 次运行至 A 站进站前司机向行车调度员报告：×××次列车在 A 站上行进站前发现前方轨行区有不明物体位于靠近站台的轨道中心，可能影响行车，现已停车。行车调度员如何处理？

知识和技能点

（1）了解施工计划分类、施工计划的申报和审批流程；

（2）了解施工组织管理的具体要求，会填写常见施工报表。

理论储备

为了保证运营安全和稳定，需要定期对系统范围内各种设备、设施开展检查维修、隐患排除、维护保养、更新改造等生产活动，这些活动统称为施工作业。进行施工作业可能会中断正线行车，因此一般情况下施工作业主要是利用非运营时间进行。为了保障施工安全，确保施工计划顺利实施，城市轨道交通系统对施工组织进行了严格规定，主要涉及施工人员、站务人员、行车调度员等岗位。在实际中各地铁企业的规定略有不同，以下以国内某地铁企业为例进行介绍。

一 施工计划分类

施工计划类型

1. 按计划时间分类

施工计划按时间可分为周计划、日变更计划及临时抢修计划。

（1）周计划。

日常计划性的施工作业通常以一周为单位，各施工单位在本周规定的时间内向施工计划管理部门提出下周施工计划的申请，由施工计划管理部门协调各施工单位形成统一的周施工计划发布至各部门。施工作业方、施工手续办理方及施工计划审批方共同遵照计划施行，对于下列情况中属正常修程内的情况应提报周计划：

①客车在正线的调试作业；

②需开行工程列车（含轨道车）的检查、维修、施工、调试、运输等作业；

③影响或可能影响行车的设备检查、维修等施工作业（如：在设备房或传输通道进行的通信、信号、接触轨供电、洗车机等设备的检查、维修、施工作业，影响或可能影响设备使用时）；

④需要停止接触轨供电的检查、维修、保养等施工作业；

⑤影响或可能影响运营服务设施使用、运营服务水平的检查、维修、清洁、保养等施工作业；

⑥不进入线路，但需有关部门配合的作业；

⑦不进入线路，但需进入车站各设备房的检查、维修等作业（日常驻站巡检作业除外）；

⑧需要进入车辆段行车线路（含侵入建筑限界）、车场变电所的检查、维修等施工作业。

（2）日变更计划。

对于周计划内日作业项目的变更，应提报日变更计划。

（3）临时抢修计划。

下列情况应提报临时抢修计划：

①运营时间内发生行车设备故障需抢修的作业；

②临时抢修后须在运营时间外继续进行的行车设备维修作业；

③运营期间发现的设备故障可在运营时间外进行的维修作业。

2. 按施工范围分类

城市轨道交通设备设施众多，其分布位置也各不相同。施工作业按施工范围可分为如下8类（表8-1）。

某地铁公司施工作业分类 表8-1

序号	施工范围	施工分类	
1	正线	A类	在正线进行，需要开行工程列车、电客车且需接触轨供电的施工作业
2		B类	在正线进行，需要开行工程列车、调试列车的施工作业
3		C类	在正线进行，影响正线、辅助线行车，无须开行工程列车的施工作业
4		D类	在车站（含变电所）进行，不进入正线线路的施工作业
5	车辆段	E类	在车辆段线路开行工程列车、电客车且需接触轨供电的施工作业
6		F类	在车辆段线路开行工程列车、电客车的施工作业
7		G类	在车辆段线路无须开行工程列车、电客车的施工作业
8		H类	在车辆段范围内（含变电所、OCC）进行，不进入车场线路的作业

二 施工计划的申报和审批

常用施工报表

1. 施工计划的申报

每周规定的时间内，由施工部门向施工计划管理部门提报施工计划申请表（各类施工计划申请表见附录2）。施工计划管理部门根据各部门申报的计划统筹处理、合理安排，形成施工计划的施工行车通告文件，在施工统筹会上统一批复。某地铁公司的施工计划管理部门如下：

（1）运营公司外的单位（以下简称外单位）施工计划的申报：

由施工单位填写外单位施工作业申报单并加盖公章，向运营公司内专业归口部门申报。

（2）运营公司内各部门施工计划的申报：

①车务部的施工计划向车务部安全技术室技术主任申报；

②维修部的施工计划向维修部安全调度室申报；

③车辆部的施工计划向车辆部调度室申报；

④三大生产部门外其他部门的施工计划向计划营销部施工管理人员申报。

图8-1为国内某地铁公司的施工计划申报流程。

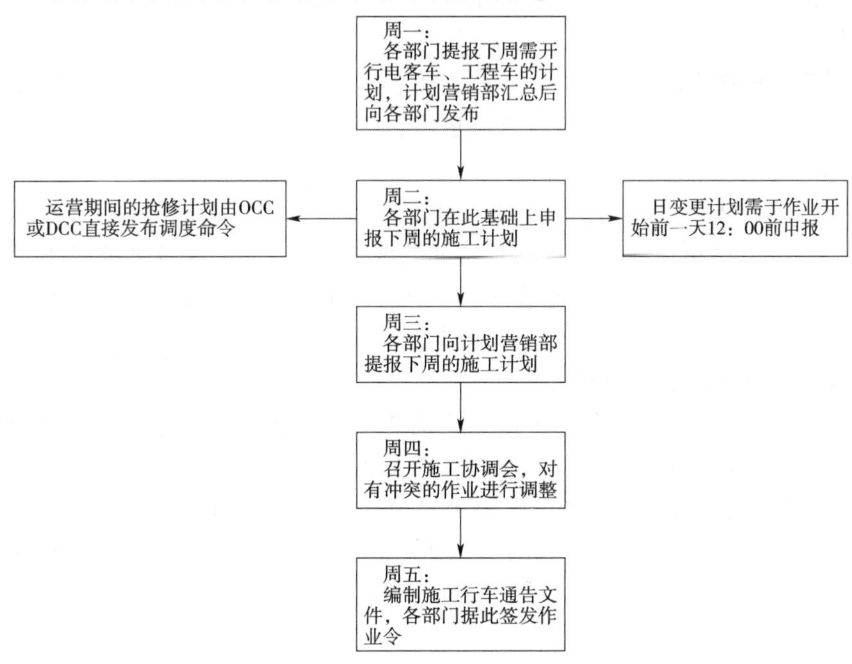

图8-1 某地铁公司的施工计划申报流程

2. 施工计划的审批

施工计划的审批方式有两种：一种是集中审批，各单位按照层级申报，逐层审核，最终召开施工协调会统一审批及确定施工计划安排或集中编制施工计划后，按照专业审核；另一种是重点审批及分散审批结合。安全性高及资源紧张的计划实行集中审批；其余计划按照属地管理分散审批。

审批完成后，以正式的施工行车通告文件下发到各部门。各部门依据施工行车通告文件组织计划日期内的有关施工项目。施工作业管理与审批如表8-2所示。

施工作业管理与审批 表 8-2

施工作业类型	施工区域管理单位	施工区域管理人员	施工作业审批单位	施工作业审批人员
占用正线施工作业	车站	车站值班员	控制中心	行车调度员
车站公共区域施工作业	车站	车站值班员	车站	车站值班员
车站设备房间施工作业	车站	车站值班员	控制中心	电力或环控调度员
车辆段施工作业	车辆段信号楼	信号楼值班员	车辆段信号楼	信号楼值班员

三 施工组织管理

下面以某地铁公司为例，介绍施工组织管理的内容和程序。

1. 施工计划的核实

OCC 主任核对周计划中当日 A、B、C、D 类作业项目，车场值班主任核对周计划中当日 E、F、G、H 类作业项目，对有冲突的施工作业及时进行调整。

每日运营结束前 2 小时，OCC 调度人员与各车站核对当晚的施工作业计划（含日变更计划）。

2. 施工时间的安排

施工作业原则上在运营结束后方可进行，如有工程列车运行，需等工程列车过后方可安排施工。

正常施工作业应于运营开始前 2h 结束，需开行工程列车配合的施工作业必须于运营开始前 2.5h 结束；在有工程列车返回的线路上施工时，有关作业必须于运营开始前 2.5h 结束，并出清线路。电客车调试作业或开行工程列车的作业，如没有其他影响其返回的作业，可安排在运营开始前 2h 结束。

3. 施工人员进入车站的规定

施工负责人持施工作业令在运营结束前 20min 到达主站，施工责任人及施工人员持施工作业令在运营结束前 15min 到达相关施工车站。

外单位的施工作业人员进出车站须提前与车站行车值班员联系，于关站前 15min（特殊情况确需关站后进入的应事先与车站预约）凭施工作业令和施工作业证（地铁员工持工作证件）进站，车站根据规定的地点、时间，查验手续后开门放行。

各车站应加强站台屏蔽门端门的管理：

①施工人员进入端门时必须出示员工卡或施工作业证和施工作业令；

②进入地下站/半地下站站台屏蔽门端门时需由车控室同意；

③进入高架站屏蔽门端门时需由 OCC 行车调度员同意。

4. 施工请点手续

属于 A、B、C 类的作业，施工负责人在施工作业令规定施工开始时间前 15min 到车控室请点，车站值班员核对施工负责人身份（员工卡或施工作业证等，下同）和“施工作业令”与请点人无误后，填写车站施工登记表，由车站报行车调度员批准，当线路出清并符合施工条件后，由行车调度员给出施工承认号批准施工，车站值班员传达准许施工的命令，请点生效，可以施工。

属于A、B、C类的作业，需分组在多个车站进入施工地点的作业项目，施工负责人还需核实辅站情况。辅站施工责任人在施工作业令规定施工开始时间前10min到达辅站办理登记手续，辅站车站值班员/值班站长向主站车站值班员/值班站长核实施工请点情况；主站接到行车调度员准许施工的命令后，传达给辅站，辅站车站值班员/值班站长允许施工责任人开始该作业点的施工。

属于E、F、G类的作业，施工负责人在施工作业令规定施工开始时间前15min到车辆段信号楼请点，信号楼值班员核对施工负责人身份和施工作业令与请点人无误后，由信号楼值班员填写车场施工登记表（由DCC另行编制），经车辆段值班主任批准（车辆段内进行影响正线行车的作业应经行车调度员批准），给出施工承认号，请点生效，可以施工。

属于D、H类的作业，施工负责人凭施工作业令到车站/车辆段/OCC/变电所登记请点，由车站/车辆段/OCC/变电所当值人员向OCC相关调度或DCC请点。

D、H类不影响行车的作业，施工负责人凭员工卡、施工作业令，到车站、车辆段、OCC、变电所办理请点。

如遇作业区域同时包含正线和车辆段线路时，施工负责人到车辆段信号楼请点，车辆段值班主任在征得行车调度员同意后，方可批准该项施工作业，允许其施工。

开行电客车的调试作业需到行车调度员指定的处所办理请销点手续，开行工程列车配合的作业在接递命令的车站、车辆段办理请销点手续。

运营期间临时抢修的请点（含行车调度员临时指令相关人员下轨行区检查线路或设备）：

①抢修作业负责人接到需要抢修的命令后直接赶赴车站或车辆段。

②正线抢修时，由车站人员在站台屏蔽门端门处等候抢修人员，当接到行车调度员接触轨停止供电准许进入抢修区域的电话（具备录音条件的电话）命令后，通知抢修作业负责人进入抢修地点进行抢修。

③车辆段抢修时，经车辆段值班主任确认接触轨停止供电后同意进入抢修地点进行抢修。

5. 施工销点手续

所有作业都必须在计划规定的时间之前完成作业并销点，运营期间的抢修作业完毕并在线路出清后应及时通知行车调度员/车辆段值班主任销点。

A、B、C类作业，仅在一个车站请点施工的，施工负责人在作业区域出清后，到车控室销点，由车站值班员报行车调度员销点。

D、E、F、G、H类作业施工完毕后，施工负责人在作业区域出清后，到原请点单位销点。

接受异地销点的车站，施工负责人/施工责任人应在车站施工登记表备注栏中注明请点车站、人数，办理施工销点的车站要及时与请点车站的车站值班员/值班站长核对。

当施工作业只有一组人员进行作业，需异地销点的，销点的时间不得超过施工作业令上规定的时间，作业结束后，施工负责人向销点站登记销点，销点站经与施工负责人核对销点的施工内容、施工人数、地点全部无误后，记录施工负责人有效证件、姓名、施工作业令号码、作业人数等，并与请点站核对无误后，负责向行车调度员销点，并通知请点站施工结束。

当多站销点时，辅站施工责任人负责本段线路出清并报施工负责人后，在辅站销点，辅站值班员向主站值班员销点；施工负责人负责该项施工作业区域全部出清后，方可报主站值班员销点，主站值班员向行车调度员销点。

当施工作业有多组人员进行，需异地销点的，销点的时间不得超过施工作业令上规定的时间，作业结束后，由施工负责人统一向在主站登记备注的销点站销点，销点站车站值班员/值班站长经与施工负责人核对销点的施工内容、施工人数、地点全部无误后，记录施工负责人有效证件、姓名、施工作业令号码、作业人数等，并与请点站车站值班员核对无误后，向行车调度员销点。

地铁施工事故：工人触电身亡，负责人试图瞒报

2020年9月27日，深圳市盐田区人民政府官网公布一起低头施工事故的调查报告。据调查报告，6月22日19时左右，在深圳盐田区地铁8号线一期工程8132标段盐田路站C出口施工中，电气带班组长兼职安全管理人员何某某安排杨某某、龙某某连接C出口的应急照明，以及大厅广告灯箱插座等工作。19时10分左右，杨某某在接线操作时，不慎触电倒地，送往盐田人民医院急诊科抢救无效死亡。当日21时30分左右，项目现场负责人高某收到杨某某的病危通知书，担心工地因为安全生产事故导致停工等后果，便主动与何某某在区人民医院门口商量，打算编造事故发生的时间、地点、初步原因、性质等内容，伪造事故现场，隐瞒生产安全事故真相，谎报事故。商议后，便打电话给公司员工刘某一起来到沙头角山泉小区某栋某某室（刘某住处），伪造了因修复空调故障电源而触电的“事故现场”。在医院下达死亡通知书后，高某于23时09分左右按照商量好的谎报方案报“110”。当日23时09分左右，接报后，盐田区区应急管理局、沙头角派出所、沙头角街道工作人员先后到接报“事故现场”，开展现场勘查，在勘察过程中发现存有疑点。经沙头角派出所连夜审讯，23日7时左右，报警人高某交代了谎报事故的真实情况。次日，得到沙头角派出所的审讯真实结果后，区应急管理局、盐田派出所、盐田街道等单位人员，立即根据新情况赶往实际事发地开展调查。

调查组认为，经过对事故原因的分析，该事故是一起因施工单位安全生产主体责任落实不到位，现场安全管理、监理缺失，管理人员违章指挥，施工人员违章冒险作业而导致的谎报的一般生产安全责任事故。

事故直接原因是：作业人员未持电工特种作业人员证上岗，同时未佩戴绝缘手套、绝缘鞋等劳动防护用品，在未切断线路供电的情况下进行接电作业，作业前未使用验电笔确认线路是否带电，误剪带电的导线，导致触电事故发生。

事故的间接原因有：①违章指挥，相关管理人员安全意识淡薄，安排未持有电工特种作业操作证人员进行接电作业；劳务承包管理松懈，未对劳务承包队伍安全生产资质和安全保证条件进行有效审查。②未对特殊工种从业人员持证上岗严格把关，违规对普工进行电工安全技术交底使用；安全管理存在漏洞。③电工作业不规范，现场部分线路未按色标进行接线，各组电源线无任何区分标识和标记，分组不清，带电与不带电线路处于混合状态。④相关单位现场安全管理缺失，安全监管人员不到位，未能对现场安全实施有效管控。

据调查报告，作为项目现场负责人，高某事发后不如实报告事故发生的时间、地点、初步原因、性质等内容，伪造事故现场，企图隐瞒事故真相，谎报事故。调查组建议，区公安机关依据《中华人民共和国刑法》第一百三十九条之一的规定，依法追究其刑事责任。

摘编自澎湃新闻（2020 年 9 月 29 日）

能力提升 在轨道交通行业有种说法“十次事故九次违章”，反映了违章作业是造成事故的主要因素。本案例告诉我们，地铁施工组织过程中应严格遵守规章，现场管理人员做好安全防控。此外，应严格审核施工计划和施工人员，尤其对需要通电的施工作业更要仔细审查并做好防范措施。

任务实施与评价

相关实训工单见本项目后任务 8-1 实施与评价。

任务 8-2 工程列车的运行组织

案例导入

作为一名行车调度员，车辆段应能够根据施工作业计划按流程办理工程列车的开行组织，并在有关施工项目结束后，组织工程列车回车辆段，确保运营前工程列车在段场内停妥，不影响正常运营。某日夜间，按施工计划要求某施工项目需要工程列车配合作业，此时如何组织工程列车进入正线？施工作业结束后，工程列车请求回段，又该如何组织？

知识和技能点

（1）了解常见的工程列车用途以及工程列车开行的规定；

（2）熟悉工程列车开行的有关要求和工程列车的开行组织流程。

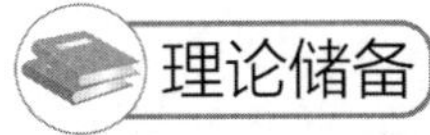

理论储备

常见工程车类型　　轨道交通工程列车

一 工程列车的类型

工程列车是指进入正线运行的用于配合施工作

业的列车。一般在行车组织规则中会对工程列车的车次号范围做专门的规定。凡是上正线运行的工程列车，必须被赋予相应的车次号。

工程列车可以是单独一台内燃机车或其他专用作业车，也可以是由几种作业车辆编组而成的列车。城市轨道交通运营企业运用的工程列车主要有普通轨道车、钢轨打磨车、轨道起重车、接触网放线车、接触网架线车、平车等。其中，采用接触轨系统的运营企业就不需要用到接触网相关的作业车型。

1. 轨道车

轨道车是一种在铁道设备维修、大修、基建作业中使用的内燃机车。其在施工作业过程中可用来牵引装载物料或设备的平车，日常情况下可在车辆段内（特殊情况下也可在正线）用于牵引或推送无动力的电动客车，如图 8-2 所示。

2. 钢轨打磨车

钢轨打磨车是用于打磨轨道轨头表面不均匀部位的专业轨道维修车辆。它通常由一辆动力车和若干辆打磨作业车组成，多个磨头可同时作业，可通过列车控制系统采取多种模式对轨道实施快速打磨，如图 8-3 所示。

图 8-2 轨道车

图 8-3 钢轨打磨车

3. 轨道起重车

轨道起重车由自带动力的车体、驾驶室、液压伸缩吊臂及支腿组成，可用于线路施工，维修时的起重、装卸、牵引作业，以及接触网立杆架线作业，并可与其他车辆连挂组成抢修专列，如图 8-4 所示。

4. 接触网放线车

接触网放线车用于接触网导线和承力索的架设，也可用于电气化改造或接触网大修作业时接触网导线和承力索的架设，如图 8-5 所示。

图 8-4 轨道起重车

图 8-5 接触网放线车

5. 接触网架线车

接触网架线车用于电气化接触网的架线、维修、更换等工作，亦可用作牵引车，满足接触网各种施工需要，如图 8-6 所示。

6. 平车

平车是铁道上大量使用的通用车型，无车顶和车厢挡板，自重较小，装运吨位可相应提高，且无车厢挡板的制约，装卸较方便，必要时可装运超宽、超长的货物。其主要用于装运大型机械、钢轨等施工物料和设备，如图 8-7 所示。

图 8-6　接触网架线车

图 8-7　平车

二　工程列车开行的规定

轨道交通工程列车开行程序

①安排工程列车作业时，必须严格按照施工作业令规定的区域安排作业，严格执行行车调度员命令。

②工程列车出车辆段前，司机、车长要与行车调度员试验无线电的性能；工程列车在运行中，司机和车长要加强与行车调度员的联系（如联系不上应通过车站转达），掌握列车运行计划，确认进路。

③行车调度员组织工程列车正线运行时，应尽量避免分段运行；当前方施工作业未按时结束或因特殊情况需组织工程列车分段运行时，行车调度员向相关车站、司机、车长发布书面调度命令，规定允许运行的起、止站，司机必须严格执行。

④工程列车在封锁区域内作业，原则上进路的道岔不能转动，若因作业确需转动道岔时，应按调车办理。由施工负责人向车长提出，车长与车站联系动车计划，车站值班员方可操作转动，并单独锁定该道岔后，方可通知车长动车。

⑤工程列车在回库前向行车调度员汇报，工程列车从作业区返回运行时车长、司机负责观察，确保工程列车返回车辆段途中的前方线路出清、信号开放，并确保车上物品及部件安全、牢固。

⑥行车调度员发布封锁区间线路运用工程列车施工时，如不指明不包括车站，则是包括车站在内。

⑦封锁区域内的工程列车运行由施工负责人负责指挥。

⑧涉及接触轨停电挂地线且需工程列车配合的作业时，工程列车到达作业区域，经行车调度员同意后方可挂地线，作业完毕，地线拆除，得到行车调度员命令后司机方可动车回库。

⑨工程列车在进站、出站，运行至曲线前，站内或区间动车前，均须鸣笛示警。

⑩工程列车装卸物料时，物料必须整齐、稳固堆放在车上，确保与站台屏蔽门边缘0.5m以上的距离，动车前、运行中，司机、车长要负责检查、监控装载物料是否侵限。

三 工程列车开行的有关要求

①工程车在正线牵引或推进运行时，各站按列车办理。推进运行时车长应在列车前端引导，扶好站稳，显示推进信号，密切注视前方线路，准确判断速度，发现工程列车超速，必须及时显示减速信号，发现危及行车安全时，必须果断地显示停车信号。司机应不间断瞭望，及时鸣笛回示车长显示的信号，按规定速度和车长信号的要求操纵列车。

②工程车中车辆编挂条件按相关规定执行，由车长负责检查。工程车在正线运行，原则上接触轨不需要停电，特殊情况下需下车，接触轨必须停电。

③工程车在正线运行时，采用轴心站模式自动闭塞法组织行车，司机凭信号显示行车；联锁故障时采用站间电话闭塞法组织行车，司机凭行车许可证行车。一个站间区间内同一线路只准有一列工程车运行，工程列车与前方列车间须保证有两站两区间的安全距离。在区间或非联锁站作业后折返时，凭调度命令行车。

④工程车到达指定的施工作业区域后，行车调度员应及时发布书面命令封锁该作业区，并督促采取有关防护措施。待施工结束后，再开通有关线路，安排工程车回车辆段。

⑤发车前司机认真执行好“三确认”（凭证、信号、进路），严格执行调度命令的内容，调度命令不清，不得动车。

⑥司机在驾驶时应精力集中，不间断瞭望，认真确认各种行车信号，严格按规定速度和信号的显示运行，谨慎驾驶，按规定鸣笛，严禁臆测行车。

⑦司机在驾驶时，要注意各仪表及保护装置的显示状态，按规定正确使用自动制动机。在下坡驾驶时应适时使用制动机，防止超过允许限制速度。运行中不得停止发动机运转。如发现制动、走行等有关部件异常，应及时停车检查。

⑧运行中遇减速路段时，应准确判断路况并减速通过，严禁盲目抢点运行，确保人身及运行安全。非紧急情况下不得急剧加速或减速，以防其他作业人员因惯性造成人身伤害。

⑨在运行中，每一区间回头瞭望货物装载情况不少于一次，如发现有串动、移位或偏载等异常现象，能维持进站时应降低运行速度进站处理，危及行车安全时应立即停车处理，停车处理时应及时通知行车调度员。

⑩运行中自动制动机发生故障时，及时报告行车调度员。做“关车门”处理时，关闭该车辆的截断塞门，排除副风缸余风，开车前先试风确认其他车辆制动作用是否良好，再运行时要适当降低速度，注意制动机的操作，需要制动时要早减压、少减压，确保安全。

⑪工程车在正线发生故障时，司机应立即报告行车调度员，并采取应急措施维持运行。如司机不能自行排除该故障，由行车调度员通知运用调度员，运用调度员

负责组织工程车检修工程师向司机提供技术支持。如机车故障仍无法排除需要救援，由行车调度员通知车辆段值班主任，车辆段值班主任负责尽快开行救援列车。

⑫工程车在车辆段作业发生故障时，司机应立即报告运用调度员，并采取应急措施。DCC根据实际情况组织换车或通知工程车检修工程师提供技术支持和现场抢修。影响正线运营时要及时报告行车调度员。

⑬工程车运行中不得超过规定速度，见表8-3。

工程车运行速度规定 表8-3

项目	机型	速度（km/h）		说明
		推进	牵引	
正线运行	GCY-450	35	60	通过车站限30km/h，侧向过岔不得超过道岔侧向允许通过速度
车辆段内运行		25		各种机型
正线运行	磨轨车	—	60	—
车辆段内运行		25		—

四 工程列车的开行组织流程

工程列车的开行组织流程如下：

①运营结束后，调试列车开行完毕，行车调度员申请办理接触轨停电；

②行车调度员根据工程列车的开行计划，向车辆段信号楼、与车辆段接轨的集中站做工程列车发车的预告；

③信号楼值班员按照列车开行计划，与接轨站值班员电话办理列车出段的闭塞手续；

④车站值班员办理自转换轨至正线的进路，信号楼值班员办理车辆段内的工程列车出段进路；

⑤列车出车辆段；

⑥工程列车进入正线后在规定的限速下，按照有关信号显示运行至施工区域；

⑦行车调度员指挥列车运行，并向施工区域负责人通知列车运行情况；

⑧施工作业完成，施工负责人办理施工作业注销手续，工程列车申请回段；

⑨行车调度员通知车辆段及有关车站办理列车回段作业；

⑩列车回段；

⑪运营开始前，行车调度员与车辆段及有关车站确认工程列车回段情况。

任务实施与评价

相关实训工单见本项目后任务8-2实施与评价。

项目8 实训工单

任务8-1 实施与评价

<table>
<tr><td>工作单</td><td colspan="3">施工组织</td></tr>
<tr><td>实训目标</td><td colspan="3">1. 了解施工计划分类、施工计划的申报和审批流程。
2. 了解施工组织管理的具体要求，会填写常见施工报表</td></tr>
<tr><td>班级</td><td></td><td>姓名</td><td></td></tr>
<tr><td>学习小组</td><td></td><td>工作时间</td><td></td></tr>
<tr><td colspan="4">知识认知</td></tr>
<tr><td colspan="4">1. 施工计划按计划时间、施工范围、施工条件分哪些类型？其主要特征是什么？

2. 施工作业管理与审批的部门和岗位是如何分工的？

3. 施工组织管理的内容和程序有哪些？

4. 某地铁线路某日23：30之后可以开始占用正线施工作业。23：45，A站车站值班员向行车调度员申报编号为×××的施工项目，行车调度员应如何办理？

5. 某日14：35，运营列车×××次运行至A站进站前司机向行车调度员报告：×××车在A站上行进站前发现前方轨行区有不明物体位于靠近站台的轨道中心，可能影响行车，现已停车。行车调度员如何处理？</td></tr>
</table>

能力训练
根据案例，运用学到的施工组织相关知识，请分析案例中的施工事件存在哪些问题，可能存在哪些事故隐患，应如何确保施工作业安全。 ×年×月×日运营结束后，AC7-01、AC7-03、AC7-04、AD7-05、AD7-07 施工负责人陆续到××地铁 D 站车控室办理施工请点手续。 23：44，AC7-03 和 AC7-04 施工负责人到达 D 站车控室与行车值班员张某办理施工请点手续，按规定 AC7-03 和 AC7-04 两项作业均需接触网工班配合停电挂地后，方可进行施工作业。 0：33，行车值班员张某与 AC7-01、AD7-05、AD7-07 作业的施工负责人共同确认上述作业已获行车调度员批准。0：34，AC7-03 和 AC7-04 施工负责人在车控室门外询问行车值班员张某施工是否已批点，张某回答已经批点，但未与施工负责人共同确认行车调度员施工批点。 1：00，AC7-03 施工负责人与两名施工人员进入已停电但未挂地线的作业区域进行施工。1：40，行车调度员来电询问 AC7-03 施工负责人的去向，行车值班员张某回复施工人员已进入轨行区。经行车调度员提醒后，张某再次查看施工作业令，发现此项施工作业确实未经行车调度员批点。经行车调度员同意，值班站长立刻带一名工作人员进入轨行区寻找该项施工作业人员。 1：41，行车值班员张某报告值班站长，并通知相邻站派人在站台寻找此项施工作业人员。同时行车值班员张某反复致电施工负责人，均未联络到。 2：00 左右，邻站电话通知张某，AC7-03 施工人员已经停止施工，并出清线路。行车值班员张某将情况报告行车调度员。 2：06，值班站长及陪同的工作人员出清线路，返回站台。
学习效果评价

评价指标	自我评价	教师评价
1. 知识掌控程度		
2. 能力获得程度		
3. 素质提升程度		

注：1. 自我评价、教师评价和最终评价都采用等级表示，即填写优、良、中等、及格和不及格。

2. 最终评价可以作为本课程总评价的参考数据之一。

本学习任务最终评价：

教师签名：　　　　年　　月　　日

个人学习感悟

任务 8-2 实施与评价

<table>
<tr><td>工作单</td><td colspan="3">工程列车的运行组织</td></tr>
<tr><td>实训目标</td><td colspan="3">1. 了解常见的工程列车用途以及工程列车开行的规定。
2. 熟悉工程列车开行的有关要求和工程列车的开行组织流程</td></tr>
<tr><td>班级</td><td></td><td>姓名</td><td></td></tr>
<tr><td>学习小组</td><td></td><td>工作时间</td><td></td></tr>
<tr><td colspan="4">知识认知</td></tr>
<tr><td colspan="4">1. 为什么要开行工程列车？

2. 开行工程列车最重要的是确保安全，请列出工程列车开行过程中的安全防控点。

3. 工程列车的开行组织流程是如何的？</td></tr>
<tr><td colspan="4">能力训练</td></tr>
<tr><td colspan="4">1. 某日夜间按施工计划要求某施工项目需要工程列车配合作业，行车调度员应如何组织工程列车进入正线？施工作业结束后，工程列车请求回段，行车调度员如何组织？

2. 请根据下表中的图，写出下列工程列车的名称和作用。</td></tr>
</table>

图片	名称和作用	图片	名称和作用

图片	名称和作用	图片	名称和作用

学习效果评价		
评价指标	自我评价	教师评价
1. 知识掌控程度		
2. 能力获得程度		
3. 素质提升程度		

注：1. 自我评价、教师评价和最终评价都采用等级表示，即填写优、良、中等、及格和不及格。

2. 最终评价可以作为本课程总评价的参考数据之一。

本学习任务最终评价：

教师签名：　　　　　年　　月　　日

个人学习感悟

项 目 9

行车事故处理及预防

项目描述

确保城市轨道交通行车安全是行车组织工作的首要任务，一旦发生行车事故，根据其性质和严重程度启动对应事故调查和处理程序。行车安全首要在于预防，然后才是应急救援和调查处理，最后是总结教训并制订防范措施。

本项目旨在让学生树立行车安全意识，在了解行车事故分类的基础上，掌握行车事故调查分析、处理流程和预防的相关措施；要求学生能够对近年来轨道交通领域发生的行车事故进行分析并提出对策。

学习目标

1. 知识目标和能力目标

（1）了解安全生产方针与事故处理原则、行车事故分类；

（2）理解运营事故的现场应急处理及指挥抢险、运营事故的调查和处理程序以及运营事故的责任判定；

（3）熟悉事故处理应急预案和事故预防途径；

（4）能够对典型行车事故案例进行分析。

2. 素质目标

（1）培养学生行车安全意识和安全生产的理念；

（2）培养学生遵章守纪的意识；

（3）培养学生收集资料、分析和归纳能力；

（4）培养学生工作汇报、沟通表达能力。

知识体系

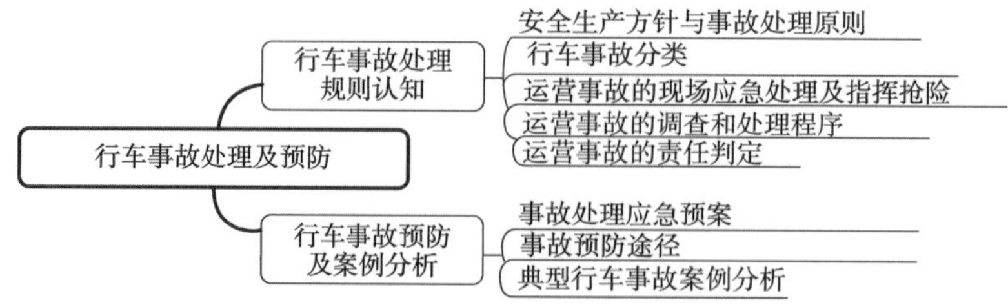

6学时。

任务9-1 行车事故处理规则认知

案例导入

2011年7月23日20时30分05秒，甬温线浙江省温州市境内，由北京南站开往福州站的D301次列车与杭州站开往福州南站的D3115次列车发生动车组列车追尾事故。此次事故已确认共有六节车厢脱轨，即D301次列车第1至第4位，D3115次列车第15、第16位。造成40人死亡、172人受伤，中断行车32小时35分，直接经济损失19371.65万元。

请根据上述案例分析该事故应为哪种类型的行车事故？通过查找相关资料分析事故发生原因是什么？应如何处理？

知识和技能点

（1）了解安全生产方针与事故处理原则、行车事故分类；

（2）理解运营事故的现场应急处理及抢险指挥、运营事故的调查和处理程序以及运营事故的责任判定。

一 安全生产方针与事故处理原则

1. 安全生产方针

（1）为贯彻“安全第一，预防为主”的安全生产方针，城市轨道交通运营公司各级领导要把安全工作当作首要任务来抓，加强安全管理和安全思想教育，强化职工安全意识，严肃劳动纪律和作业纪律，教育职工自觉执行各项规章制度。

（2）做好员工技术培训，提高技术业务水平。加强安全检查，及时消除各类隐患。搞好设备维修与保养，提高设备质量。深入开展安全正点、优质服务的竞赛活动，确保地铁安全运营。

2. 事故处理原则

（1）发生事故时，要积极采取措施，迅速抢救，以“先通后复”的原则，尽快恢复运营，尽量减少损失。

（2）事故发生后，要以事实为依据，以有关法规、规章为准绳，按照“四不放过”（即事故原因没有查清不放过，事故责任者没有严肃处理不放过，广大职工没有受到教育不放过，防范措施没有落实不放过）的原则处理事故，查明原因，分清责任，吸取教训，制订措施，防止同类事故发生。

(3) 对事故要定性准确，对事故责任者（或单位）以责论处。对事故责任者（或单位），应根据事故性质和情节分别予以批评教育、经济处罚、行政处分直至追究法律责任。

(4) 对事故分析处理拖延、推脱责任、姑息纵容、隐瞒不报或不如实反映事故情况者，应予以严肃批评教育或纪律处分。

二 行车事故分类

以地铁运营不同为例，按照事故损失及对运营造成的影响和危害程度，行车事故一般分为特别重大事故、特大事故、重大事故、大事故、险性事故、一般事故和事故苗头。

1. 特别重大事故

在运营工作中，造成下列后果之一的为特别重大事故：

①死亡 30 人及以上的；

②事故直接经济损失在 500 万元及以上的；

③造成 100 人以上的急性中毒；

④其他性质特别严重且产生重大影响的事故。

2. 特大事故

在运营工作中，造成下列后果之一的为特大事故：

①死亡 10 人及以上的；

②中断正线（上下行正线之一）行车 240min 及以上；

③事故直接经济损失在 300 万元及以上的。

3. 重大事故

在运营工作中，造成下列后果之一的为重大事故：

①人员死亡 3 人或死亡、重伤 5 人及以上；

②中断正线（上下行正线之一）行车 180min 及以上；

③事故直接经济损失在 100 万元及以上。

4. 大事故

在运营工作中，造成下列后果之一的为大事故：

①人员死亡 1 人或重伤 2 人及以上者；

②中断正线（上下行正线之一）行车 120min 及以上；

③事故直接经济损失在 20 万元及以上。

5. 险性事故

凡事故性质严重，但未造成损害后果或损害后果不及大事故及以上事故的，造成下列后果之一的为险性事故：

①正线列车冲突；

②正线列车脱轨；

③正线列车分离；

④向占用区段接入或发出列车；

⑤未准备好进路接入或发出列车；

⑥列车运行中擅自切除车载安全装置；
⑦客车错开车门、运行途中开门或车未停稳开门产生紧急制动；
⑧列车冒进信号或越过警冲标；
⑨客车夹人开车；
⑩机车、车辆溜入区间或站内；
⑪未拿或错拿行车凭证发车；
⑫列车运行中，齿轮箱吊挂装置、空压机、牵引电机等重要部件脱落；
⑬变电、动力供电、接触网系统操作中发生错送电、漏电、停电；
⑭运营线路积水漫过轨面，影响行车；
⑮运营线路走行轨由轨头到轨底贯通断裂；
⑯正线各类设施、设备、物资等侵入车辆限界；
⑰车辆或车辆载物超出车辆限界，装载货物脱落；
⑱运营线路几何尺寸四级超限。

6. 一般事故

凡事故性质及损害后果不及特别重大、特大、重大、大事故及险性事故的事故为一般事故：

①非正线列车冲突；
②非正线列车脱轨；
③非正线列车分离；
④应停列车全列越过停车标或在站通过；
⑤挤道岔；
⑥通过的列车在已封闭的车站停车，造成后果；
⑦列车运行中车辆部件脱落，危及运营安全；
⑧中断正线行车30min及以上；
⑨错误办理行车凭证发车；
⑩因车辆、设备、设施异常，造成重伤1人；
⑪设施、设备、器材、物品等超出设备限界；
⑫因行车有关人员违反劳动纪律漏乘、出乘迟延耽误列车运行；
⑬错误办理行车凭证耽误列车运行；
⑭漏发、漏传、错发、错传调度命令耽误列车运行；
⑮事故直接经济损失在1万元及以上；
⑯因错发操作命令或人员误操作造成断路器跳闸，或接触网误停电，造成后果；
⑰接地线错挂、漏挂、错撤、忘撤；
⑱运营中车站正常照明、事故照明全部停电。

7. 事故苗头

凡在地铁运营工作中，因违反规章制度，违反劳动纪律或其他原因造成设备损坏，影响正常行车或危及行车安全，但事件性质或损害后果达不到事故的为事故苗头；因违章行为性质严重，虽未造成损失，但经安全部门定性为事故苗头。

①车辆、设备故障，中断正线（上下行正线之一）行车20min及以上的；

②载客列车车门故障无法关闭，且无安全措施行车；

③列车夹物走车；

④通过列车在站停车；

⑤因错办进路造成变更交路或列车错进股道；

⑥运营期间，列车内灯管、广告牌、镜框等松脱；

⑦车站未按规定时间开、关站，造成影响；

⑧运营期间，设备、设施、广告、备品脱落或掉下站台、隧道，造成停车；

⑨正线作业进入隧道施工未登记或未注销；

⑩运营中，车站正常照明全部停电；

⑪运营线上，委外施工无安全协议和现场无甲方（或甲方指定的）安全负责人；

⑫设备故障情况下，单个道岔手摇道岔作业时间超过20min；

⑬列车“带”着错误的车次、车号运行，造成后果；

⑭调度电话无录音或者未到规定时间录音丢失，中央处理系统未到规定时间数据丢失；

⑮车辆、设备、设施人为责任破损，经济损失1000元以上；

⑯各类机柜门、检查孔盖未按规定锁闭或设施固定不牢，造成后果；

⑰客车列车主风管破裂，机车、车辆撞止挡，机车、车辆溜逸；

⑱无证操作LOW或违章操作安全相关命令；

⑲车站环控系统停止运行连续时间超24h；

⑳人为失误，造成自动消防设施误喷；

㉑因设备、设施突发故障，造成正线列车限速运行；

㉒因设备、设施故障，危及车场行车安全；

㉓在灾难、险情时，FAS系统未能正常报警；

㉔行车指挥无线通信联络中断或程控交换机中断30min及以上；

㉕正线给水主管、消防主管移位、破裂；

㉖因房屋、隧道漏水，影响变电、通信、信号设备正常使用；

㉗运营线路几何尺寸三级超限。

根据以上定性的事故，还可以按事故分为行车事故、设备事故、工伤事故、火灾事故等。

三　运营事故的现场应急处理及抢险指挥

1. 运营事故的现场应急处理

（1）事故发生后，各相关岗位应按规定的报告程序进行报告。

（2）有关各类突发事件的应急处理办法，按规定执行，并同时执行各有关专业应急处理方案。

2. 运营事故的抢险指挥

（1）运营事故的抢险指挥组织自低向高分为3个层级：事故处理主任、抢险指挥小组、运营分公司抢险指挥领导小组及现场总指挥。运营事故的抢险指挥组织的下一级必须服从上一级的指挥，并向上一级报告抢险工作。

（2）运营事故的抢险指挥组织按以下办法确定：

①事故处理主任。在抢险指挥小组到达现场前，现场抢险指挥由事故处理主任负责。事故处理主任按以下办法自然产生：

a. 直接影响行车组织、客运服务及线路施工的：若事故发生在区间，涉及列车的由司机担任；事故区间邻近车站值班站长（或站长）到达事故现场后，由该值班站长（或站长）担任；若事故发生在车站或小行基地，由值班站长（或站长）或车场调度员担任。

b. 未直接影响行车组织、客运服务及线路施工的，由管辖责任部门当班班组长或工段长担任现场事故处理主任。

②抢险指挥小组。抢险指挥小组到达现场后，现场的抢险指挥由抢险指挥小组组长负责。抢险指挥小组组长及副组长按以下办法自然产生：

a. 涉及行车安全的事故（事件）处理，由客运部安全领导小组成员担任现场指挥小组组长，相关设备部门领导小组成员担任现场指挥小组副组长；

b. 未涉及行车安全的事故（事件）处理，由设备所属部门安全领导小组成员担任现场指挥小组组长，其他相关部门领导担任现场指挥小组副组长。

③运营分公司抢险指挥领导小组及现场总指挥。若初步判定为可造成重大、大事故的，由运营分公司抢险指挥领导小组负责现场总指挥，运营分公司抢险指挥领导小组由运营分公司安全委员会主任、副主任及运营分公司其他领导组成。必要时，运营分公司抢险指挥领导小组可以指定现场总指挥。

事故处理主任、抢险指挥小组、运营分公司抢险指挥领导小组及现场总指挥的任务是，负责指挥抢救伤员，做好救援准备工作，尽快开通线路，并查看现场，保存可疑物证，查找事故见证人，做好记录，待事故调查处理小组到达后要如实汇报或移交资料。

四 运营事故的调查和处理程序

以下以某地铁运营公司为例进行说明。

1. 特别重大事故调查和处理程序

特别重大事故按《特别重大事故调查程序暂行规定》（国务院令第34号）进行调查和处理。

2. 重大事故、大事故调查和处理程序

（1）运营公司领导接到重大事故、大事故报告后，要立即组成以公司总经理或副总经理为组长，地铁公安分局局长为副组长，安全保卫部和有关部门负责人为组员的事故调查处理小组迅速赶赴现场，组织指挥有关人员积极抢救伤员，采取一切措施，迅速恢复运营。同时，做好以下工作：

①保护、勘查现场，详细检查车辆、线路及其他设备，做好调查记录。绘制现场示意图，进行摄影录像，如技术设备发生破损故障时，应保存其实物；

②若事故地点的线路破坏严重，无法检查线路质量，则应对事故地点前后不少于50m的线路进行测量，以作为衡量事故地点线路质量的参考依据；

③对事故关系人员分别进行调查，由本人写出书面材料；

④检查有关技术文件的编制、填写情况，必要时将抄件附在调查记录内；

⑤提高警惕，注意是否有人为破坏的迹象；

⑥必要时召开事故调查会；

⑦根据调查结果，初步判定事故原因及责任，及时向公司安全委员会汇报。

（2）发生重大事故、大事故的责任单位，应于事故后三日内写出事故报告，一式四份：事故调查处理小组一份、安全保卫部一份、报总公司安全委员会一份、事故责任部门一份。

（3）事故调查处理小组接到责任单位事故报告后，由事故调查处理小组组长主持召开事故分析会议，分析事故原因，判明事故责任，制订防范措施。然后，由相关部门起草重大事故、大事故调查报告，于七日内报公司安全委员会。

（4）运营公司安全委员会接到事故调查处理小组的报告后，由运营公司安全委员会主任主持召开事故处理会议，审议事故调查处理小组的调查报告，认定事故性质，并对事故责任人提出处理建议。由安全保卫部写出事故报告提交有关部门，于十日内通报全公司，并呈报上级领导机关。

（5）重大事故、大事故若初步判明系属地铁外部单位责任时，事故调查处理小组应立即发出电传，通知地铁外部责任单位，说明情况和原因，要求责任单位迅速派员参加事故调查分析会议。若双方意见不一致，可提请司法部门裁决处理。

3. 险性事故、一般事故调查和处理程序

（1）发生险性事故，由安全保卫部负责人立即组织有关人员进行调查。发生一般事故，各部门要立即进行调查。召开事故分析会，查明原因及责任者，做出处理建议，制订防范措施，并于五个工作日内将事故报告上报分公司安全委员会办公室（安全保卫部），一式三份，由安全保卫部审核归档。其中安全保卫部一份、报总公司安全委员会一份、事故责任部门一份。

（2）运营分公司安全委员会认为有必要时，可派员对一般事故进行调查，并可对事故性质提级处理。

（3）各部门及个人有责任配合事故调查，事故调查人员有权向任何部门及人员调查了解有关情况，并有权限期让其提交书面材料和收集有关资料。拒绝、拖延、影响事故调查的，按分公司有关规定进行处理。

4. 其他

（1）运营事故若属人为破坏性质，交由地铁公安分局调查和处理。

（2）运营事故的损失费用，根据以责论处的原则，应由责任部门承担（包括地铁外部责任事故）。

（3）凡涉及地铁外部人员伤亡的，按相关规定执行。

（4）运营事故分析报告书的管理及要求见相关管理办法。

（5）事故苗头的调查和处理按一般事故的程序进行。

五 运营事故的责任判定

（1）事故责任判定的原则：以事实为依据，以规章为准绳。

（2）运营事故责任按责任程度分为全部责任、主要责任、同等责任、次要责任、一定责任和无责任，按责任关系分为直接责任、间接责任。

（3）设备（包括零、配件）质量不良造成事故时，根据设备的质量保证期、使用寿命和损坏情况分析事故原因，判定责任单位。判明产品供应者责任的，列产品供应者责任。设备的所属部门或管理部门，对设备原因造成的事故，不认真分析、查不出原因的，定该部门的责任事故。

（4）对发生的事故或事故苗头涉及两个以上单位，如双方推托扯皮，不认真配合调查分析事故，由事故调查小组裁处。

（5）事故发生部门不认真组织事故调查分析、调查资料不全，列非责任事故依据不足的，定发生部门的责任事故。

（6）承包单位施工、维修而造成的运营事故，定施工维修承包单位的责任事故。凡因货物装载不良造成的事故，定装载部门的责任事故。

（7）外部单位责任事故列其他事故。

（8）因设备质量等发生的事故一律统计在对应部门的事故中，能确定责任的列责任事故。如不能确定为地铁责任的，列对应部门其他事故。

（9）凡经公司批准的技术革新、科研项目进行试验时，在规定的试验期内，被试验的项目发生事故，不列运营责任事故。但由于违反操作规程以及其他人为事故仍列责任事故。凡已经正式投入使用的各种技术设备，发生运营事故时，一律列运营事故。对非责任事故，事故发生单位统计事故件数，但不影响安全成绩。

（10）各级安全部门负责对运营事故的定性定责，上级安全部门发现下级安全部门对运营事故的定性定责不准确时，有权加以纠正。

任务实施与评价

相关实训工单见本项目后任务9-1实施与评价。

任务9-2 行车事故预防及案例分析

案例导入

城市轨道交通行车组织相关岗位人员需要针对常见行车事故采取预防措施，在日常工作中熟悉行车事故处理预案。行车调度员小A接到任务，要以乘客跌落轨道事件为例，制定一份应急处理方案，要求有明确的岗位指引和流程图，请协助其完成该项工作。

知识和技能点

（1）熟悉事故处理应急预案和事故预防途径；

（2）能够对典型行车事故案例进行分析。

一 事故处理应急预案

应急预案是针对各种可能发生的事故或突发事件所需的应急行动而制定的指导性文件，是应急救援系统的重要组成部分。其目的是指导应急行动按计划有序进行，防止因行动组织不力或现场救援工作混乱而延误事故应急救援，从而减少人员伤亡和财产损失。

1. 应急预案的制定

应急预案的制定应该分层次、分级别。

（1）城市轨道交通特大事故和突发事件应急救援预案：当地政府组织制定。当地政府应组织城市轨道交通运营单位、公安、消防、供电、通信、供水、交通、医疗等单位建立统一和完善的灾害救援指挥机构和抢险救灾体系，制订故障、火灾、爆炸、灭火抢险救灾等应急处理工作预案。

（2）城市轨道交通运营单位应急预案：城市轨道交通运营单位组织制定运营机构应对城市轨道交通事故和突发事件应急救援预案。该预案应遵循统一指挥、逐级负责、快速反应、配合协同的原则。该应急预案还要包含以下子预案：

①控制中心应急处理预案（调度指挥预案）。城市轨道交通运营单位应组织制定控制中心应急处理预案，该预案应规定控制中心各调度岗位在运营组织中，遇到各类突发事件时的应急处理程序。

②城市轨道交通车站应急处理预案。城市轨道交通运营单位应组织制定车站应对各类事故和突发事件的应急处理预案。车站现场应急处理预案均应遵循及时报警、疏散乘客、抢救伤员的原则，周密制订相关岗位职责、工作流程以及设施器材配置标准和操作规程。

③车站其他预案。为确保城市轨道交通运营安全，除火灾应急预案外，运营单位还应制定毒气、爆炸、劫持人质等突发事件应急预案。

④车务安全应急处理预案。城市轨道交通运营单位应组织制定车务安全应急处理预案，该预案应规定车站、客车司机及车场行车有关人员对乘客服务、行车组织、调车作业等工作中可能发生的各种应急事件、事故的处理程序。

⑤乘客疏散预案。因发生火灾等突发事件需要疏散乘客时，各岗位工作人员应密切配合、协调动作，根据指挥进行乘客疏散作业。

2. 应急预案的基本内容

各应急预案在制定时应明确以下内容：

（1）运营单位抢险指挥领导小组的人员组成和职责，抢险指挥领导小组应负责抢险救援的组织、指挥、决策，并指挥各部门实施各自应急预案，尽快恢复轨道交通运营；

（2）抢险信息的报告程序，应遵循迅速、准确、客观和逐级报告的原则；

（3）现场处置过程中各部门的组织原则及相关职责；

（4）不同事故情况下的抢险救援策略和人员疏散方案；

（5）提供救援人员、通信、物资、医疗救护和生活保障。

3. 应急预案的分类

应急预案按照针对事故的不同可以分为3种：故障应急预案、事故应急预案、突发事件应急预案。具体见图9-1。

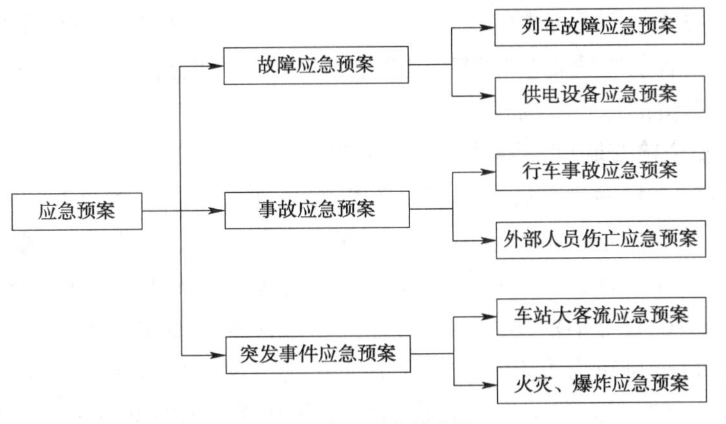

图9-1 应急预案的分类

4. 应急预案的使用

应急预案在编制完成后，应注意让工作人员熟悉和演练。首先，应急预案必须及时发放给相关工作人员，包括应急处置指挥人员、参与应急处置人员、可能与事故直接有关的人员、可能会受到事故影响的人员。其次，应急预案必须通过模拟演练与培训来强化。应急预案中规定的救援办法通常都需要多单位、多部门的人员配合使用，因此应急预案在编制完后一定要按照里面提及的人员进行配合模拟演练。

二 事故预防途径

1. 建立完善的安全规章制度，安全生产有章可循

完善安全规章制度是抓好运营安全工作的保障。规章制度是管理工作的基础，建立科学的、完善的、全面的安全生产管理制度，使安全生产有章可循，是非常重要的。在地铁开通运营前狠抓安全规章制度的建设，用规章制度约束员工的工作行为，为员工提供安全生产指引。在严格执行国家、省、市各项安全法律法规的同时，建立健全《安全生产管理办法》《安全奖惩办法》《行车组织规章》等制度和各类操作规程，涵盖公司的各个专业、运营生产环节，使各专业的安全生产管理都有章可循，促进公司的安全生产工作向规范化、制度化迈进。

目前，国内许多地铁都开展了ISO9001质量体系和OHSMS18000职业健康安全管理体系认证工作，国家也出台了《城市轨道交通初期运营前安全评估技术规范》（交办运〔2019〕17号）、《城市轨道交通运营安全风险分级管控和隐患排查治理管理办法》（交运规〔2019〕7号）、《城市轨道交通运营突发事件应急演练管理办法》（交运规〔2019〕9号）和《城市轨道交通运营险性事件信息报告与分析管理办法》（交运规〔2019〕10号）等法规，为规范运营安全生产工作，提供了依据和标准，应不遗余力地宣传并贯彻。

2. 建立三级安全网络，落实安全生产责任制

坚持“安全第一，预防为主”的工作方针，全面贯彻《中华人民共和国安全生产法》，强化制度化、规范化、科学化的安全管理。坚持管生产必须管安全、安全生产各级主要负责人亲自抓的原则，有效发挥“纵管到底、横管到边、专管成线、群管成网”的安全管理网络作用，形成安全工作一级抓一级、一级保一级、一级监督一级的网络化安全监督管理体系；狠抓安全生产责任制的落实，上自总经理，下至基层员工，逐级签订安全生产目标责任状和社会综合治理目标责任状，将安全生产目标纳入考核内容，明确各层级的安全职责和安全生产目标，有效落实安全生产责任，形成安全生产、人人有责的良好氛围。

3．建立安全检查制度，预防运营事故发生

加强监督检查机制是抓好运营安全工作的关键。安全检查是对安全工作实施有效管理的一项重要内容。学习运用“破窗理论”抓隐患，抓漏洞，漏洞不补必酿大祸。建立班组每周一查，中心每旬一查，专业管理系统每月一查，公司每季一查的制度，采取定期检查与不定期抽查相结合，综合检查与专项抽查相结合的形式，坚持安全检查以自查自纠为重点，自下而上，查找不足。严抓隐患整改，按照“五个落实”，即任务落实、人员落实、经费落实、质量落实、时间落实，按期整改完成；在做好安全检查工作的同时，逐步建立安全隐患管理机制，将安全检查和隐患管理统一起来，并落实到工作制度中，形成健全的检查网络，实施有效监控。

4．建立安全培训制度，营造安全文化氛围

提高员工安全意识和技能是抓好运营安全工作的基础。认真开展安全生产知识培训教育工作，组织各单位负责人和安全生产管理人员参加《中华人民共和国安全生产法》培训，取得安全生产资格证；对新进员工实行三级（公司级、中心级、岗位级）安全教育；除国家规定的特殊工种外，规定内部特种作业项目，如：LOW 操作、客车司机证等；制订特种作业人员安全管理办法和特种作业人员培训持证上岗制度；利用安全宣传月、“11·9”消防日等活动，在车站、列车等宣传阵地，向市民派发安全实用手册，不断提高员工和市民的安全意识。通过广泛开展各类安全生产培训教育活动，有效地提高干部职工的安全文化素质。

5．建立应急救援体系，提高应急处置能力

根据国内外运营救援抢险的经验和突发事件的特点，建立健全应急预案体系，针对城市轨道交通运营线路发生火灾、列车脱轨、列车冲突、大面积停电、爆炸、自然灾害以及设备故障、客流冲击、恐怖袭击等其他异常原因造成影响运营的非常情况制订相应的应急预案，在国家和地方发生紧急事件、疫病传播情况时，制订相应的应急预案。另外，还要针对部分预案经政府组织相关部门、专家进行评审，报市政府。

组织员工对各种预案进行学习，按计划进行演练，演练的方式包括培训式、桌面式、突发式，在演练的过程中，每个安全点都安排评估人员把关，使演练活动有序、安全地进行。定期的实战演练可以及时暴露预案的缺陷，发现救援设备是否足够，发现运营设备是否完好，发现员工是否掌握各种规章，改善各部门间的协调作战的能力，增强员工的熟练程度和信心，增强员工的安全意识；通过演练检验规章、设备和预案，提高员工的业务技能，提升员工对事故的应急处理能力。

6．建立事故处理机制，落实责任追究制度

建立健全事故处理机制，按照“四不放过”原则和“安全奖惩办法”，定因、定性、定责，严格惩处，通过教育和处罚使员工吸取教训，提高认识，增强岗位意识、责任意识和纪律意识；将“降低故障率事件率”作为一项长效工作机制专题研究，开展地铁事故案例研究，学习先进一流的运营安全管理，博采众长，取长补短，用“投石头原理”防止员工思想麻痹，不断在“在平静的水面上荡起水花”，让每个员工认识到任何时候都不要把安全生产形势估计得过好，要始终保持一种危机感和忧患感；同时，转变观念，对发生的事故由此及彼，由表及里，透过现象看本质，从领导层、管理层上剖析深层次原因，从加强管理上，研究制订有针对性的措施，解决安全工作中的问题，变被动管理为主动管理，变事后惩处为事前预防，不断提高事故分析、处理能力。

7．建立警地联动机制，共保地铁一方平安

目前，国内城市轨道交通都建立了相应的公安部门，城市轨道交通运营单位要加强与地铁公安的合作，充分依靠公安力量，保障城市轨道交通的平安秩序，建立《警地联动工作实施办法》，明确联动例会制度、工作联系机制及联动应急机制。通过双方精诚合作，共保地铁平安。

三 典型行车事故案例分析

案例一：上海地铁1号线列车相撞事故

1．案例概况

2009年12月22日，上海轨道交通1号线发生列车侧面相撞事故，事故地点位于富锦路站至上海火车站之间的小交路折返段。当时下行方向的150次列车以60.5km/h的速度，由中山北路站开往上海火车站，驶近上海火车站时，司机发现前方信号灯为红灯，立即采取紧急制动措施，随后系统才发出制动命令，但此时列车制动距离已不能满足安全停车的要求。6：54，载有乘客的150次列车以16.5km/h的速度与正在折返的117次空载列车侧面相撞。

事故模拟图如图9-2所示。

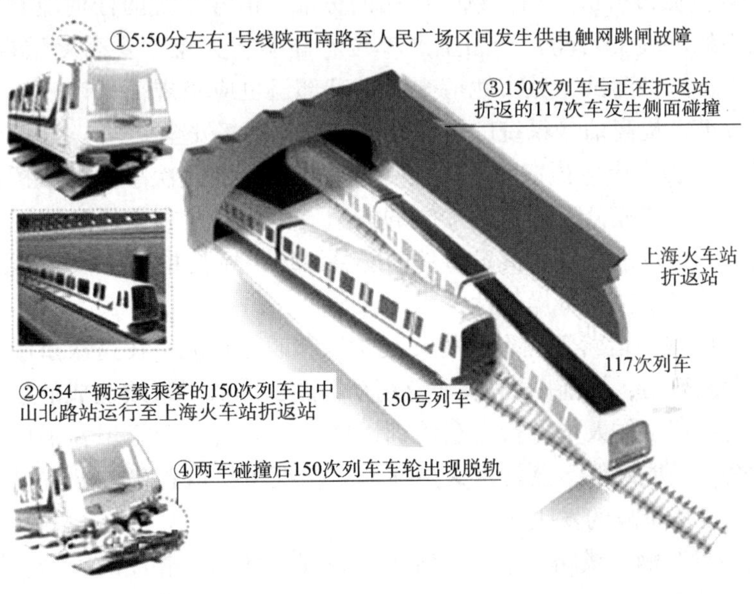

图9-2 事故模拟

2. 原因分析及存在的问题

（1）信号系统故障检测机制不完善。信号系统的任何一个小故障都可能引发大的事故。事故发生前，信号系统已运行 9 年，而信号系统故障直到此次发生事故才暴露出来。这反映了信号系统风险因素识别的复杂性以及安全监测的必要性，需要建立完善的信号系统故障监测机制。

（2）事故救援过程中表现出应急处置经验不足。发生事故后，乘客与地铁运营单位之间的应急配合处理以及地面交通网络、区域交通管理应急联动等方面都存在着一定的问题。针对应急处置和联动协调经验不足的问题，需要完善应急处置指挥架构，进一步细化车站应急处置预案，加强车站运营信息发布的执行和监督工作，进一步丰富信息发布渠道，梳理信息发布内容，规范信息发布形式。

3. 造成的后果

事故造成 150 次列车驾驶室受损和第 1 节车厢的第 2 位转向架轮对脱轨，导致车体受损，1 号线全线停运，事故受损车体如图 9-3 所示。

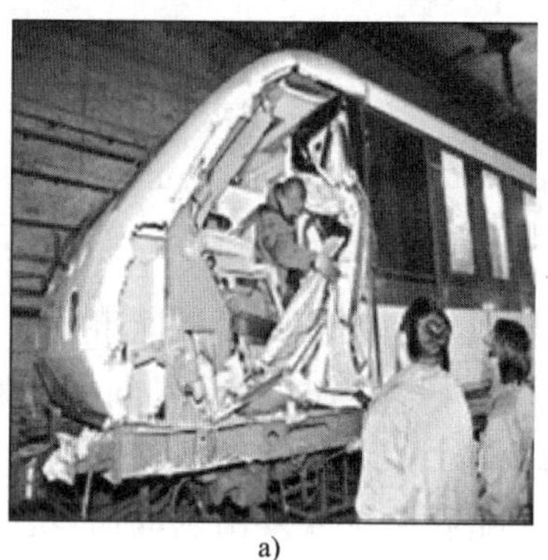

a)

b)

图 9-3　事故中受损车体

4. 教训及防范措施

（1）应规范城市轨道交通信息化产品的标准。信号系统的任何疏漏都会引起异常，并可能导致事故。因此，产品生产单位不能麻痹大意，要高度重视产品质量，对每个数据进行严格测试，城市轨道交通主管部门也应该规范城市轨道交通信息化产品的验收标准，提高信号系统的可靠性，从源头把好安全关。

（2）要切实提高应急预案的科学性和可操作性。在此次事故的救援过程中，由于信息不畅等，未能充分发挥协同救援的能力。因此，地方交通运输主管部门应组织轨道交通运营单位进行各种突发事件的应急演练，检验并不断修正各项应急预案，提高应急预案的科学性和可操作性。

（3）应不断提高运营管理人员的安全意识和职业技能。在这次事故中，由于列车司机及时发现险情，提前 1s 采取紧急制动措施，降低了事故造成的损失。对城市轨道交通运营管理工作人员进行安全培训，增强其运营安全意识，不仅能保障常态下的行车安全，还能确保运营管理人员在应急情况下采取正确的处置措施，降低事故危害，甚至避免事故的发生。

（4）加强对车辆、线路、信号系统等设备安全性和可靠性的管理。车辆、线路以及信号系统，都直接关系列车的安全运行。在运营筹备阶段，城市轨道交通运营单位应关注这些设备的安全性能，并对设施设备进行严格检测，确保产品质量，把好准入关；在正常运营阶段，运营单位应利用多种手段检测这些设备的工作状态，对相关设施设备进行及时检修，确保设备状态良好。

（5）通过资质管理、加强培训教育等手段，减少城市轨道交通运营管理人员的操作失误，提高其应急处置能力。避免司机疲劳驾驶，保证其高效安全的工作状态。同时，还应加强对运营管理人员的培训，增强从业人员的运营安全意识，避免紧急情况下因缺乏应急处置能力，使事故危害扩大。

案例二：上海地铁10号线列车追尾事故

1. 案例概况

2011年9月27日14：35，上海市地铁10号线1005次列车和1016次列车在豫园站至老西门站下行区间百米标176处发生一起追尾事故。事故现场如图9-4、图9-5所示。

图9-4　事故现场（工作人员正在区间疏散）

图9-5　事故现场（正在疏散乘客）

2. 原因分析及存在的问题

上海自动化仪表股份有限公司电工在进行地铁10号线新天地车站UPS柜底电缆孔洞封堵作业时，UPS输出负载端A相线路出现松动，引发A相电供电缺失，导致10号线新天地集中站信号失电，并造成中央调度列车自动监控（ATS）红光带、区间线路区域内车站列车自动监控（HMI）面板黑屏。此时，行车调度员在未准确定位故障区间内全部列车位置的情况下，违规发布电话闭塞命令，接车站值班员在未严格确认区间线路是否空闲的情况下，违规同意发车站的闭塞请求，向占用区间发出列车，导致1005次列车与1016次列车发生追尾碰撞。

3. 造成的后果

造成重大责任事故，200多人受伤，12名责任人受到严肃处理。

4. 教训及防范措施

①施工监管部门要加强施工安全管理，对施工作业中可能造成的破坏运营秩序的风险实施分析和管控。

②车务部门加强对施工的现场管理，监督施工单位文明施工，监督并确认安全防护措施的落实。

③严格执行行车组织规则中关于“站间电话闭塞法行车”的各项规定，严禁简化作业程序，杜绝臆测行车。

④各行车岗位人员间加强联系，加强互控，防止行车组织意图不明、联系脱节的现象发生。

⑤加强演练及培训，提高行车人员在非正常情况下行车作业技能及应变能力。

案例三：南京地铁列车连挂车钩发生碰撞

1. 案例概况

2005年12月1日，南京地铁小行—安德门上行区间，距安德门站约300m处发生列车连挂车钩发生碰撞。当天7：40，行车调度员指令基地内1314次列车出库连挂故障车2526次列车；8：05，1314次列车出库，采用洗车模式与2526次列车连挂时，因列车处于小半径曲线位置，车钩对位不正，连挂失败，车钩发生碰撞，如图9-6所示。

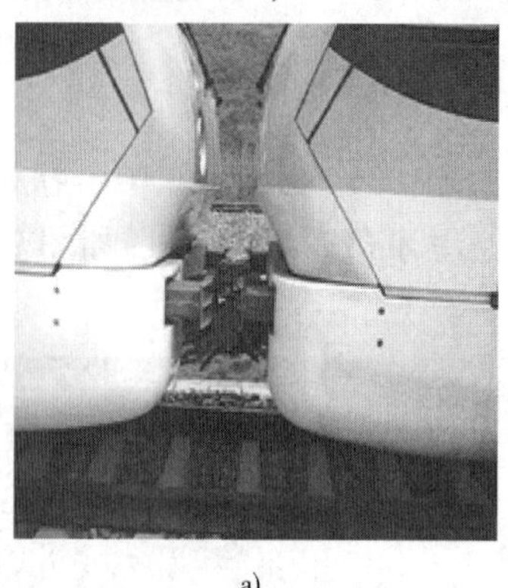

a)

b)

图9-6　车钩连挂碰撞

2. 原因分析及存在的问题

南京地铁在编制技术文本时，考虑得不够充分，没有将“小曲率半径连挂作业要求”进行明确；当时车辆连挂时线路半径为150m，根据《南京地铁南北线一期工程车辆合同文件——附件1》中对车钩连挂的规定，是不允许进行自动连挂的，合同中明确要求列车自动连挂时最小半径不得小于300m。这也反映出调度人员和作业人员安全意识不强，经验不足，缺乏处理特殊情况的应变能力。

3. 造成的后果

此次事故造成2526次列车A端的防爬器轻微擦伤，2526次列车A端车头右侧的导流罩损坏。

4. 教训及防范措施

修改规章，明确车辆基地内道岔区段及其他300m以下曲线半径线路原则上不得进行电客车连挂作业。特殊情况下需进行连挂作业时，须确认车钩位置，如果车钩自动对中不能达到对中范围的要求，须进行手动调整。150m曲线半径的线路上进行连挂作业时，由车辆系统派专业人员进行现场技术指导。

案例四：罗马地铁列车追撞事故

1. 案例概况

2006年10月17日罗马时间9：37，一列地铁A线列车异常驶入维托·艾曼纽二世车站，追撞停靠月台的另一列列车，致使被撞击的列车最后一节车厢与从后驶来的列车第一节车厢纠结在一起，许多旅客被夹在扭曲的车厢间，现场烟雾弥漫，照明丧失，如图9-7所示。

2. 原因分析及存在的问题

事后罗马地铁公司立即展开了调查，有关调查结果及事故原因分析如下：

a)

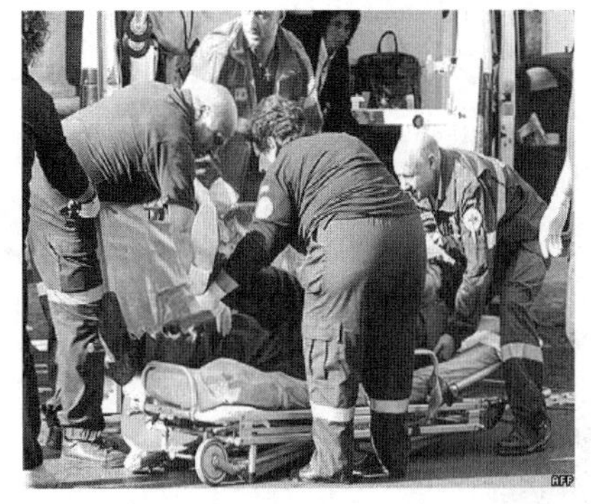

b)

图 9-7 事故造成严重后果

受损两列车皆为上线不到一年的新车，尚无机件故障迹象，基本排除车辆故障原因导致事故的发生。

根据肇事列车司机与行控中心的通联记录以及地铁公司相关人员表示，司机接获控制中心指示后越过红灯继续前进。当运量较大时，此类调度可被接受，司机被授权保持警觉以最大速度 15km/h 行进，事故发生后经调查列车追撞时速度约 30km/h。

3. 造成后果

两列车损毁变形，其中后方列车的第一节车厢残骸卡进前方列车尾达 3m。1 人死亡，约 110 人受伤，其中 6 人伤势较重，死亡乘客与伤势较重乘客皆位于前列车的最后一节车厢内。

4. 经验教训

这是一起典型的人为原因引起的行车事故，其根本原因在于司机和行车调度员都没有对行车工作引起高度的重视，违章作业，安全意识不强。

司机没有按照非正常行车的规定速度行驶，属严重违章行为，并且在行车过程中没有加强瞭望，也没有及时与行控中心保持联系是造成这起事故的主要原因。

这起事故的发生，行车调度员也有不可推卸的责任，没有对非正常情况下行驶的车辆加强监控并及时开放正确的行车信号和道岔，导致列车发生追撞。

任务实施与评价

相关实训工单见本项目后任务 9-2 实施与评价。

项目9　实 训 工 单

任务9-1　实施与评价

<table>
<tr><td>工作单</td><td colspan="3">行车事故处理规则认知</td></tr>
<tr><td>实训目标</td><td colspan="3">1. 了解安全生产方针与事故处理原则、行车事故分类。
2. 理解运营事故的现场应急处理及指挥抢险、运营事故的调查和处理程序以及运营事故的责任判定</td></tr>
<tr><td>班级</td><td></td><td>姓名</td><td></td></tr>
<tr><td>学习小组</td><td></td><td>工作时间</td><td></td></tr>
<tr><td colspan="4">知识认知</td></tr>
<tr><td colspan="4">1. 具备哪些条件可以将事故定义为特别重大事故？

2. “四不放过”的原则的内容是什么？

3. 重大、大事故调查和处理程序是怎么样的？</td></tr>
<tr><td colspan="4">能力训练</td></tr>
<tr><td colspan="4">1. 查阅资料，介绍“7·23甬温线特别重大铁路交通事故”的详细情况，结合数据说明，为何将其称为“特别重大铁路交通事故”。</td></tr>
</table>

2. 案例过程：1991 年 12 月 12 日，兰州铁路局武威南车站根据分局 12 月份运输方案安排，8：00—18：00 时进行电源年检，全站信号、联锁、闭塞设备停用，改用电话闭塞，手摇道岔，引导接车，手信号调车。武威南电务段武威南信号工区信号楼工长，申请 8：30—18：00 要点作业，车站值班员于 9：30 承认。但 103 号等 5 组道岔没有打开遮断器。17：59，T98 次列车从武威南站开车。18：04 行至 103 号道岔时，该道岔转辙器转动，钩锁器未钩紧又未加锁，103 号道岔转向开通安全线，造成机次第 4 位客车的后台车进入安全线脱轨。事故造成旅客死亡 1 人，重伤 1 人，轻伤 7 人，影响本列车 6 小时 10 分。

请根据上述案例分析该事故应为哪种类型的行车事故？事故发生原因是什么？应如何处理？

学习效果评价

评价指标	自我评价	教师评价
1. 知识掌控程度		
2. 能力获得程度		
3. 素质提升程度		

注：1. 自我评价、教师评价和最终评价都采用等级表示，即填写优、良、中等、及格和不及格。
2. 最终评价可以作为本课程总评价的参考数据之一。

本学习任务最终评价：

教师签名：　　　　年　　月　　日

个人学习感悟

任务9-2 实施与评价

工作单	行车事故预防及案例分析		
实训目标	1. 熟悉事故处理应急预案和事故预防途径。 2. 能够对典型行车事故案例进行分析		
班级		姓名	
学习小组		工作时间	
知识认知			
1. 应急预案的基本内容应包括哪些？ 2. 事故预防途径有哪些？ 3. 事故案例分析应从哪些方面展开？			
能力训练			
1. 请以乘客跌落轨道事件为例，制订一份应急处理方案，要求有明确的岗位指引和流程图，请协助其完成该项工作。			

续上表

2. 请以小组为单位，查阅资料，收集近年来在轨道交通领域（包括铁路、城际轨道、城市轨道交通）发生的一个行车事故案例，制作案例分析 PPT 并进行展示汇报，要求包括现场图片或视频，并将事故发生过程、后果、原因分析、责任判定、经验教训等内容填入下表。

事故发生 时间、地点	事故发生 过程描述	事故产生的 后果	责任调查、 判定	经验教训 （防范措施）

学习效果评价

评价指标	自我评价	教师评价
1. 知识掌控程度		
2. 能力获得程度		
3. 素质提升程度		

注：1. 自我评价、教师评价和最终评价都采用等级表示，即填写优、良、中等、及格和不及格。
2. 最终评价可以作为本课程总评价的参考数据之一。

本学习任务最终评价：

教师签名：　　　　　　年　　月　　日

个人学习感悟

附录

附录 1 《城市轨道交通行车组织管理办法》（交运规〔2019〕14 号）

第一章　总　　则

第一条　为进一步规范城市轨道交通行车组织工作，更好地保障城市轨道交通安全运行，根据《国务院办公厅关于保障城市轨道交通安全运行的意见》（国办发〔2018〕13 号）、《城市轨道交通运营管理规定》（交通运输部令 2018 年第 8 号）等有关要求，制订本办法。

第二条　地铁、轻轨等城市轨道交通的行车组织工作适用本办法。

第三条　城市轨道交通行车组织工作应坚持安全导向，贯彻集中指挥、逐级负责的原则。

第二章　行车组织基础

第四条　城市轨道交通运营单位（以下简称运营单位）应统筹内部各专业部门，合理制订行车计划，内容包括列车运行图、车辆运用计划、施工作业计划、乘务计划等。其中，共线、跨线运行线路的行车计划应共同制订。

运营单位应做好土建工程、车辆、供电、通信、信号、机电等设施设备的运行维护工作，确保各设施设备系统兼容协调，能够按照最大设计能力稳定运行，保障行车组织需要，充分满足客流需求。

运营单位应建立行车指标统计分析制度，对行车计划持续改进和优化。

第五条　列车运行图的编制应以满足客流需求为导向，综合考虑线路客流规律及线网衔接等因素，有效发挥线路能力，经济合理地运用车辆和安排施工维修时间，确定线路运营时间及各时段的行车间隔、停站时间、行车交路等。运营单位应将列车运行图作为行车组织工作的基础，组织内部各部门严格根据列车运行图的要求开展运营生产工作，保证按图行车。

列车运行图应保持相对稳定，需要常态化延长运营服务时间或缩小行车间隔的，运营单位应充分论证运用车数量、线路条件等设施设备能力及施工维修时间、人员配备需要等情况，确保满足安全运营条件的方可组织实施。

列车运行图应至少保存 2 年。

第六条　行车指挥层级自上而下分为线网监控级、线路控制级和现场执行级，下级服从上级指挥。线网监控级负责监控线网运行状态、统筹线网运营生产、指挥应急情况下线网列车运行调整，以及对外联络协调。线路控制级负责本线路的运营状态监控、运行调整和应急指挥。现场执行级负责具体执行行车计划及现场应急处置。

第七条 正常情况下列车应按双线、右侧单方向运行。

直线型线路行车方向以自西向东、自南向北为上行，以自东向西、自北向南为下行；环形、半环形线路以外环（逆时针方向）为上行，以内环（顺时针方向）为下行。对角线方向线路应按照东西方向及南北方向线路区段所占比重，以比重较大的区段方向判定上、下行。

第八条 城市轨道交通列车等级由高至低依次为专运列车、载客列车、空驶列车、调试列车和其他列车。开往事故现场的抢险救援列车，在确保乘客安全的前提下，应优先办理行车。

第九条 行车调度命令是指挥列车运行的命令（运行揭示调度命令除外）和口头指示，只能由行车调度人员发布。行车各相关岗位人员必须服从指挥，严格执行行车调度命令。

发令人应通过具备追溯功能的渠道发布行车调度命令，做到一事一令。行车调度命令分为书面命令和口头命令，书面命令包含纸质命令和电子命令。书面命令要素应包含发令日期、时间、命令号码、发令人、命令内容、受令人。口头命令要素应包含命令号码、命令内容、受令人，发令人应使用普通话和行车标准用语。受令人应复诵命令内容，命令记录应至少保存 1 年。

第十条 行车组织方法由高至低包括移动闭塞法、准移动闭塞法、进路闭塞法、电话闭塞法等。行车调度人员应根据信号系统具备的功能层级，由高至低使用相应的行车组织方法。

移动闭塞法及准移动闭塞法的行车凭证均为车载允许信号，列车按照信号系统给定的移动授权信息运行，控制列车安全运行间隔和行驶速度。其中，移动闭塞法和准移动闭塞法分别以前方列车尾部和所占有区段末端为追踪点进行计算授权，控制列车安全运行间隔和行驶速度。进路闭塞法的行车凭证为地面信号机显示的允许信号，列车运行间隔为进路始端信号机至相邻下一架顺向信号机，一条进路内两个相邻信号机间只允许一列车占用（列车救援时除外）。电话闭塞法是当上述更高级别的行车闭塞法不能使用时，由区间两端车站利用站间行车电话以发出电话记录号码的方式办理闭塞的一种方法，启用前应确认所有列车停妥，准确掌握实施电话闭塞区域内所有列车位置且进路准备妥当；电话闭塞法应使用纸质行车凭证，一站一区间或车辆基地至相邻车站只允许一列车占用（列车救援时除外）；启用电话闭塞法时，首列车运行速度不应高于 25km/h。

第三章　正常行车

第十一条 运营开始前，相关岗位人员等应确认施工核销、线路出清、设备状态、行车计划准备等情况并报行车调度人员。行车调度人员确认具备条件后，原则上应安排空驶列车限速轧道。确认线路安全后，方可开始运营。

第十二条 运营单位应合理安排驾驶员工作时间，单次值乘的驾驶时长不应超过 2h，连续值乘间隔不应小于 15min。

运营单位应配备酒精检测等设备，有条件的可配备毒品检测设备，在出勤时通过检测、问询等方式对驾驶员状态进行检查。

列车进站时，司机应确认列车在车站指定位置停稳后方可开启车门及站台门；车门与站台门的关闭时间应相匹配，驾驶员在列车启动前，应通过目视或其他技术手段确认车门及站台门关闭，且两门之间间隙处无夹人夹物。

第十三条 车站行车人员应做好日常行车监控。当切除列车自动防护（ATP）或采用点式 ATP 运行等特殊情况时，车站行车人员应根据调度命令，严密监控列车运行和站台情况，遇紧急情况应及时采取措施。

对未配备车站行车人员的有轨电车线路，应设置必要的通信和视频监控设备，对车站情况进行有效监控。

第十四条 配属于不同线路的载客列车经停同一段运营线路，乘客可同站或同站台实现换乘的运行方式为共线运行。共线段接口站发车时，车站行车人员应确认发车进路与列车计划目的地的一致性。发车进路方向出现异常时，行车调度人员应在确保安全的前提下取消原进路后重新办理正确进路。共线段车站客运人员应根据列车运行方向做好导乘服务，保障安全乘降。

第十五条 配属于不同线路的载客列车，经线间联络线运行至另一条线路继续运营的运行方式为跨线运行，开展跨线运行应确保线路、车辆、信号设备等具备跨线条件。两条线路列车相互跨行时，一般不使用同一条联络线组织双向跨行。联络线接口站发车时，车站行车人员应确认发车进路与列车计划目的地的一致性。发车进路方向出现异常时，行车调度人员应在确保安全的前提下取消原进路后重新办理正确进路。

第十六条 行车调度人员应根据列车运行图组织列车退出服务，运营结束后应做好当日行车记录和相关统计分析工作。

第十七条 车辆基地应确保运用车状态良好，优先保障接发列车作业。车辆基地内调车作业由车辆基地调度人员统一指挥，调车司机凭地面信号或手信号显示开行列车，调车时严禁溜放调车，摘钩前应做好防溜措施，连挂妥当后应确认防溜措施已撤除。铁鞋、止轮器等防溜工器具应制订管理要求妥善保管。

试车线同一时间原则上只允许一列车进行试车作业，作业开始前应对试车线进行限速轧道。试车作业应按地面信号或车载信号显示运行。距离尽头线阻挡信号机 20m 时运行速度不应高于 5km/h，距离 10m 时必须停车。遇雨雪、大雾等恶劣天气时，原则上禁止办理试车作业。

第四章 非正常行车

第十八条 发生突发情况，行车调度人员应及时发布调度命令，在保证行车安全的前提下尽可能维持列车运行。司机、车站行车人员等发现可能危及行车安全或运营秩序的情况时，应及时向行车调度人员报告；遇突发严重危及行车安全的情况，可先行采取紧急安全防护措施，再报告行车调度人员。

第十九条 运营期间正线、辅助线发生设备故障，确需进入行车区域、动用行车设备及进行影响行车施工的，由行车调度人员向各单位发布抢修命令。车站接到抢修命令后，做好抢修的前期准备工作，并提前安排人员负责端门开启与抢修人员进出的登记工作。施工人员经行车调度人员同意后方可进入抢修区间，并根据抢修人员要求封锁抢修区间或通过信号系统设置防护，无法通过信号系统防护时，设置红闪灯进行防护。对于可能侵入接触网（轨）安全防护距离内的作业，行车调度人员应会同电力调度人员确认相关区域接触网（轨）停电后，方可批准进入该区域。人员进入行车区域作业时，应严格遵守安全规定，落实安全防护措施。

第二十条 因设施设备故障、重大施工等原因，部分区段需限速运行的，应由有关方面论证后提出限速运行方案，方案应明确限速区域、限速值、限速时段及起止时间，报行车调度人员，由其发布限速及取消限速命令。同一区域存在多个限速要求时，应取最小限速值。限速运行方案应在取消限速后至少保存 3 个月。

第二十一条 列车需越过防护信号机显示的禁止信号时，行车调度人员应确认该信号机后方线路空闲、道岔位置正确且锁闭后，方可发布越过禁止信号的命令，首列车运行速度不应高于 25km/h。

第二十二条 列车 ATP 失效时，驾驶员应及时报告行车调度人员，行车调度人员原则上应组织列车在就近车站清客后退出服务，确需继续载客运行至终点站的，应与前方列车至少间隔一个区间并限速运行。

第二十三条 列车停站越过停车标未超过可退行距离需退行时，驾驶员应退行列车，推进退行速度不应超过 5km/h。

当列车越过停车标超过可退行距离或车站不具备安全停站条件时，行车调度人员应组织列车越站，并及时告知相关车站和驾驶员，车站行车人员应依令做好乘客乘降组织工作。首班车、末班车及乘客无返乘条件的列车不得越站，同方向连续两列载客列车原则上不得在同一车站越站。

第二十四条 列车因故需在区间退行或列车越过停车标超过可退行距离确需退行时，司机应及时报告行车调度人员。行车调度人员应扣停后续列车，在确认列车退行路径空闲且满足安全防护距离、道岔位置正确且锁闭后，方可发布退行命令，必要时应组织车站行车人员做好引导。推进退行速度不应超过 10km/h，牵引退行速度不应超过 35km/h。

有轨电车不得推进退行，牵引退行速度不应超过 15km/h。

第二十五条 在区间一个方向线路封锁、发生自然灾害、事故中断行车，以及设备故障严重影响列车运行秩序而对向设备良好等特殊情况下，为维持线路运行，行车调度人员可在对向线路组织单线双向行车。行车调度人员应在确认线路空闲且进路准备妥当后，方可发布反方向运行命令，并需做好运行列车与对向列车的间隔控制。车站行车人员应依令做好接发列车和乘客乘降组织工作。

第二十六条 正线列车因故障无法动车时，行车调度人员应及时组织其他列车实施连挂救援，原则上救援列车应使用空驶列车。当故障列车位于车站时，应清客后进行连挂作业；当故障列车位于区间时，应在司机广播告知乘客后进行连挂作业，连挂后应尽快到就近车站清客。救援列车接近故障列车时应停车，与故障列车联系确认后进行连挂，连挂时运行速度不应超过 5km/h；连挂后两列车均为空驶的，推进运行速度不应超过 30km/h，牵引运行速度不应超过 45km/h；任一列车载客的，运行速度不应超过 25km/h。

不得使用工程车救援载客列车。特殊情况下使用工程车救援空驶列车时，连挂后运行速度不应超过25km/h。

有轨电车不得载客救援（遇特殊天气或者故障列车停在隧道、桥梁的除外），空驶列车救援连挂后运行速度不应超过25km/h。

第二十七条 线路出现道岔故障且通过终端操作、现场检查确认等手段仍无法消除的，行车调度人员应优先变更列车进路组织行车；如不能变更列车进路，行车调度人员或车站行车人员应单操单锁相关道岔；如道岔无法单操单锁，行车调度人员应组织车站行车人员将道岔钩锁到正确位置。上述操作完成，行车调度人员确认具备行车条件后方可组织行车。通过故障区域的首列车运行速度不应高于25km/h。

列车发生挤岔时严禁擅自动车，行车调度人员应通知设备维修人员现场确认安全，具备动车条件后方可组织该列车动车。

第二十八条 一个联锁区联锁失效时，在保证行车安全的前提下，行车调度人员可对故障影响区域使用电话闭塞法组织行车；两个及以上联锁区联锁失效时，行车调度人员可视情对故障影响区域使用电话闭塞法组织行车或采取停运等措施。

第二十九条 当接触网（轨）失电时，司机应尽量维持列车进站，并及时报告行车调度人员。行车及电力调度人员应组织设备维护人员及时排查处理，具备条件的应及时切换供电方式，必要时减少列车上线运行对数。列车迫停地下区间超过4min时，环控调度人员应启动相应环控模式。

第三十条 地下和高架线路因设施设备故障等原因导致列车迫停区间需组织区间疏散时，行车调度人员应扣停可能驶入受影响区域的列车，明确疏散方向，会同电力、环控调度人员组织该区间接触轨停电、启动相应环控模式，通知车站前往迫停地点做好乘客引导，并在邻站端门及疏散区间联络线等通道处安排人员监控。对向线路区间确需行车的，列车运行速度不应超过25km/h，并加强瞭望。

线路恢复后，疏散区间上下行首列车运行速度不应超过25km/h，确认无人员及物品遗留后恢复正常运行。

第三十一条 发现有明显震感时，行车相关人员可视情况采取加强瞭望、限速、停运、封站等应急处置措施。根据不同地震烈度，应按照以下要求组织行车调整：

（一）地震烈度为5（含）至6（不含）度的，司机应加强瞭望、监控，行车调度人员组织全线全面检查行车相关设施设备运行及受影响情况，必要时采取紧急措施。

（二）地震烈度为6（含）至7（不含）度的，列车运行速度不应超过25km/h。必要时，行车调度人员应扣停开往受影响区段的列车，组织已进入区间的列车退回发车站。

（三）地震烈度为7（含）度以上或行车关键设施设备损坏的，行车调度人员应组织在站列车清客后退出服务，组织区间列车在确保安全的条件下，运行至就近站清客后退出服务，列车运行速度不应超过25km/h。如列车迫停区间，应组织乘客区间疏散。

第三十二条 遇恶劣天气时，行车相关人员可根据情况及时采取加强瞭望、限速、停运、封站等措施，并应按照以下要求组织行车调整：

（一）对于地面及高架线路，风力波及区段风力达7级时列车运行速度不应超过60km/h，风力达8级时列车运行速度不应超过25km/h，风力达9级及以上时应停运。

（二）遇雾、霾、雨、雪、沙尘等恶劣天气瞭望困难时，地面及高架线路列车应开启前照灯，限速运行，适时鸣笛。当瞭望距离不足100m、50m、30m时，列车运行速度分别不应超过50km/h、30km/h、15km/h；瞭望距离不足5m时，司机应立即停车。驾驶员无法看清信号机显示、道岔位置时，应停车确认，严禁臆测行车。

（三）因降雨、内涝等造成车站进水，严重影响客运服务的，行车调度人员可根据车站申请发布封站命令，组织列车越站。线路积水超过轨面时，列车不得通过。

第三十三条 地下和高架线路车站、区间发生火灾、爆炸、毒气攻击等事件时，行车调度人员或车站行车人员应立即扣停可能驶入事发区域的列车；对已进入区间的列车，行车调度人员应视情组织列车越站或退回发车站。

列车在地下或高架线路发生火灾、爆炸、毒气攻击等事件时，司机应尽量维持列车进站，并立即报告行车调度人员，行车调度人员应通知车站和司机组织乘客疏散；列车不能维持进站或继续运行无法确保安全的，应立即组织区间疏散，司机应向乘客告知疏散方向，组织乘客逃生，并报告行车调度人员。行车调度人员应立即扣停可能驶入受影响区域的列车，会同电力、环控调度人员及时对接触网（轨）停电，启动相应环控模式，通知疏散区间两端车站安排人员引导乘客。

地面线路发生火灾、爆炸、毒气攻击等事件时，应立即停车，及时疏散。

第五章 施工行车

第三十四条 运营单位应合理安排施工作业计划，组织各部门严格按照施工作业计划执行，不得随意变更，严格落实请销点制度，做好施工安全防护。运营期间设施设备发生故障影响运营时，行车调度人员应按照“先通后复”的原则视情安排施工作业。除抢险救援外，运营期间原则上不进行影响行车的施工作业；非运营期间的施工作业需延长作业时间的，原则上不应影响次日运营。

第三十五条 对于设施设备调试、升级、更新改造等重大施工，运营单位应与设备供应商充分论证，组织制订施工方案，行车调度人员应审核施工方案，制订并组织落实行车保障措施。跨线施工、同时包含正线与车辆基地的施工，应做好互控。

调试列车需进行排列进路、列车驾驶等操作时，应由行车调度、驾驶员操作。因调试需要超速运行的，应先进行技术论证并制订安全措施，但不得超过线路允许速度和列车制动限速。

第三十六条 施工列车作业区域与相邻的施工区域应至少保持一站一区间间隔。跟随末班车运行的工程车，与前方运营列车应至少保持一站一区间行车间隔。因施工需要缩短安全间隔距离的，应经充分论证并有配套防护措施。

工程车作业时，应根据装载货物及编组情况合理限速或停止相关区域的牵引供电；工程车装卸货物时，应做好安全防护及防溜措施；随车施工人员配合工程车作业时，人员必须在工程车运行方向后方。

非随车施工人员与工程车确需在同区间作业的，应统一进行现场施工及动车指挥，施工人员应在工程车运行方向后方作业，至少保持50m以上的安全距离，并设置红闪灯等进行安全防护。

第六章　附　　则

第三十七条　城市轨道交通运营主管部门应加强对行车组织工作的监督管理。

运营单位应根据本办法制订本单位的行车组织规则，特别应对不同车辆型号、信号系统制式的线路分别制订各线路非正常行车操作细则。

第三十八条　本办法自 2020 年 4 月 1 日起实施，有效期 5 年。

附录2　各类施工计划申请表

日变更计划表　　附表2-1

提报单位：________　　提报人：________　　____年____月____日

作业代码	作业部门	作业时间	作业内容	作业区域	供电安排	申报人	防护措施	施工负责人	备注

审批人：

注：1. 本表一式二份。
2. 工程列车运行计划时间列入“备注”栏。
3. “施工负责人”栏内须列明联系电话。

临时抢修计划申报单　　附表2-2

申报人：________　　联系电话：________　　____年____月____日

<table>
<tr><td>作业单位</td><td colspan="2"></td><td>作业名称</td><td></td></tr>
<tr><td>作业区域</td><td colspan="2"></td><td>作业日期</td><td></td></tr>
<tr><td>作业时间</td><td colspan="2"></td><td>停止时间</td><td></td></tr>
<tr><td>作业人数</td><td colspan="2"></td><td>施工负责人</td><td></td></tr>
<tr><td>主要作业内容</td><td colspan="4"></td></tr>
<tr><td rowspan="3">防护措施</td><td>封锁区间</td><td colspan="3"></td></tr>
<tr><td>停电区间</td><td colspan="3"></td></tr>
<tr><td>其他</td><td colspan="3"></td></tr>
<tr><td>配合要求</td><td colspan="4"></td></tr>
<tr><td>工程列车安排</td><td colspan="4"></td></tr>
</table>

申报人（签名）：________　　审批人（签名）：________

周施工计划申报表

附表 2-3

填报单位（盖章）：　　　　填报日期：　　年　　月　　日　　　填报人：

作业类别	作业部门	作业时间	作业内容	作业区域	接触轨停供电安排	防护措施	施工负责人	备注

说明：1. 此表一式两份，一份填报单位留存，一份交公司对口部门的专业工程师；

2. 填报单位必须加盖公章；

3. 在“备注”栏中应注明需配合的部门及可能影响的范围等事项；

4. 填报单位没有合资格的施工负责人应由对口部门指派。

外单位施工作业申报单

附表 2-4

外单位名称：________　　　　施工负责人：________

<table>
<tr><td>作业名称</td><td></td><td rowspan="2">施工作业内容</td><td rowspan="2"></td><td rowspan="2">施工所属类别</td><td rowspan="2"></td></tr>
<tr><td>作业期限</td><td></td></tr>
<tr><td>配合部门</td><td colspan="2">是否主办</td><td colspan="3">配合要求</td></tr>
<tr><td></td><td>是</td><td>否</td><td colspan="3" rowspan="7"></td></tr>
<tr><td></td><td>是</td><td>否</td></tr>
<tr><td></td><td>是</td><td>否</td></tr>
<tr><td></td><td>是</td><td>否</td></tr>
<tr><td></td><td>是</td><td>否</td></tr>
<tr><td></td><td>是</td><td>否</td></tr>
<tr><td></td><td>是</td><td>否</td></tr>
</table>

第　联（交　）

签发人：__________　　　　　　　　签发日期：______年______月______日

说明：1. 此单分多联，第 1 联交外单位；第 2 联由签发部门留存；第 3 联以后各联交各配合部门。

2. 签发部门需在签发日期处盖部门章。

3. 在“施工作业内容”栏中应注明具体作业地点。

附录3　施工作业令

施工进场作业令　　附表3-1

编号：GDYY/J-TY-012

<table>
<tr><td colspan="2">作业代码</td><td colspan="2"></td><td colspan="2">作业令号</td><td colspan="3">〔　〕字（　）-　号</td></tr>
<tr><td colspan="2">单　位</td><td colspan="5"></td><td>申 报 人</td><td></td></tr>
<tr><td colspan="2">作业题目</td><td colspan="5"></td><td>联系电话</td><td></td></tr>
<tr><td colspan="2">作业地点</td><td colspan="5"></td><td>作业人数</td><td></td></tr>
<tr><td colspan="2">作业日期</td><td colspan="5"></td><td>作业时间</td><td></td></tr>
<tr><td colspan="2">主要作业内容</td><td colspan="7"></td></tr>
<tr><td colspan="2">封锁区间</td><td colspan="7"></td></tr>
<tr><td colspan="2">停电区间</td><td colspan="7"></td></tr>
<tr><td colspan="2">协作及其他</td><td colspan="7"></td></tr>
<tr><td colspan="2">OCC 确认</td><td colspan="7"></td></tr>
<tr><td colspan="2">发令人</td><td colspan="7"></td></tr>
<tr><td colspan="2">主站</td><td colspan="2"></td><td colspan="2">负责人</td><td colspan="3"></td></tr>
<tr><td colspan="2">辅站及责任人</td><td colspan="7"></td></tr>
<tr><td colspan="2">完成情况</td><td colspan="7"></td></tr>
<tr><td rowspan="2">请点</td><td>时间</td><td></td><td rowspan="2">销点</td><td>时间</td><td></td><td rowspan="2">销令</td><td>时间</td><td></td></tr>
<tr><td>批准人</td><td></td><td>批准人</td><td></td><td>批准人</td><td></td></tr>
</table>

附录4　车站施工

车站施工登记表（本站请点、销点）**填写示范**　　　　附表4-1

年　　月　　日　　　　　　　　　　　　　　　　编号：

<table>
<tr><td rowspan="6">请点登记栏</td><td>作业项目</td><td colspan="2">站台屏蔽门保养</td><td>作业区域</td><td colspan="2">××站上下行线</td></tr>
<tr><td>作业代码</td><td>B2-3</td><td>作业单位</td><td colspan="2">机电室</td><td>共5人进场</td></tr>
<tr><td>施工负责人</td><td>何三</td><td>证件号码</td><td>0086</td><td>计划作业时间</td><td>00时00分起
04时00分讫</td></tr>
<tr><td>安全措施</td><td colspan="5">接触轨停电并挂地线防护、绝缘鞋、安全帽、荧光衣、红闪灯施工负责人/责任人签字</td></tr>
<tr><td colspan="3">辅站</td><td colspan="3">主站</td></tr>
<tr><td colspan="3">接________站值班员通知，本项作业已获行调批准，于________时________分至________时________分在所申报作业区域内进行，施工承认号码________。

车站值班员签名：
施工责任人签名：</td><td colspan="3">本项作业已由本站报OCC行调备案，并获行调010批准，于00时10分至04时00分在所申报作业区域内进行，施工承认号码08，并已知会辅站________。

车站值班员签名：
施工负责人签名：</td></tr>
<tr><td rowspan="3">销点登记栏</td><td colspan="3">辅站</td><td colspan="3">主站</td></tr>
<tr><td colspan="3" rowspan="2">本作业点的作业已结束，并于________时________分出清作业区域（本作业点所有有关人员已撤离，有关设备已恢复正常，工器具、物料已撤走）。

施工责任人签名：
车站值班员签名：</td><td colspan="3">本项作业已结束，并于03时46分出清作业区域（所有本项作业各作业点有关人员已撤离，有关设备已恢复正常，工器具、物料已撤走）。

施工负责人签名：</td></tr>
<tr><td colspan="3">接施工负责人/________站值班员通知本项作业已结束并出清作业区域，由本人于03时48分报告行调010销点。

车站值班员签名：</td></tr>
<tr><td>备注</td><td colspan="6"></td></tr>
</table>

注：1. 不适用字句请划去。

2. 一项作业只由一个车站进场施工时，该站视为主站。

3. 向原请点站电话销点时在“辅站”栏注明。

车站施工登记表（一项施工多个车站进行，辅站请销点）**填写示范**　附表 4-2

年　月　日　　　　　　　　　　　　　　　　　　编号：

<table>
<tr><td rowspan="6">请点登记栏</td><td>作业项目</td><td colspan="2">轨道清洁</td><td>作业区域</td><td colspan="2">AA—××上下行（含出入段）</td></tr>
<tr><td>作业代码</td><td>C2-6</td><td>作业单位</td><td colspan="2">工建室</td><td>共 5 人进场</td></tr>
<tr><td>施工负责人</td><td>陈五</td><td>证件号码</td><td>0056</td><td>计划作业时间</td><td>00 时 00 分起
04 时 00 分讫</td></tr>
<tr><td>安全措施</td><td colspan="5">接触轨停电并挂地线防护、绝缘鞋、安全帽、荧光衣、红闪灯施工负责人/责任人签字</td></tr>
<tr><td colspan="3">辅站</td><td colspan="3">主站</td></tr>
<tr><td colspan="3">接××站值班员通知，本项作业已获行调批准，于0 时20 分至4 时00 分在所申报作业区域内进行，施工承认号码012。

车站值班员签名：
施工责任人签名：</td><td colspan="3">本项作业已由本站报 OCC 行调备案，并获行调批准，于＿＿＿＿时＿＿＿＿分至＿＿＿＿时＿＿＿＿分在所申报作业区域内进行，施工承认号码＿＿＿＿，并已知会辅站＿＿＿＿。

车站值班员签名：
施工负责人签名：</td></tr>
<tr><td rowspan="4">销点登记栏</td><td colspan="3">辅站</td><td colspan="3">主站</td></tr>
<tr><td colspan="3" rowspan="2">本作业点的作业已结束，并于3 时50 分出清作业区域（本作业点所有有关人员已撤离，有关设备已恢复正常，工器具、物料已撤走）。

施工责任人签名：
车站值班员签名：</td><td colspan="3">本项作业已结束，并于＿＿＿＿时＿＿＿＿分出清作业区域（所有本项作业各作业点有关人员已撤离，有关设备已恢复正常，工器具、物料已撤走）。

施工负责人签名：</td></tr>
<tr><td colspan="3">接施工负责人/＿＿＿＿站值班员通知本项作业已结束并出清作业区域，由本人于＿＿＿＿时＿＿＿＿分报告行调＿＿＿＿销点。

车站值班员签名：</td></tr>
<tr><td colspan="6"></td></tr>
<tr><td>备注</td><td colspan="6">本站 03：50 分出清线路，已向主站××站销点，××站值班员××</td></tr>
</table>

注：1. 不适用字句请划去。

2. 一项作业只由一个车站进场施工时，该站视为主站。

3. 向原请点站电话销点时在“辅站”栏注明。

车站施工登记表（一项施工多个车站进行，主站请销点）**填写示范**　附表 4-3

年　月　日　　　　　　　　　　　　　　　　　　编号：

<table>
<tr><td rowspan="6">请点登记栏</td><td>作业项目</td><td colspan="2">轨道清洁</td><td>作业区域</td><td colspan="2">AA—××上下行（含出入段）</td></tr>
<tr><td>作业代码</td><td>C2-6</td><td>作业单位</td><td colspan="2">工建室</td><td>共 1 人进场</td></tr>
<tr><td>施工负责人</td><td>陈五</td><td>证件号码</td><td>0056</td><td>计划作业时间</td><td>00 时 00 分起
04 时 00 分讫</td></tr>
<tr><td>安全措施</td><td colspan="5">接触轨停电并挂地线防护、绝缘鞋、安全帽、荧光衣、红闪灯</td></tr>
<tr><td colspan="3">辅站</td><td colspan="3">主站</td></tr>
<tr><td colspan="3">接________站值班员通知，本项作业已获行调批准，于________时________分至________时________分在所申报作业区域内进行，施工承认号码________。

车站值班员签名：
施工责任人签名：</td><td colspan="3">本项作业已由本站报 OCC 行调备案，并获行调010 批准，于0 时20 分至4 时00 分在所申报作业区域内进行，施工承认号码________，并已知会辅站BB、CC。

车站值班员签名：
施工负责人签名：</td></tr>
<tr><td rowspan="4">销点登记栏</td><td colspan="3">辅站</td><td colspan="3">主站</td></tr>
<tr><td colspan="3" rowspan="3">本作业点的作业已结束，并于________时________分出清作业区域（本作业点所有有关人员已撤离，有关设备已恢复正常，工器具、物料已撤走）。

施工责任人签名：
车站值班员签名：</td><td colspan="3">本项作业已结束，并于3 时50 分出清作业区域（所有本项作业各作业点有关人员已撤离，有关设备已恢复正常，工器具、物料已撤走）。

施工负责人签名：</td></tr>
<tr><td colspan="3">接施工负责人/________站值班员通知本项作业已结束并出清作业区域，由本人于4 时00 分报告行调010 销点。

车站值班员签名：</td></tr>
<tr></tr>
<tr><td>备注</td><td colspan="6">1. 本站 0：20 分通知辅站 BB、CC 此项施工已获批准。
2. 3：50 分接 BB××、CC 站××报告施工结束，线路出清</td></tr>
</table>

注：1. 不适用字句请划去。

2. 一项作业只由一个车站进场施工时，该站视为主站。

3. 向原请点站电话销点时在辅站栏注明。

车站施工登记表（主站进、辅站出）填写示范

附表 4-4

年　月　日　　　　　　　　　　　　　　　　　　　编号：

<table>
<tr><td rowspan="6">请点登记栏</td><td>作业项目</td><td colspan="2">巡检</td><td>作业区域</td><td colspan="2">AA—××上下行（含出入段）</td></tr>
<tr><td>作业代码</td><td>C2-3</td><td>作业单位</td><td colspan="2">工建室</td><td>共1人进场</td></tr>
<tr><td>施工负责人</td><td>何三</td><td>证件号码</td><td>0099</td><td>计划作业时间</td><td>00时00分起
04时00分讫</td></tr>
<tr><td>安全措施</td><td colspan="5">接触轨停电并挂地线防护、绝缘鞋、安全帽、荧光衣、红闪灯</td></tr>
<tr><td colspan="3">辅站</td><td colspan="3">主站</td></tr>
<tr><td colspan="3">接________站值班员通知，本项作业已获行调批准，于________时________分至________时________分在所申报作业区域内进行，施工承认号码________。

车站值班员签名：
施工责任人签名：</td><td colspan="3">本项作业已由本站报OCC行调备案，并获行调010批准，于00时10分至04时00分在所申报作业区域内进行，施工承认号码08，并已知会辅站草埔。

车站值班员签名：
施工负责人签名：</td></tr>
<tr><td rowspan="4">销点登记栏</td><td colspan="3">辅站</td><td colspan="3">主站</td></tr>
<tr><td colspan="3" rowspan="2">本作业点的作业已结束，并于________时________分出清作业区域（本作业点所有有关人员已撤离，有关设备已恢复正常，工器具、物料已撤走）。

施工责任人签名：
车站值班员签名：</td><td colspan="3">本项作业已结束，并于________时________分出清作业区域（所有本项作业各作业点有关人员已撤离，有关设备已恢复正常，工器具、物料已撤走）。

施工负责人签名：</td></tr>
<tr><td colspan="3">接施工负责人/××站值班员通知本项作业已结束并出清作业区域，由本人于03时48分报告行调020销点。

车站值班员签名：</td></tr>
<tr></tr>
<tr><td>备注</td><td colspan="6">××站03：45分出1人，此项施工已结束，线路已出清，××站值班员××</td></tr>
</table>

注：1. 不适用字句请划去。

2. 一项作业只由一个车站进场施工时，该站视为主站。

3. 向原请点站电话销点时在辅站栏注明。

附录5　缩略语对照表

序号	缩　写	英文全称	中文含义
1	OCC	Operating Control Center	运营控制中心
2	COCC	the Central Operations Coordination and emergency command Center	中央运营协调与应急指挥中心
3	ATDS	Advanced Transit Dispatching System	自动运输调度系统
4	TOS	Type of Service	服务类型
5	SCADA	Supervisory Control and Data Acquisition System	运动监控系统
6	CCTV	Close Circuit Television	闭路电视
7	OCC	Operation Control Centre	运营控制中心
8	ATS	Automatic Train Supervision	自动监控系统
9	LOW	Local operator workstation	本地控制工作站
10	LCP	Local area control plate	本地控制工作盘
11	IBP	Integrated backup plate	综合后备盘
12	ISDN	Integrated Services Digital Network	综合业务数字网
13	BAS	Building Automation System	环境与设备监控系统
14	FAS	Fire Automation System	火灾自动报警系统
15	STC	Station Controller	车站控制器
16	URM	Unrestricted manual driving mode	不受限制的人工驾驶模式
17	DCC	Depot Control Center	车场控制中心
18	MN	Manual routing mode	人工进路模式
19	SCC	Station control computer	车站控制计算机
20	DID	Destination Identification	目的地号码
21	VR	Vehicle Regulation	列车调整
22	SM	Supervised manual mode	西门子连续控制系统的一种驾驶模式
23	ADU	Attribute Display Unit	特征（属性）显示单元
24	TMS	Train Management System	列车监控系统
25	URM	Unrestricted manual driving mode	非限制人工驾驶模式
26	UPS	Uninterruptible Power Supply	不间断电源
27	HMI	Human Machine Interface	人机接口/人机界面
28	ISDN	Integrated Service Digital Neetwork	综合业务数字网
29	CRC	Cyclic Redundancy Check	循环冗余检验

参 考 文 献

[1] 李俊辉，郭英明．城市轨道交通行车组织［M］．成都：西南交通大学出版社，2015.

[2] 方振龙．城市轨道交通行车岗位实务［M］．北京：清华大学出版社，2015.

[3] 耿幸福．城市轨道交通行车组织［M］.2 版．北京：人民交通出版社，2012.

[4] 李慧玲．城市轨道交通调度指挥工作［M］．北京：中国财富出版社，2013.

[5] 慕威．城市轨道交通运营组织［M］．北京：人民交通出版社，2012.

[6] 费安萍．城市轨道交通行车组织［M］．成都：西南交通大学出版社，2007.

[7] 李显川．城市轨道交通车辆运用［M］．北京：电子工业出版社，2012.

[8] 永秀．城市轨道交通行车组织［M］．北京：机械工业出版社，2010.